中国与印度尼西亚人文交流发展报告

(2020)

ANNUAL REPORT ON CHINA-INDONESIA PEOPLE-TO-PEOPLE EXCHANGE DEVELOPMENT (2020)

华中师范大学中印尼人文交流研究中心

主　编 / 韦　红

副主编 / 刘明周

社会科学文献出版社
SOCIAL SCIENCES ACADEMIC PRESS (CHINA)

中国与印度尼西亚人文交流发展报告(2020)
编委会

主要编撰者简介

韦　红　1964年10月生，华中师范大学政治与国际关系学院教授、博士生导师、中印尼人文交流研究中心主任，中国国际关系学会常务理事，中国东南亚研究会理事。主要研究方向为东南亚地区国际关系、当代东南亚问题。曾主持“总体国家安全观下的中国东南周边地区安全机制构建”“中国参与国际体系变革进程”“亚太地区救灾合作机制建设对策”“东南亚城市化与乡村发展研究”等国家社科基金重大、重点课题多项。出版《东南亚五国民族问题研究》《地区主义视野下的中国—东盟合作研究》《东南亚国家城市化与乡村发展研究》《新加坡精神》等多部著作，主编《中国与印度尼西亚人文交流发展报告（2019）》《印度尼西亚国情报告》等。在《当代亚太》《国际问题研究》《现代国际关系》《东南亚研究》等刊物上发表论文60多篇。

刘明周　1980年6月生，华中师范大学政治与国际关系学院暨中印尼人文交流研究中心副教授、硕士生导师。主要研究方向为英国殖民与外交、印尼政治与外交、海洋政治等。主持国家社科基金、教育部人文社科基金等多项，参与国家社科基金重大项目、教育部重大攻关项目等多项。出版专著《英帝国的终结》，翻译世界历史文库系列《大西洋史》，参与著述《中国与印度尼西亚人文交流发展报告（2019）》（副主编）、《英帝国的衰落》（第二作者）、《英国通史》第四卷（第三作者）、《世界主要国家安全体制机制研究》（统筹英国部分）、《印度尼西亚国情报告》（负责政治部分）等。在《世界历史》《北京大学学报》等刊物发表文章多篇。

目录

Ⅰ 总报告

Ⅱ 专题篇

Ⅲ 实例篇

Ⅳ 历史篇

Ⅴ 附录

总报告

2019年中国与印度尼西亚人文交流亮点及未来发展建议

韦 红 童 雁*

摘 要： 2019年中国与印度尼西亚人文交流亮点突出，具体表现为：各层次教育交流全面展开，职业教育合作发展迅速；青年交流持续开展，交流形式丰富多彩；科技合作稳步实施，合作领域不断拓宽；文化艺术交流异彩纷呈，影视合作成果突出；卫生合作切实开展，合作前景大有可为；旅游合作方兴未艾，多项措施助力旅游；传媒交流日益频繁，加深理解功不可没。为进一步推进两国人文交流，两国应在交流领域和交流方法上加以改进和创新，通过加强对等交流、强化在民生领域的合作、注重经济合作中的人文关怀和重视社交媒体的作用等具体举措，夯实两国关系健康发展的民意基础。

* 韦红，华中师范大学政治与国际关系学院教授、博士生导师、中印尼人文交流研究中心主任；童雁，华中师范大学政治与国际关系学院硕士研究生、中印尼人文交流研究中心助理。

关键词： 人文交流　中国　印尼　全面战略伙伴关系

人文交流是推进中国与印度尼西亚关系发展的三大支柱之一，是夯实双方友好民意基础的重要途径。自2013年两国发表《中印尼全面战略伙伴关系未来规划》以来，双方人文交流不断发展。特别是2015年中国与印度尼西亚副总理级人文交流机制建立以后，两国的人文交流成果累累，体现出高层次、宽领域、重实效的特征。2019年，在两国高层的引领下，双方的人文交流更上一层楼。

一　2019年中国与印度尼西亚人文交流亮点

2019年，中国和印尼两国继续深化人文交流，在教育、青年、科技、文艺、卫生、旅游、传媒和宗教等多个领域成果突出，具体表现如下。

（一）各层次教育交流全面展开，职业教育合作发展迅速

随着两国各领域务实合作的不断拓展和深入，印尼人才数量与社会需求之间存在供不应求的关系，加强人才培养合作成为中印尼人文交流的重点。华文教育、职业教育、技能培训等领域的交流合作受到前所未有的重视，各民间组织、企业及高校积极参与到人才培养合作之中。

2019年2月，中国驻印尼大使馆文化处参赞周斌及秘书李琛莅临雅加达华文教育协调机构（简称雅协），双方就华文教育工作进行座谈，共同探讨华文教育发展。[①] 2019年4月，中国驻印尼大使馆邀请雅协一同走访巴布亚省、山口洋和坤甸，实地考察华文学校，就印尼当地的华文教育工作展开

① 《中国驻印尼大使馆周斌参赞莅临雅协，并就新一年的工作举行座谈》，《国际日报》2019年2月16日，http://guojiribao.com/shtml/gjrb/20190216/1469897.shtml。

交流与讨论。[①] 为便利印尼学生学习中文和加强两国教育文化交流，印尼数家大学和中国教育部进行合作，在印尼开办中文学习中心。[②] 此外，两国也在培养印尼本土的汉语教师方面积极开展合作。2019 年 4 月 20 日，中国驻印尼大使馆主办、雅协承办的“中国汉语教师志愿者与本土汉语教师经验交流座谈会”在雅加达艾尔罗亚尔酒店召开[③]；12 月 2~6 日，由印尼高等院校中文系协会和印尼华文教育联合总会联合主办、慈育大学中文系承办的汉语师资培训班在慈育大学举行，中国和印尼多所高校的老师围绕不同主题，为来自印尼 9 个省 18 所大学的汉语教师开展了为期 5 天的汉语教学培训。[④]

随着中国“21 世纪海上丝绸之路”倡议与印尼“海洋轴心战略”的对接，两国在工程领域的合作日益紧密，对工程技术人员的需求也越来越大，双方在职业教育、技能培训方面的合作也随之增多。如中资企业浙江岩土基础公司（简称浙江岩土）与印尼知名培训机构合作，采用理论和实践相结合的方式，为印尼培养技术人才。[⑤] 为了提高劳动者的职业素质，充分利用人口红利，印尼在全国范围推广企业与职业高中合作的“衔接和匹配职业教育计划”。除了浙江岩土，华为印尼公司、印尼经贸合作区青山园区等中资企业都和印尼职业高中进行了配对，开展学生职业教育培训。[⑥] 为了进一步推动印尼学生提高职业技能，印尼印中“一带一路”公益基金会与印尼

① 《中国驻印尼大使馆邀请雅协一同出访了解并开展华文教育工作》，《印度尼西亚商报》2019 年 4 月 13 日，http：//www. shangbaoindonesia. com/read/2019/04/13/chinese - community - 1555085479。

② 《印中加强教育合作 中方在国内开办中文学习中心》，《千岛日报》2019 年 4 月 1 日，http：//www. qiandaoribao. com/news/122646。

③ 《中国汉语教师志愿者与本土汉语教师经验交流座谈会顺利召开》，《千岛日报》2019 年 4 月 24 日，https：//www. qiandaoribao. com/news/123389。

④ 《印尼高校中文系汉语师资培训班在慈育大学顺利举办》，《国际日报》2019 年 12 月 13 日，http：//www. guojiribao. com/shtml/gjrb/20191213/1510580. shtml。

⑤ 《中企培养印尼本土高技能人才助力共建“一带一路”》，中国新闻网，2019 年 3 月 18 日，http：//www. gx. chinanews. com/dmjj/2019-03-18/detail-ifzfmzwm4226985. shtml。

⑥ 《通讯：中印尼合作为“一带一路”培养技术人才》，新华丝路，2019 年 3 月 18 日，https：//www. imsilkroad. com/news/p/332020. html。

伊斯兰教士理事会（MUI）签署协议，共同发起“资助印尼学生赴中国留学计划”，派遣印尼学生赴华学习劳动技能。① 首批全额资助的 10 名印尼穆斯林女学生于 2019 年 2 月赴中国安徽合肥幼儿师范专科学校学习幼儿师范教育。目前两国职业教育合作领域更多集中在汽车制造、轨道交通、新能源技术、制造与自动化、航空工程、水利测绘、移动通信等专业。

目前中国与印尼开展的职业教育形式主要有四种。一是国内职业院校与印尼高校、机构合作，招收印尼留学生，进行语言或学历教育，这是最主要的基础合作形式。二是中国职业院校在印尼设立分部，以“鲁班工坊”为代表。“鲁班工坊”紧紧围绕“一带一路”倡议，对接所在国家的产业需求，采取学历教育与职业培训的方式，将中国优质职业教育和中国优质产品技术向合作国输出，培养当地熟悉中国技术、产品、标准的技术技能人才，搭建起中国职业教育与世界合作交流的实体桥梁。三是配合中国企业和产品“走出去”，一些中国职业学校为在印尼投资的中方企业培训技术人才和管理人才。四是承接中国政府人力资源援外培训项目，利用“中国职业技术教育援外培训基地”平台，为印尼等“一带一路”共建国家培训产业界、教育界官员和院校骨干教师。② 职业技能培训合作为印尼人民提升了就业能力，也为两国务实合作提供了更多的人才。

在职业教育合作迅速发展的同时，中国和印尼其他各层次的教育合作也在全面推进。中小学教育领域，印尼教育部在 2019 年派遣 1000 名中小学教师分批到中国进行短期培训和文化交流。其中，首批 36 位艺术类中小学教师于 2019 年 3 月 11 ~ 30 日，参加了中央音乐学院在北京举行的“中国 · 印尼合作——2019 中央音乐学院印度尼西亚艺术教师教育培训与文化交流项目”。③ 高等教育领域，两国高校围绕不同层次开展形式多样的合作，涉及

① 《印尼印中“一带一路”公益基金会资助印尼学生赴华学习职业技能》，中国新闻网，2018 年 10 月 26 日，http：//www.chinanews.com/hr/2018/10-26/8660176.shtml。

② 具体内容参见本书专题篇赵长峰、李云龙撰写的《中国印度尼西亚职业教育合作现状、问题及对策研究》一文。

③ 《我校带领印尼教师代表团开展系列交流学习活动》，中央音乐学院网站，2019 年 4 月 15 日，http：//www.ccom.edu.cn/xwyhd/xsjd/2019s/201904/t20190415_54775.html。

学生互换、教师互访、科研合作和学术交流等多个方面。同时，在继续稳步推进校际层面的合作之余，两国高校也积极开拓在学院一级的合作。例如，2019 年 4 月 19 日，印度尼西亚艾尔朗加大学经济学院副院长一行到访西安理工大学经济与管理学院。双方就师资交流、学生联合培养、交换生合作、文化交流等项目的合作开展进行了深入的讨论。①

据不完全统计，2019 年中国和印尼教育合作互访 40 余次，涉及两国共计 90 余家机构。② 其中，中国出访印尼 10 余次；印尼到访中国 20 余次。印尼方面高度重视与中国的教育合作，在其来访中国的机构中，既有多家民间教育机构，也有外交部、教育部、卫生部等政府机构。2019 年中国和印尼教育合作呈现如下特点：一是立足中国和印尼两国发展的实际需要，重视人才培养，大力发展职业教育，积极推动两国在师资培养方面的合作；二是合作领域广，两国在教育领域的各个层次均有合作，既重视职业技能培训方面的经验交流，也谋求在基础教育和高等教育领域的长远合作；三是合作的深度和广度不断拓展，在师生交流互访的合作之外，中国和印尼两国开始重视在某一专门领域的合作，如围绕临床医学、海洋学科以及港口物流等方面的教育合作。

（二）青年交流持续开展，交流形式丰富多彩

近年来，以“留学中国教育展”“感知中国夏令营”“中国寻根之旅夏令营”“青年互访交流游学活动”等为代表的青年交流活动为两国青年加深相互了解、增进友谊提供了重要平台。除了双边青年交流外，两国还在多边框架下开展青年交流活动。如在中国-东盟青年营、东盟青年干部培训班、中国-东盟青年企业家论坛等多边活动中，两国青年交流日益频繁。两国正在将青年交流打造成人文交流的旗舰项目。

① 《印尼艾尔朗加大学经济学院副院长 Nisful Laila 一行到访经济与管理学院》，西安理工大学经济与管理学院网站，2019 年 4 月 22 日，http：//sba. xaut. edu. cn/info/1047/2860. htm。

② 数据整理自中国驻印尼大使馆网站、人民网、中国新闻网、中国各高校网站、（印尼）《国际日报》网站、（印尼）《千岛日报》网站等多家中国和印尼网站的相关新闻报道。

2019年两国继续在各层次平台加强青年交流。2019年3月，福建省和中国驻印尼大使馆共同举办了中印尼青年互访交流活动，中国和印尼的高校师生、政府官员、媒体记者等组成的代表团在为期20天的行程里，通过参观、培训、座谈、联欢等多种形式的活动，深入了解八闽大地和印尼主要城市的风土人情、青年创新项目、“海丝”建设推进情况等。这次活动旨在了解一个真实的中国和一个真实的印尼，播下两国友谊的种子，为推进“21世纪海上丝绸之路”做贡献。① 11月17日，由北京外国语大学中印尼人文交流研究中心主办，广东外语外贸大学印尼研究中心、印尼科学院地区资源研究中心协办，印度尼西亚驻中国大使馆支持的2019中印尼青年高端论坛在北京举行。来自中国社会科学院、北京大学、清华大学以及印尼科学院、加查马达大学等20余家智库、高校、科研机构的近百名专家学者和中印尼青年代表参加论坛。② 12月14~19日，中印尼青年领袖丝路文化研习营在陕西工业职业技术学院成功举行。来自印尼职业学校的15名优秀学生与该校国际教育学院8名学生代表围绕丝路文化进行了为期6天的交流活动。本次研习营活动是陕西工业职业技术学院“中印尼职业教育创新人才培养项目”的主要内容之一。该项目通过学生交流、来华留学、师资培训、网络课堂等形式，实现了中印尼两国100余名师生的双向流动，这不仅扩大了中国职业教育的国际影响力，也为两国青年提供了另一层次的交流平台。③

青年是中国印度尼西亚两国加强双边关系、增进双方友谊的重要力量。目前，两国青年之间的交流活动主要有四种形式。一是以“文化体验”为主题，两国青年互相深入对方国家，感受其风土人情。这是两国青年交流最主要的形式，其中，中国方面通过举办不同种类的中国文化体验活动，吸引了众多印尼青年参与，从而促进了中华文化在印尼的传播。二是在学校层

① 《中印尼举行青年互访交流游学活动》，福建省人民政府网站，2019年3月26日，http://www.fujian.gov.cn/xw/fjyw/201903/t20190326_4837718.htm。

② 《中印尼青年高端论坛在北京举行》，人民网，2019年11月18日，http://world.people.com.cn/n1/2019/1118/c1002-31461439.html。

③ 《中印尼青年领袖丝路文化研习营圆满举行》，陕西工业职业技术学院网站，2019年12月20日，http://www.sxpi.edu.cn/info/1020/12641.htm。

面，通过中国和印尼高校间的合作，两国高校会定期或不定期邀请对方高校的学生到本校进行交流学习。三是通过中国和印尼青年交流学术论坛的举办，两国青年汇聚一堂，围绕特定的主题深入交流，从而碰撞出不同的思想火花。四是针对某一课题，两国青年携手开展实践活动，深入中国和印尼社会进行调查走访。如 2019 年 2 月，清华大学公共管理学院曾赴印尼开展全球胜任力实践活动①；11 月，印尼泗水大学的创新创业团队也曾到访中国浙江，在与浙江大学心理与行为科学系进行交流的同时，参访了网易公司滨江园区、阿里巴巴滨江园区等中国企业。②

据不完全统计，2019 年中国和印尼青年交流项目 20 余项，惠及两国青年共计 500 余人。③ 中国和印尼之间的青年交流，在持续推动本国青年对对方国家文化了解的基础上，开始注重两国青年间的相互学习以及围绕某一特定议题进行深入交流。

（三）科技合作稳步实施，合作领域不断拓宽

自 2015 年中印尼副总理级人文交流机制建立以来，双方已签署了 7 项科技合作协议，共建了 2 家国家级联合实验室和 1 家技术转移中心，上百名印尼科研人员赴中国参加教育培训和短期科研。2017 年，两国签署了《中印尼科技创新合作三年行动计划（2018—2020）（草案）》。双方实施了覆盖农业、生物、信息、电子、环境、能源、中医药、疾病防治等领域的一系列科技创新合作项目。2019 年，两国逐步将这些计划付诸实施。

2019 年 8 月 15 日，印尼气象气候和地球物理局（BMKG）与成都高新

---

① 《明德为公，问道海外——清华大学公共管理学院赴印尼开展全球胜任力实践纪实》，清华大学公共管理学院网站，2019 年 2 月 21 日，http：//www. sppm. tsinghua. edu. cn/xwjy/sss/pyts/26efe48968e0f63d01690f42297d0013. html。

② 《印尼泗水大学“中国商业创新”考察团来访》，浙江大学心理与行为科学系网站，2019 年 11 月 5 日，http：//www. psych. zju. edu. cn/2019/1105/c27577a1737694/page. htm。

③ 数据整理自中国驻印尼大使馆网站、人民网、中国新闻网、中国侨网、中国各高校网站、（印尼）《国际日报》网站、（印尼）《千岛日报》网站等多家中国和印尼网站的相关新闻报道。

减灾研究所在印尼首都雅加达联合举行印尼地震预警系统建设启动仪式。成都高新减灾研究所正式向印尼气象气候和地球物理局移交了地震预警系统设备。[①] 10月23日，2019中国-印尼技术转移对接会在印尼万丹省唐格朗国际会议中心召开。来自两国政府、企业、科技园的180名代表围绕农业、林业、自动化设备、生物科技、节能环保等领域技术供需进行对接，并达成多项合作意向。[②] 11月11日，中国-印尼科技合作联委会第6次会议在印尼雅加达举行。双方分别介绍了联委会第5次会议以来科技合作情况，并就当前合作项目及未来合作的重点领域进行了探讨交流。[③] 11月15日，在2019年第十届中国-东盟矿业合作论坛期间举办的“中国-东盟地学合作研讨会和印尼国家矿业专场推介会”上，中国自然资源部地质调查局向印尼相关地质调查机构移交了“低密度地球化学调查合作”成果资料。该成果是地质调查局与各国联合实施的、旨在为全球资源环境可持续发展提供解决方案的“化学地球”国际科学合作计划组成部分，涉及印尼苏门答腊岛全岛69种地球化学元素的分布特征与规律。[④]

高铁是中国和印尼两国在科技合作领域的标杆，其中，雅万高铁是国际上首个由政府主导搭台、两国企业对企业进行合作建设和管理的高铁项目。2019年，中国和印尼继续推动在高铁领域的合作。4月25日，中国科技部王志刚部长在京会见来华出席第二届“一带一路”国际合作高峰论坛“创新之路”分论坛的印尼研究技术与高教部部长纳西尔，双方签署了关于共建中印尼高铁技术联合研究中心的谅解备忘录。[⑤]

---

① 《中印尼联合建设印尼地震预警系统》，中华人民共和国政府网站，2019年8月16日，http：//www. gov. cn/xinwen/2019-08/16/content_5421662. htm。

② 《2019中印尼技术转移对接会召开》，中华人民共和国驻印度尼西亚共和国大使馆网站，2019年10月28日，http：//id. china-embassy. org/chn/whjy/kjjl/t1711152. htm。

③ 《中国-印尼科技合作联委会第6次会议召开》，中华人民共和国科学技术部网站，2019年11月18日，http：//www. most. gov. cn/kjbgz/201911/t20191118_149989. htm。

④ 《中国地质调查局向柬埔寨、印尼移交合作成果资料》，中华人民共和国自然资源部网站，2019年11月20日，http：//www. mnr. gov. cn/dt/hy/201911/t20191120_2482449. html。

⑤ 《王志刚部长与纳西尔部长签署共建中印尼高铁技术联合研究中心谅解备忘录》，中华人民共和国驻印度尼西亚共和国大使馆网站，2019年4月29日，http：//id. china-embassy. org/chn/sgsd/t1659296. htm。

此外，印尼方面也积极开展活动，吸取中国科技发展的相关经验。2019年，印尼相关官员、学者曾三度到访中国，商讨深化中国-印尼科技务实合作的相关事宜：2月，印尼研究技术与高教部代理总司长帕道努率团访问中国，代表团一行走访了北京、陕西和海南的多家科研机构和企业，并在三地分别与负责科技工作的政府官员和学者举行了会谈[①]；4月，印尼科学院秘书长努尔率团访问中国，代表团走访了北京和云南两地的多家科研机构和科技企业，并分别与中科院副院长张亚平和云南省科技厅副厅长阮朝奇举行了会谈[②]；12月，印尼科学院科技创新政策与管理研究中心主任督迪率团访问了中科院科技战略资源研究院、中关村科技园、中国科技发展战略研究院、成都高新区、四川省社会科学院等单位，与中方有关负责人就科技政策、技术转移等合作深入交换意见。[③]

当前，中国重视发展与印尼的科技合作，并向印尼提供先进的科学技术与发展经验，印尼对此也积极响应。两国在科技教育培训、技术对接以及科技创新等方面合作前景看好。

（四）文化艺术交流异彩纷呈，影视合作亮点突出

近年来，随着中国印度尼西亚两国交流的不断深入，双方的文化逐步走入对方国家的视野。两国在文艺巡演、图书出版以及影视等方面的合作层出不穷，各类活动异彩纷呈。

在文艺巡演方面，两国的文化艺术团体曾多次赴对方国家巡演，展现自身独特的文化艺术，加深两国民众对对方文化的了解。中国方面，除在中国传统节日赴印尼进行巡演外，也开始谋求在友省（市）框架下进一步开展文化交流活动。例如，2019年6月，云南省昆明市民族歌舞剧院率团赴印

---

① 《印尼研究技术与高教部代理总司长帕道努访问中国》，中华人民共和国驻印度尼西亚共和国大使馆网站，2019年3月5日，http：//id. china-embassy. org/chn/sgsd/t1643026. htm。

② 《印尼科技代表团访问中国》，中华人民共和国驻印度尼西亚共和国大使馆网站，2019年5月6日，http：//id. china-embassy. org/chn/whjy/kjjl/t1661093. htm。

③ 《印尼科学院代表团访问中国》，中华人民共和国驻印度尼西亚共和国大使馆网站，2019年12月11日，http：//id. china-embassy. org/chn/whjy/kjjl/t1723699. htm。

尼巴厘省参加第41届巴厘艺术节，表演了藏族、傣族、佤族、彝族等独具异域风情的中国少数民族特色歌舞。艺术团的表演得到了印尼总统佐科在社交媒体上的点赞，安塔拉通讯社、《巴厘邮报》、《巴厘雷达报》和《巴厘岛论坛报》等当地主流媒体也均对此进行了专版宣传和报道。[①] 印尼方面，也开始更多地到访中国，进行文艺巡演。2019年11月，印尼梅州会馆合唱团与菲乐合唱团远赴广西桂林、湖南新化参加艺术文艺交流演出。[②]

2019年，中国与印度尼西亚两国的优秀书籍被更多地翻译推广到对方国家。1月，广东外语外贸大学东方语言文化学院举行“印尼语著作《华人在印尼民族建设中的角色和贡献》中译版第一册发布会”。国内外多所高校和研究机构的百余名专家学者参加了此次发布会。[③] 9月，在印尼国际书展上，中国代表团带来了600余种中、英、印尼文版中国出版物精品，包括主题图书、中国文学、人文社科、传统文化和历史、语言教育、少儿读物等，这批当代中国优秀图书受到当地文学爱好者的关注。书展期间，还举行了中印尼文学翻译与出版研讨会，中印尼两国近150位文学、翻译、出版方面的专家学者和印尼高校师生参加了此次会议。[④]

自2018年中央广播电视总台与印度尼西亚国家电视台签署“中国剧场”播出合作协议以来，影视合作逐渐成为两国文化艺术交流中的一大亮点。2019年，有更多的印尼电影参与中国举办的国际电影节，并在中国展映。6月17日，印尼电影《山间生活》在中国首映，并入围了上海国际电影节亚洲新人奖单元的最佳导演奖和最佳编剧奖。这届国际电影节还新增设

① 《巴厘艺术节上的云南风情》，中华人民共和国驻登巴萨总领事馆网站，2019年6月19日，http：//denpasar. china-consulate. org/chn/yhjl/t1673659. htm。

② 《歌声与文化艺术结合之旅》，《印华日报》2019年12月15日，https：//koran. harianinhuaonline. com/2019/12/15/72541/。

③ 《〈华人在印尼民族建设中的角色和贡献〉发布》，广东外语外贸大学网站，2019年1月23日，https：//www. gdufs. edu. cn/info/1106/49842. htm。

④ 《中国精品图书亮相印尼国际书展》，新华网，2019年9月8日，http：//www. xinhuanet. com/2019-09/08/c_1124974879. htm。

了“印尼风情”系列，展映了《印尼饮食男女》等多部印尼本土电影。[①] 9月17~23日“印度尼西亚电影周”期间，南宁民族影城放映了5部印尼优秀影片。[②] 10月15日，第六届丝绸之路国际电影节在福州开幕，在接下来为期6天的电影展映中放映了《印尼饮食男女》《梅的27步》《追击》《土豪》等印尼电影。[③]

中国和印尼两国在影视合拍方面也取得了丰硕成果。1月14日，由中国视频网站西瓜视频推出的微综艺《丹行线》印尼篇发布暨东盟其他国家摄制启动仪式在印尼首都雅加达举行。《丹行线》印尼篇的节目通过实地与10位普通印度尼西亚女性对谈，以“微纪录片”的方式，展现了印度尼西亚平凡人生活的真实面貌。[④] 10月29日，中印尼合拍电影《爱在零维度》在中国上映，影片讲述了中国小伙陈昶与印尼姑娘诺娃曲折坎坷的爱情故事。11月30日，由中国湖南卫视芒果TV和龙韬娱乐联合出品、印尼千帆影视传媒协拍的旅行真人秀《小小的追球》印尼站，在印尼苏门答腊丹柏林野生动物保护区杀青。印尼协拍方千帆传媒的创始人杨帆表示，此次《小小的追球》节目组到印尼拍摄与交流，对印尼本土传统电视、新兴网络平台及新兴网络节目制作从业人员未来的转型与发展有着重要借鉴作用。[⑤]

总之，2019年中国和印尼在文化艺术领域的交流合作不断扩展，双方优秀的文学艺术形式和作品被越来越多地引入对方国家。在中国和印尼文学艺术交流合作活动的开展过程中，两国人民加深了对彼此的认识和了解。同时，通过借鉴和学习彼此的优秀经验，两国的相关行业也得到了更好的发展。

---

① 《“不可能走向大千世界”的印尼电影，如何在上海电影节被发现?》，《文汇报》2019年6月21日，http：//whb. cn/zhuzhan/xinwen/20190621/271693. html。

② 《2019年中国—东盟电影展映汇在南宁举行》，人民网，2019年9月18日，http：//gx. people. com. cn/n2/2019/0918/c179464-33365531-2. html。

③ 具体内容参见本书专题篇许婷婷撰写的《2019年中国与印度尼西亚影视合作交流成果及展望》一文。

④ 《朱丹〈丹行线〉完美收官 展印尼人文打造治愈之旅》，人民网，2019年1月29日，http：//ent. people. com. cn/n1/2019/0124/c233222-30589246. html。

⑤ 《环保真人秀〈小小的追球〉印尼站杀青》，中国新闻网，2019年11月30日，http：//www. chinanews. com/yl/2019/11-30/9021627. shtml。

（五）卫生合作切实开展，合作前景大有可为

2015 年发表的《中国-印尼副总理级人文交流机制首次会议联合公报》确定两国将在公共卫生，尤其在传染病防控、全民健康覆盖、卫生人力发展以及健康教育等领域继续加强合作。此后数年中，中国为印尼培训了 100 名卫生专业技术人员。中国医学专家团在印尼各大城市进行公益巡讲，同时还开展了“中华文化东南亚行——中医中药行”活动，这些活动促进了印尼人民对中医文化的深刻理解。2019 年 2 月，印尼卫生部部长特别顾问一行 9 人访问了北京大学医学部，中方分享了中国在药物和医疗器械临床试验方面的做法和经验。双方就临床试验现状和面临的挑战展开了热烈讨论，并探讨了未来印尼的医学院和北京大学医学部合作的可能性。①

随着印尼全民健保计划的实施和多等级医院发展的需要，两国卫生合作迎来了前所未有的机遇和空间，特别是为中国医药企业进入印尼市场提供了巨大的市场机会。中国作为主要的医用耗材生产国和出口国，与医疗市场主要依赖进口的印尼之间具有很强的互补性。2019 年 3 月 6~8 日，在 2019 印尼国际医疗博览会（CMEF Indonesia）期间，中国国际医药卫生有限公司（以下简称“国药国际”），集合了中国众多品质优异的耗材生产企业，加上国药国际自身的质量管理体系和海外销售经验，为印尼的公立和私立医疗体系提供了便捷的中国耗材产品供应。② 11 月 27 日，由中国商务部主办的 2019 年中国医疗健康（印尼）品牌展在印尼雅加达开幕，共有来自上海、广东、江苏、浙江、湖北、四川、江西等省（区、市）的 135 家企业参展。展品涵盖传统药材、传统保健品、功能产品、有机食品、家用康复与护理、母婴产品、养生养老产品、医用耗材、诊疗设备、实验室仪器及耗材等。展会期间还举办传统植物药的市场潜力及合作机遇介绍、医疗器械企业对接

① 《印尼卫生部部长特别顾问一行 9 人访问北京大学医学部》，北京大学医学部网站，2019 年 2 月 21 日，http：//oic. bjmu. edu. cn/xwdt/201913. htm。

② 《“一带一路”卫生领域的践行者——国药国际》，搜狐网，2019 年 3 月 7 日，https：//www. sohu. com/a/299575152_661277。

会、印尼医疗器械注册法规解读、东盟医疗保健市场及趋势专题研讨会、印尼传统草药对接会、医疗器械税收补偿政策研讨交流会等配套活动。①

中国也积极助力印尼医疗卫生事业的发展。2019 年 11 月 12 日，中国红十字基金会上汽通用五菱博爱基金向印尼捐赠 4 辆救护车，分别服务于雅加达、芝加朗和日惹三个地区，并为茂物地区捐赠了 1 辆移动诊疗车。按照计划，陆续将捐赠共计 13 辆救护车、移动诊所车供印尼当地使用，覆盖爪哇岛的主要地区、苏门答腊岛主要省份棉兰、西加里曼丹岛坤甸等地区，可为近 10 万民众提供医疗健康服务。②

综上所述，中国和印尼在医疗卫生领域的合作与两国的发展战略相契合。一方面，通过与中国合作，印尼在改善基础医疗环境方面获得了强大助力；另一方面，蓬勃发展的印尼医疗卫生市场也为中国医药企业“走出去”带来了机遇。中国与印尼在医疗健康领域的合作前景广阔。

（六）旅游合作方兴未艾，多项措施助力旅游

旅游业是印尼五大优先发展的支柱产业之一，在政府的大力扶持下，近些年来发展迅速。特别是在中国“一带一路”倡议与印尼“海洋高速公路”建设计划对接背景下，印尼旅游业获得前所未有的发展机遇。2019 年，印尼获得“荷兰最佳旅游目的地奖”，同时被列为“2019 年世界最佳清真旅游区”。

2019 年，印尼继续积极与中国相关部门合作，大力推荐印尼旅游项目。6 月 22~23 日，由印尼旅游部与中国在线休闲旅游服务商途牛联合主办的“奇妙印尼”路演在南京和天津两个城市同时举行。路演通过展示印尼特色节目和互动游戏来吸引商场游客和潜在客户。③ 10 月 21 日，由印尼旅游部、

---

① 《2019 年中国医疗健康（印尼）品牌展在雅加达开幕》，中华人民共和国商务部网站，2019 年 11 月 28 日，http://www.mofcom.gov.cn/article/shangwubangzhu/201911/20191102917502.shtml。

② 《红基会援助印尼医疗服务》，中国日报中文网，2019 年 11 月 18 日，https://cnews.chinadaily.com.cn/a/201911/18/WS5dd20eb8a31099ab995ec76b.html。

③ 《“奇妙印度尼西亚”路演在宁津两地举办 印尼旅游部携手途牛邀您体验“精彩印尼”》，中国日报中文网，2019 年 6 月 28 日，http://caijing.chinadaily.com.cn/chanye/2019-06/28/content_37485892.htm。

印尼中华总商会东爪哇分会以及中国广州市文化广电旅游局共同主办的2019“丝路花语——海上丝绸之路文化之旅”推介活动在印尼东爪哇省泗水市拉开帷幕。两座城市围绕“发现、聚焦、传播海丝文化”主题进行了深度交流。在交流期间，广州市文物博物馆学会会长全洪与印尼旅游部优先旅游目的地推广局特别参谋阿里·苏亨德罗签署了《关于海上丝绸之路文化遗产合作保护和旅游地资源开发共享的合作备忘录》，打造文化交流平台，共同保护海上丝绸之路文化遗产。[①] 11月15~17日，在昆明举办的2019年中国国际旅游交易会上，印尼携多个新开发旅游产品亮相，并重点推介多巴湖、婆罗浮屠等5个堪比巴厘岛的旅游胜地。[②] 12月7~8日，印度尼西亚旅游与创意经济部联合北京中能天盛航空服务有限公司在沈阳K11购物中心成功举办了以“精彩印尼”为主题的旅游推介会。[③]

在印尼积极向中国推荐旅游项目的同时，中国各地方政府也纷纷前往印尼，宣传和推广本地的旅游资源。例如，2019年2月16日，北京市文化和旅游局在雅加达主办了“激情冰雪·魅力北京”旅游图片展以及北京旅游公众日活动；10月25日，宁夏文化和旅游厅主办的“美丽中国·神奇宁夏”推介会在雅加达举办；11月15日，山东省文化和旅游厅在雅加达以“孔子家乡　好客山东”为名推介旅游项目；12月9日，海南三亚市在雅加达开展旅游推广工作，并成立了三亚旅游（印度尼西亚）推广中心。[④]

中国和印尼旅游人员往来继续保持良好发展态势。2019年，中国赴印尼旅游人数为207.21万，虽较2018年略有下降，但中国已连续三年位列印

① 《2019“丝路花语·海丝文化之旅”抵达印度尼西亚——广州牵头海丝申遗，与印尼签署合作备忘录，共建海丝沿线文明互鉴之桥》，广州市文化广电旅游局网站，2019年10月25日，http://wglj.gz.gov.cn/gzswhgdlyjgzswwj/zwdt/zwxx/content/post_3219260.html。

② 《印度尼西亚国家旅游与创意经济部在2019中国国际旅游交易会上大放异彩》，《国际日报》2019年11月28日，http://www.guojiribao.com/shtml/gjrb/20191128/1508836.shtml。

③ 《“精彩印尼”旅游推介会在沈阳成功举办》，凤凰网，2019年12月9日，https://feng.ifeng.com/c/7sBBtjEX7Ni。

④ 具体内容参见本书专题篇林梅、那文鹏撰写的《印尼旅游业发展及中国与印度尼西亚旅游合作：已有成果和2019年进展》一文。

尼的第二大国际游客来源地。[①] 另外，印尼赴中国旅游人数逐年上升，最近三年，印尼在中国旅游国际客源市场中均排第 15 名。[②] 中国和印尼两国多个城市间均有直飞航班，2019 年两国间又新增了多条航线，包括印尼苏拉维加亚航空公司执飞的南宁往返美娜多航线、印尼巴迪航空执飞的昆明往返雅加达航线和深圳往返巴淡岛航线等。

2019 年，中国和印尼的旅游合作继续向前发展。双方以旅游推介为核心，积极前往对方国家宣传本国旅游资源，并取得积极成效。此外，两国间的旅游合作仍以推动印尼旅游市场发展为主，中国赴印尼旅游人数远超印尼赴中国旅游人数。未来，中国也可以借鉴印尼旅游业发展的相关经验，吸引包括印尼游客在内的更多外国游客到华旅游。

（七）传媒交流日益频繁，加深理解功不可没

传媒交流是搭建人文交流的重要平台，有助于增进两国人民之间的信任与理解。早在 2010 年，中国国际广播电台与印尼国家电台就正式签署合作协议，开展节目合作和人员交流。2016 年两国媒体举办了“中印尼媒体论坛”，探讨两国媒体如何合作来推动政策解读、信息沟通、文化传播，共同营造中印尼友好合作的舆论氛围。2019 年两国媒体交流和合作逐渐落到实处。

2019 年，印尼国内组织了多个媒体代表团赴中国各地进行考察：8 月 24~31 日，印尼巴厘省、西努省和东努省记者协会以及巴厘邮报媒体集团共 10 名资深记者赴北京和江西两地考察交流[③]；9 月 16~21 日，印尼巴淡市主流媒体《巴淡邮报》《巴淡论坛》《新多日报》主编和知名资深记者组

① *Statistical Yearbook of Indonesia 2019*，印度尼西亚国家统计局，https：//www. bps. go. id/publication/2020/04/29/e9011b3155d45d70823c141f/statistik-indonesia-2020. html。

② 数据来源：中华人民共和国文化和旅游部网站，http：//zwgk. mct. gov. cn/；中国旅游研究院网站，http：//www. ctaweb. org/。

③ 《“不相识 不相亲”——印尼三省媒体团赴华考察采访》，中华人民共和国驻登巴萨总领事馆网站，2019 年 9 月 5 日，http：//denpasar. china-consulate. org/chn/yhjl/t1694844. htm。

成媒体团访问中国上海和呼和浩特两地[1]；11 月 15~22 日，由棉兰市印尼文、中文主流媒体《分析日报》《好报》《正报》《讯报》及当地主流电台、网络媒体主编、资深记者组成的媒体团赴中国上海和杭州两地进行考察。[2] 访华期间，印尼媒体代表团深入中国社会进行采访，认识和了解一个更加真实和鲜活的中国。结束访问回国后，各媒体团成员也陆续在报纸和社交媒体上发表了大量的旅行见闻和感受，对中国的发展、社会生活和风俗文化等做了较为全面的报道，并在当地读者、观众圈中收获了积极反响。这既加强了印尼民众对中国的认识，也增进了中国和印尼人民的友谊。

同时，中国和印尼媒体开始在新闻内容发布方面加强合作。2019 年 12 月 17 日，印尼安塔拉通讯社相关负责人亨比·普拉朱迪（Hempi N. Prajudi）表示，安塔拉将与新华社展开新闻产品合作，每天至少发布由新华社雅加达分社提供的 130 条新闻，包括 50 条文字稿、60 张图片及视频、多媒体产品等。内容涉及方方面面，包括国际新闻，尤其是中国新闻。[3] 通过合作，中国形象将在印尼国内得到更好的传播。

围绕某一具体领域，中国和印尼的媒体活动也发挥着重要作用。在教育领域，2019 年 10 月 31 日，印尼智库媒体代表团 10 余人访问华中师范大学，与华中师范大学中印尼人文交流研究中心师生进行了广泛深入交流。双方希望通过此次交流，共同推进两国高校在多方面的务实合作。[4] 在旅游领域，两国媒体对中国和印尼赴对方国家的各场旅游推介活动进行报道，极大地拓展了这些推介活动的影响力。此外，2019 年 7 月 22 日，中印尼旅游合作媒体对话会在印尼巴厘岛举行。来自中印尼政府、智库、媒体及文化界代表约

① 《王军副总领事会见巴淡市媒体访华团》，中华人民共和国驻棉兰总领事馆网站，2019 年 9 月 24 日，http://medan.china-consulate.org/chn/zlgxw/t1700876.htm。

② 《王军副总领事会见棉兰市媒体访华团》，中华人民共和国驻棉兰总领事馆网站，2019 年 12 月 25 日，http://medan.china-consulate.org/chn/zlgxw/t1719569.htm。

③ 《安塔拉推出由新华社提供的印尼语新闻》，《国际日报》2019 年 12 月 19 日，http://www.guojiribao.com/shtml/gjrb/20191219/1511609.shtml。

④ 《印尼智库媒体代表团造访华中师范大学》，中国网，2019 年 10 月 31 日，http://www.china.com.cn/opinion/think/2019-10/31/content_75359586.htm。

100 人出席活动。与会嘉宾就如何进一步加强两国在旅游业领域的合作进行了深入讨论。[①] 在宗教交流领域，两国媒体也积极开展形式多样的合作，从而澄清了中国和印尼在宗教方面的误会。

作为信息传播的重要途径，媒体对一国民众观点的形塑起着不可替代的作用。2019 年，两国传媒合作的发展，对推动两国文化交流、加深理解以及促进两国在教育、旅游和宗教交流等具体领域的合作起到了重要作用。

二　进一步推动两国人文交流的建议

2019 年，中国与印度尼西亚人文交流取得了前所未有的成果，但也存在一些不足，主要包括两国人文交流不平衡、交流过程对普通民众关注不够、企业经营活动造成社会摩擦以及社交媒体对两国人文交流的影响四个方面。针对当前问题，中国和印尼两国应在交流领域和交流方法上加以改进和创新，通过加强对等交流、强化在民生领域的合作、促进两国穆斯林的宗教交流、注重经济合作中的人文关怀和重视社交媒体的作用等具体举措，夯实两国关系健康发展的民意基础。

（一）加强对等交流，改变人文交流的不平衡状况

在中国与印度尼西亚的人文交流中，中国更多地扮演一个传播者的角色，积极主动地向印尼介绍自身的传统文化、教育成果等。而印尼则更多以一个接收者的形象出现，主要是吸收中国的文化传播。两国人文交流中呈现出一种不对称、不平衡的局面。

首先，在文化交流中，2019 年，有很多各类中国代表团到印尼传播中国文化，包括文艺巡演、推介书籍、举办书画展以及推广中国民俗等。与之相对，印尼却较少到中国举办类似活动，且其所举办的活动范围也大多局限

① 《中印尼旅游合作媒体对话会在巴厘岛举行》，中华人民共和国驻登巴萨总领事馆网站，2019 年 7 月 25 日，http：//denpasar. china-consulate. org/chn/yhjl/t1683216. htm。

于印尼华人团体与中国的交流。其次，在教育交流领域，类似现象同样存在。第一，越来越多的印尼学生到中国留学，而中国学生到印尼留学的较少。近年来，印尼学生赴华留学人数每年均稳定在1万人以上，在所有赴华留学国家中排名前十，而每年赴印尼留学的中国学生仅有数百人。[①] 第二，在高校交流中，印尼高校到中国访问次数多于中国高校到印尼访问次数。2019年，中国高校赴印尼访问次数仅为印尼高校访问中国高校次数的三分之二。同时，印尼高校对中国高校多为一对一访问，而大多中国高校往往一次拜访多所印尼高校。第三，中国和印尼间的青年交流活动多由中国方面牵头组织。2019年两国间的20余项青年交流活动中，印尼主动发起的活动仅为个位数。最后，在旅游方面，两国互相到对方国家旅游人数的差异则更为明显。如表1所示，最近5年，中国每年赴印尼旅游人数是同年印尼赴中国旅游人数的2~3倍。

中国和印尼人文交流中的诸种不平衡，导致了两国相互交流信息的不对称，从而影响两国人民间的相互理解。为此，需加强两国在文化教育等方面的对等交流，鼓励双方学生、学者、艺术家、旅游者相互走进对方国家，学习对方的语言，多了解对方的国情及思想文化。通过对等交流，展现相互鉴赏、多元共存的价值理念。

表1　2015~2019年中印尼两国赴对方国家旅游人数

指标	2015年	2016年	2017年	2018年	2019年
印尼赴中国旅游人数（万人次）	54.48	63.37	68.31	71.19	暂未收录
中国赴印尼旅游人数（万人次）	124.91	155.68	209.32	213.92	207.21

资料来源：中华人民共和国国家统计局网站，http：//data.stats.gov.cn/search.htm？s=印尼赴华旅游；印度尼西亚国家统计局网站，https：//www.bps.go.id/publication/2020/04/29/e9011b3155d45d70823c141f/statistik-indonesia-2020.html。

① 数据来源：中华人民共和国教育部网站，http：//www.moe.gov.cn/；联合国教科文组织统计研究所网站，http：//data.uis.unesco.org/。

（二）拓展人文交流领域，加强民生领域的合作

人文交流是个内涵十分丰富的概念，它既包括精英层面的思想文化、价值理念的交流对话，也包括普通民众层面的民生合作活动。目前，中国和印尼的人文交流主要集中在高层和精英群体的交流，而对普通民众的关注不够。

综观 2019 年两国间的人文交流，相关活动大多由两国政府牵头进行，交流主体也多集中于政府官员、高校师生、涉外企业以及新闻媒体之间。中国和印尼的人文交流并未切实深入到两国社会的各个群体，普通民众难以参与两国的交流与合作。皮尤数据库的研究指出，2019 年，印尼民众对中国的好感度为 36%，相较 2018 年的 53%下降了 17 个百分点。[①] 虽然这一现象或是 2019 年总统选举中反佐科阵营虚假宣传所致，但也说明近年来的人文交流还未能使印尼普通民众普遍受益，普通民众未能建立起稳定的中国观。

中国和印尼的人文交流不能仅仅依靠政府，而应让民众成为主体。双方应进一步深化和拓展人文交流领域，减贫、医疗、就业、社区治理、环境保护、灾害管理、保护妇女和儿童等涉及民生领域都应被纳入人文交流合作的范围。在某一具体领域的合作中，双方也应重视普通民众的需求，同时加强宣传和引导，增强普通民众在其中的参与感和收获感。通过在民生领域的深度合作，让更多的普通民众参与到人文交流活动中来，加深两国人民间的友谊，从而促进两国关系友好发展。

（三）在经济合作中加强人文交流

随着中国和印尼经贸合作的不断深入发展，越来越多的中国企业开始走进印尼。中国企业的不断壮大在促进印尼社会经济发展的同时，也引发了印尼民众的疑虑和不满。而这些负面情绪的产生，对两国间的人文交流与合作造成了影响。

---

① "People around the globe are divided in their opinions of China," Pew Research Center, 5 Dec. 2019, https：//www. pewresearch. org/fact-tank/2019/12/05/people-around-the-globe-are-divided-in-their-opinions-of-china/.

目前，在印尼经营的中国企业与当地民众的摩擦主要表现在两个方面。其一，落地印尼的中国项目本地化问题，印尼一些人认为中国企业雇用印尼本地工人较少。在2019年印尼总统竞选中，总统候选人普拉博沃（Prabowo Subianto）指责佐科将印尼“卖给”外国人，并声称“印尼正面临大量中国工人的涌入”。① 其二，履行当地社会责任问题，印尼部分民众认为中国企业“破坏环境”。例如，在印尼北苏门答腊省，中国企业投资的一项大型水利工程由于影响到了濒危野生动物的生存而遭到当地民众的抵制。②

作为民间交流的一个重要组成部分，中国企业在印尼的经营活动影响和塑造着印尼民众对中国的看法。对此，中企在助推印尼经济发展的同时，也应当多从事一些关注当地人福利和发展事务，将人文关怀作为企业的重要工作。在2019年，中国企业有过相关尝试，如中资企业海尔旗下AQUA品牌三次在印尼开展爱心捐赠活动。③ 未来，中国企业也应继续努力，多履行社会责任，精耕细作，加强中国和印尼间的人文交流。

（四）与时俱进，创新人文交流方式

在新媒体时代，虚拟的网络空间传播速度及效果往往是传统方式难以比拟的。社交媒体上一条负面消息可能将人文交流所取得的成果化为乌有。

长期以来，印尼社交媒体上流传着许多有关中国的假新闻。例如，围绕2019年印尼总统选举，印尼社交网络上先后出现了“中国黑客攻击印尼选民数据库”“中国工人向印尼传播病毒”“中国军队镇压雅加达暴乱”等多条假新闻。这些假新闻的出现与印尼国内一些政治势力反华情绪息息相关。印尼反假新闻社群（Mafindo）指出，印尼社会对中国存在普遍担忧。围绕

① “Indonesia 2019 elections: How many Chinese workers are there,” BBC News Navigation, 13 April 2019, https://www.bbc.com/news/world-asia-47881858.

② “China-backed dam in Indonesia rainforest to cut through home of world’s rarest orangutan,” *South China Morning Post*, 21 Oct. 2018, https://www.scmp.com/news/asia/southeast-asia/article/2169513/china-backed-dam-indonesia-rainforest-cut-through-home.

③《中国品牌全球履行社会责任：AQUA进印尼孤儿院爱心捐赠》，国际在线，2019年12月27日，http://it.cri.cn/20191227/318e1108-cf40-5a7e-51a6-83b5cdbe5abe.html。

这些担忧，印尼的部分阴谋论者在本国的社交媒体上制造和传播关于中国的假新闻，进而影响了印尼民众对中国的认知。

另外，中国的社交媒体在推进两国相互理解方面也做得十分欠缺。中国社交媒体对印尼缺乏关注，普通民众对印尼了解少之又少。以微信公众号为例，目前相关印尼公众号总体活跃度不高，且内容多以摘抄为主。在中国社交媒体中，甚至存在一些文章为博人眼球而刻意以猎奇、夸张或负面的笔触对印尼进行描写。这不利于中国普通民众正确认知印尼国情，从而阻碍双方的相互了解。

人文交流方式应跟上科技时代发展步伐。中国和印尼需善用网络，创新人文交流方式，重视社交媒体所发挥的作用。针对当前出现的问题，两国应加强合作，在对相关负面信息进行澄清的同时，积极利用网络技术正面宣传两国的发展状况及优秀文化，实现两国民众特别是年轻人间的相互理解，从而更好地传播两国的正面形象。

专 题 篇

中国与印度尼西亚职业教育合作现状、问题及对策研究

赵长峰　李云龙*

摘　要： 职业教育国际化是当今世界各国教育发展的重要战略和普遍共识，也是提升我国高等职业学校办学水平的必然路径。随着“一带一路”倡议从“写意画”进入“工笔画”阶段，中国与“一带一路”共建国家的各项经济合作正在稳步推进。印尼是中国在东南亚地区推进“一带一路”倡议的重要合作伙伴，基础设施建设是两国经济合作的重要内容。在实施基础设施建设项目的过程中，职业技术从业人员的素质和能力是一个关键因素，涉及水电站、铁路、电力设施、公路、港口等基础设施的安全建设与运营秩序。职业技术人员的专业

* 赵长峰，华中师范大学政治与国际关系学院教授、博士生导师、中印尼人文交流研究中心研究员；李云龙，华中师范大学政治与国际关系学院博士研究生、中印尼人文交流研究中心助理。

性同时关乎印尼国内经济建设以及中印尼共建“区域综合经济走廊”经济发展倡议的有序推进。中国拥有以高等职业院校为主体的教育资源，在电力、水利、工程、能源、机械制造等专业领域拥有较强的职业教育优势。随着中印尼两国人文交流机制的不断发展，两国间的职业教育合作也在不断地深化。本文就中印尼在职业教育合作领域展开研究，通过文献研究、实地调研的方法，以学历教育为重点，探析中印尼职业教育合作的现状，厘清合作中存在的问题，并提出针对性的对策。

关键词： 中印尼职业教育　职业教育合作　职业教育国际化

教育部数据显示，截至目前，我国已与24个“一带一路”共建国家签署高等教育学历学位互认协议，共有60所高校在23个共建国家开展境外办学，16所高校与共建国家高校建立了17个教育部国际合作联合实验室。2018年，共有来自196个国家和地区的49.22万名留学生来华留学，其中，共建“一带一路”64国来华留学生人数共计26.06万人，占总人数的52.95%。[①] 其中，印尼留学生15050人，位居来华留学生人数国别第7大国。[②] 过去5年，中国已经建立中俄、中美、中法、中英、中欧、中印尼、中南非、中德八大中外人文交流机制，并与188个国家和地区建立了教育合作与交流关系，与46个重要国际组织开展教育合作与交流（见图1、图2）。

印度尼西亚是东盟最大的经济体，印尼的面积、人口、经济总量均占东盟40%左右，印尼是新兴发展国家中重要的人口大国，是中国的重要邻国

① 《2018年196个国家和地区的49.22万名留学生来华留学》，中国一带一路网，2019年6月4日，https：//www.yidaiyilu.gov.cn/xwzx/gnxw/92742.htm。

② 《2018年来华留学统计》，中华人民共和国教育部网站，2019年4月12日，http：//www.moe.gov.cn/jyb_xwfb/gzdt_gzdt/s5987/201904/t20190412_377692.html。

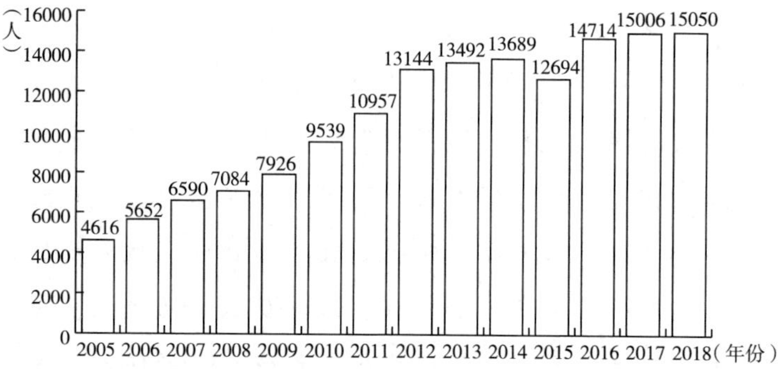

图 1　印尼来华留学生人数（2005~2018 年）

资料来源：中华人民共和国教育部网站统计数据。

和合作伙伴。近年来，中国与印尼双边关系取得实质性进展，在政治、经济、教育、能源方面的合作进展迅速。尤其是 2013 年“一带一路”倡议提出以来，双方在各领域的合作进一步深化。在“一带一路”共建国家发展指数排名中，印尼位列榜首。①

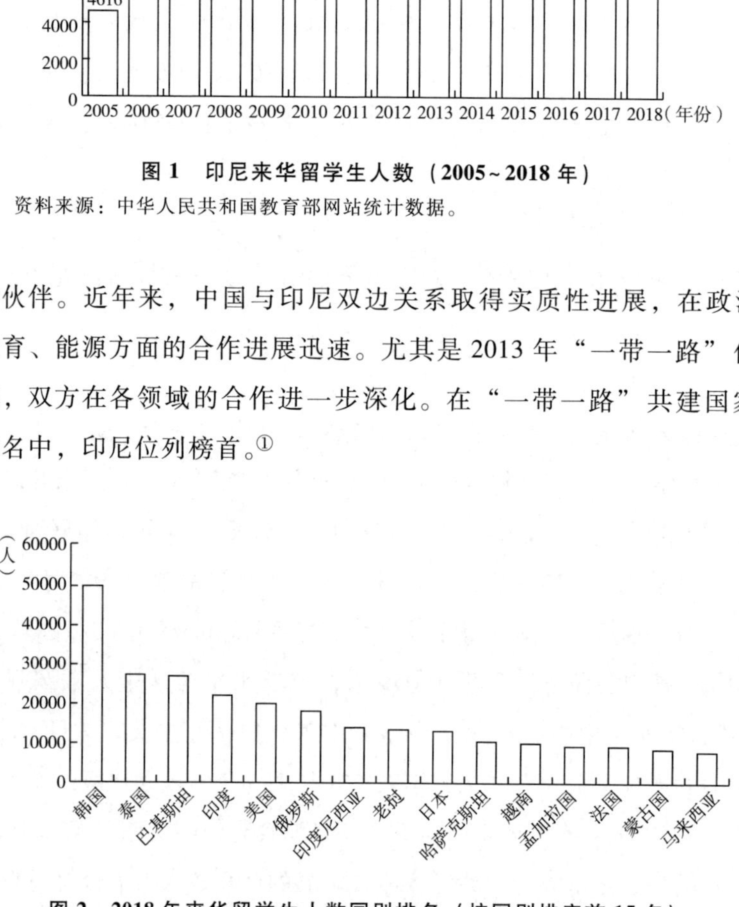

图 2　2018 年来华留学生人数国别排名（按国别排序前 15 名）

资料来源：中华人民共和国教育部网站统计数据。

① 刘进、林松月：《“一带一路”沿线国家高等教育现状与发展趋势研究（二十）——以印度尼西亚为例》，《世界教育》2019 年第 2 期，第 53~62 页。

印尼作为东南亚最大的经济体，是共建“一带一路”重要国家之一。随着“一带一路”倡议的推进，中印尼围绕“一带一路”倡议下的各项经济合作项目正在稳步推进，人文交流合作成为中印尼两国合作的重要领域。中印尼自1990年恢复外交关系以来，两国在高等教育政策、合作交流机制、留学生教育及高校合作等领域展开深入合作，取得了较为显著的成果。在过去的8年中，印尼来华留学人员不断增多。双方于2014年签署了《中印尼学历学位互认协议》，两国在学历上的衔接更加顺畅，促进了中印尼留学教育的交流与合作，极大地促进了双方人才交流与国际化的发展。中国拥有较强的职业教育能力，而经济持续增长的印尼在各行各业中急需大量的专业技术性人才，中印尼两国在开展职业教育交流与合作方面取得了较为显著的成绩，源于两国国家发展、职业院校发展的需要以及印尼企业对于人才的需求等因素的推动。

一 中印尼开展职业教育合作的动因

（一）国家发展的需要

学校开展中印尼职业教育合作，一方面是印尼国内经济发展的切实需要。印尼经济发展迅速，已经连续5年GDP增长率持续走高，2018年，在全球经济放缓的形势下，印尼GDP逆行增长5.17%，增长率为近5年最高。[①] 2019年印尼GDP增长率是5.02%。[②] 印尼快速发展的经济背后是各行各业大量的专业型技术人才的贡献。佐科在2019年10月20日就职演说中强调，发展人力资源是“最优先的事项”[③]，人力资源事关印尼的经济可持

---

① 2017年为5.07%，2016年为5.03%，2015年为4.88%，2014年为5.01%。

② 印尼国家统计局，https：//www.bps.go.id/indicator/11/104/1/-seri-2010-laju-pertumbuhan-pdb-seri-2010.html。

③ 《印尼总统佐科开启第二任期：与反对派和解，着眼人力资源优化》，新浪网，2019年10月22日，http：//mil.news.sina.com.cn/2019-10-22/doc-iicezzrr4058974.shtml。

续发展。中国在人力资源的职业教育方面，拥有大量的资源。通过职业院校层面与印尼展开职业教育合作，加强印尼的职业教育，可以帮助印尼发展人力资源事业。

另一方面，与包括印尼在内的众多国家开展职业教育合作也是中国实施"一带一路"倡议的需要。"一带一路"倡议中，政策沟通、设施联通、贸易畅通、资金融通、民心相通是重要的实施途径，而中印尼职业教育合作，正是推进中印尼两国民心相通的重要抓手。同时，中国与印尼开展职业教育合作，有助于提高印尼职业教育水平、专业技术从业人员的技术水平，有利于推动中印尼在设施联通、贸易畅通等方面的合作，切实推进"一带一路"倡议与印尼"区域综合经济走廊"等经济发展战略的对接，实现两国的互利互惠，共同实现经济的可持续发展；同时有利于深化两国的战略合作伙伴关系，增加政治互信，增进彼此的了解。

（二）学校自身的发展需要

从中国高等职业院校自身的发展来看，与包括印尼在内的国家开展职业教育合作，有助于推进我国职业教育国际化，实现职业院校"走出去、引进来"，提升学校在国际上的知名度和影响力。《国家中长期教育改革和发展规划纲要（2010—2020年）》（以下简称《纲要》）倡导大力发展职业教育和加强国际交流与合作。《纲要》强调，"2020年，形成适应经济发展方式转变和产业结构调整要求、体现终身教育理念、中等和高等职业教育协调发展的现代职业教育体系，满足人民群众接受职业教育的需求，满足经济社会对高素质劳动者和技能型人才的需要"。同时，要求"坚持以开放促改革、促发展。开展多层次、宽领域的教育交流与合作，提高我国教育国际化水平。加大教育国际援助力度，为发展中国家培养培训专门人才"。①

此外，教育部实施的"中国特色高水平高职学校和专业建设计划"（简

① 《国家中长期教育改革和发展规划纲要（2010—2020年）》，中华人民共和国教育部网站，2010年7月29日，http://old.moe.gov.cn/publicfiles/business/htmlfiles/moe/info_list/201407/xxgk_171904.html? authkey=gwbux。

称“双高计划”），要求职业院校提升国际化水平。该计划提出在全国重点建设50所学校、150个专业。“双高计划”申报院校基本条件中的一项为“配合‘走出去’企业开展员工教育培训、有教育部备案的中外合作办学项目或招收学历教育留学生”。[①] 教育部职业教育与成人教育司司长王继平认为，职业院校“不仅是在国内，还要走向国际，在国际上可以交流。这也是我们作为新时代职业教育发展的目标在学校方面的体现。这是我们改革的标杆、发展的支撑”。[②] 在国家政策的引导与支持下，各职业院校纷纷加强职业教育国际化，积极开展与境外高校、有关部门的职业教育合作。

（三）印尼企业的实际需要

除了国家和学校层面上的原因，中国职业院校拓展国际化进程的另外一个重要原因是驻外中资企业的实际需要，即“双高计划”中规定的“配合‘走出去’企业开展员工教育培训”。随着“一带一路”倡议下的中国对外经济合作的稳步推进，越来越多的中资企业在境外参与建设水电站、铁路公路、港口、通信设施、电力设施、水库、体育场及学校等基础设施。[③] 截至2018年底，在印尼投资的中资企业已超过1000家。大规模中资企业在印尼的投资，迫切需要中国职业教育“走出去”，支撑和服务“一带一路”建设对技术技能人才的需求。基础设施相关的项目大多在建成若干年内实行本土化运营，即将运营权移交给当地国家的部门，从而带动当地的就业，服务当地经济。而培训本土员工如何高效、安全地运营这些基础设施，熟练掌握运

① 《教育部、财政部关于印发〈中国特色高水平高职学校和专业建设计划项目遴选管理办法（试行）〉的通知》，中华人民共和国教育部网站，2019年4月16日，http://www.moe.gov.cn/srcsite/A07/moe_737/s3876_qt/201904/t20190417_378489.html。

② 《介绍〈国家职业教育改革实施方案〉的主要内容和下一步工作考虑》，中华人民共和国教育部网站，2019年2月19日，http://www.moe.gov.cn/fbh/live/2019/50294/。

③ 2018年，佐科建议将“区域综合经济走廊”合作作为中印尼发展战略对接的第二阶段，作为“一带一路”国际合作项目，目前两国政府正就此进行探讨，力争将其打造为中印尼发展战略对接的新亮点。印尼“区域综合经济走廊”建设项目由北苏门答腊、北加里曼丹、北苏拉威西、巴厘四省组成。2019年上半年，中国企业在印尼新签基础设施建设工程合同额62亿美元。有报道称，印尼正在计划为中国投资者提供价值高达600亿美元的基建大单，以促进其参与中国海外基建项目的合作。

营技能，是中资企业非常重视的一项任务。本土员工对于运营专业技能的掌握熟练程度，关乎运营权移交后项目可否稳定、持续地服务于当地经济。因此，印尼企业、中资企业需要与国内职业院校展开合作，对项目所在地的本土员工进行汉语和专业技术培训。比如，自 2015 年起，教育部委托有关地方探索建设“鲁班工坊”，陆续在泰国、印度、印度尼西亚、巴基斯坦建立了“鲁班工坊”。一批各具特色的“鲁班工坊”相继建成，在共建国家逐步打响了中国职教品牌，成为职业教育助力“一带一路”建设、促进“民心相通”的奋进之笔。“鲁班工坊”的建成满足了印尼当地企业的实际需要。2017 年 12 月 12 日，由天津市东丽区职教中心与印尼东爪哇省波诺罗戈市第二职业技术学校共建的中国-印尼“鲁班工坊”正式启运，围绕汽车维修、智能制造、新能源技术、工程实践创新项目（EPIP）展开交流和学习，提升教学质量和人才培养水平，服务印尼当地经济发展。[①]

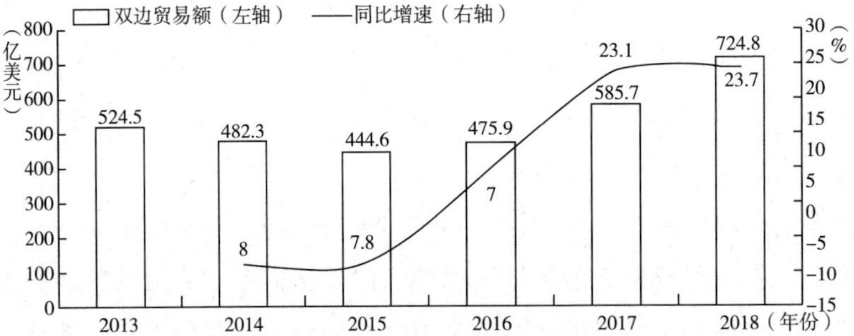

图 3 中国和印尼双边贸易额及增长情况（2013~2018 年）

资料来源：印尼统计局。

此外，印尼企业的发展同样需要“汉语+技能”型人才。近年来，中国和印尼的双边贸易关系发展势头良好，已经连续多年保持高速增长（见图 3）。中国已经连续 8 年成为印尼第一大贸易伙伴，中国也是印尼最大的

① 《中国-印尼“鲁班工坊”启动仪式在印尼波诺罗戈市正式启动建设》，天津东丽网，2017 年 12 月 25 日，http：//www.tjdl.net/2017/dlnews_1225/28587.html。

外资来源国。印尼很多企业与中方的企业有着密切的合作，语言是双方企业合作的一个主要沟通障碍。另外，印尼与中方企业合作的一个重要领域是技术合作。产业技术与创新、从业者技术能力等对于印尼与中方企业、印尼企业自身发展来讲，都发挥着至关重要的作用。因此，印尼与中国在职业教育方面展开合作，对印尼企业发展同样有利。

二　中印尼职业教育合作的现状

（一）中印尼职业教育合作的主要形式

目前中国与印尼开展职业教育的形式主要有以下四种。

一是国内职业院校与印尼高校、机构合作，招收印尼留学生，进行语言或学历教育，这是最主要的基础合作形式。国内各职业院校作为实施职业教育合作的主体，通过与印尼的高校、政府部门及相关机构进行合作，招收印尼学生或公民赴中国境内的相应职业院校进行学习。在规定的学习期满、通过考核后，颁发相应的学习证明或学历证书。

二是职业院校在印尼设立分部，以“鲁班工坊”为代表。“鲁班工坊”紧紧围绕“一带一路”倡议，对接所在国家的产业需求，采取学历教育与职业培训的方式，将中国优质职业教育和中国优质产品技术向合作国输出，培养当地熟悉中国技术、产品、标准的技术技能人才，搭建起中国职业教育与世界合作交流的桥梁。中国已先后在泰国、英国、印度、印尼等地建立“鲁班工坊”。此外，江苏经贸职业技术学院在印尼筹办分校，也属于此类合作范畴。

三是配合中国企业和产品“走出去”，为在印尼投资的中方企业培养、培训技术人才和管理人才。如黄河水利职业技术学院开展印尼水利水电管理专业留学生培养，为中水六局、中水八局、中铁集团、北方国际等中国企业走出国门输送了大批本土化“语言+技能”双技能型人才，受到了中资企业和印尼企业的高度评价，展示了中国职业教育的风采。

四是承接我国政府人力资源援外培训项目，利用“中国职业技术教育援外培训基地”平台，为印尼、斯里兰卡、坦桑尼亚、赞比亚、肯尼亚、埃及等113个发展中国家培训了2000多名产业界、教育界官员和院校骨干教师，与诸多“一带一路”共建国家建立了联系。

表1汇总了中国与印尼开展职业教育合作的院校信息。可以看出，我国职业院校与印尼开展教育合作主要以学历教育、培训、校际交流、设立分校或教学基地等形式开展，合作专业领域主要涉及汽车制造、轨道交通、新能源技术、制造与自动化、航空工程、水利测绘、移动通信等，这些领域都符合印尼近年来积极开展国内基础设施建设和连通性建设的需要。院校与印尼方通过搭建各种合作平台，如达马加拉-南通职业大学中国中心、中印尼上汽通用五菱汽车学院、中国职业技术教育援外培训基地、轨道交通培训基地、“鲁班工坊”等各种形式的合作机制，进行深入的合作与交流。

表1　中国与印尼开展职业教育合作的院校概况（不完全统计）

中方院校	印尼方单位	合作形式	主要合作专业	合作平台
南通职业大学	印尼达马加拉信息商务学院	教师互访、学生互换	中国文化、汉语教学、动画制作、旅游管理、移动通信、电气自动化等	达马加拉-南通职业大学中国中心
柳州城市职业学院	印尼必利达国民三语学校	学历教育、设立分院	汽车制造	中印尼上汽通用五菱汽车学院
宁波职业技术学院	印尼产业界、教育界官员和院校教师	援外培训	汽车、航空、制造等核心产业	中国职业技术教育援外培训基地
柳州铁道职业技术学院	印尼高铁从业人员	学历教育、培训	轨道交通和高铁专业师资	印尼高速铁路职业教育师资培训班
	印尼苏莱亚大学	学历教育、培训	轨道交通、汽车技术	轨道交通培训基地汽车技术服务培训基地
江苏经贸职业技术学院	印尼泗水科技学院	学历教育、设立分校	电子商务、制冷与空调技术	江苏经贸职业技术学院印尼分校
陕西职业技术学院	印尼科技学院	学历教育	建筑工程、机械设计与制造、工程测量	“一带一路”职教联盟

续表

中方院校	印尼方单位	合作形式	主要合作专业	合作平台
天津市东丽区职教中心	印尼东爪哇省波诺罗戈市第二职业技术学校	设立教学基地	汽车维修、智能制造、新能源技术、工程实践创新项目	“鲁班工坊”
		设立研究中心	产能输出、人文交流、师资培训、技能竞赛、学历进修、国际化专业教学标准开发	中国天津·印尼东爪哇职业教育研究发展中心
广西农业职业技术学院	印尼农业部门	农业技术培训	农业种植技术	现代农业科技示范基地
天津中德应用技术大学	印尼高校	学历教育	制造技术、自动化技术、航天航空技术等	国外学生实习实训基地
上海电力大学	印尼高校	学历教育、培训	能源、电力	“一带一路”能源电力国际人才培养基地
福建幼儿师范高等专科学校	印尼高校	交流、培训	学前教育	海外实验幼儿园、海外汉语推广华文启蒙教育研究基地
南宁职业技术学院等院校	印尼高校	学历教育、论坛	职业教育发展	中国-东盟职业教育联展暨论坛
广西职业技术学院等5所院校	印尼高校	学历教育、论坛	职业教育发展	中国-东盟边境职业教育联盟
铜仁职业技术学院	加札马达大学、日惹阿米肯大学等	学历教育	兽药工程技术、饲料饲草	
南京工业职业技术学院	印尼斯卡里克圣米卡尔塔港大学、阿赫玛达兰大学	学历教育、校际交流	机械制造、航空工程	中国-东盟职教合作联盟
黄河水利职业技术学院	印尼加札马达大学	学历教育	水利工程、测绘、环境工程	

资料来源：中华人民共和国教育部网站、各学校官网。

（二）中印尼职业教育合作招生及培养模式——以中部某职业院校为例

1. 招生情况

中部某“双高计划”职业院校与印尼的合作模式为留学生培养，2019年录取各国留学生90人，是该校历史上招收留学生最多的一届。印尼留学生招生8人，招生来源主要是通过与印尼加札马达大学（Gadjah Mada University）进行合作，由加札马达大学协助招生。

2. 培养模式

印尼留学生与其他国家留学生混合培养和管理，目前未单独成班。该校招收的学历教育留学生分为语言生（Chinese Language Students，学制1年）和专科生（College Students，学制3年），另有非学历教育的短期专业进修生（Professional Advanced Students，6个月至1年）。语言生只在该校国际教育学院（国教院）接受为期1年的汉语语言学习；专科生除了第一年在国教院学习汉语外，从第二年开始进入其他二级学院（如水利工程学院、测绘学院、商务与管理学院等）进行为期两年的专业学习。印尼学生一年级所学中文课程为综合汉语、汉语听力、汉语口语和中国概况等必修课程，还有一些有关中国文化的选修课程供留学生选择。

课时量为每天6~8学时，每周达到30学时以上。1年汉语学习结束后，印尼留学生须参加HSK-4（汉语水平考试4级），考试通过后学院颁发结业证明。专科生是二级培养模式，学制3年。第一年在国教院接受汉语语言学习，通过HSK-4后，可选择自己感兴趣的专业（如水电站管理、跨境电商等专业），进入二级学院继续学习专业课程。若某专业留学生选择人数超过10人（含），则该批留学生单独成班，少于10人则插班教学。留学生在二级学院专业学习的人才培养方案及所学的专业课程，与中国学生同步。考核形式也和中国学生一样，但考虑到留学生的中文程度，期末笔试试卷一般会为留学生单独制卷（中文试卷，但是难度有所降低）。

该校国教院拥有2名专任汉语教师，另外聘请来自周边外校兼职教师对包括印尼学生在内的留学生进行汉语课程的教学。授课语言为纯汉语。据任课教师反馈，相较其他国家的学生，印尼学生的学习积极主动性极高，学习汉语刻苦努力，大多数印尼学生到校前没有任何的中文学习基础，但是经过1年的学习后，基本上可以通过 HSK-4 考试，这是难能可贵的。在印尼学生进入二级学院学习后，由于印尼学生未在二级学院一年级课程中学习部分专业基础课，二级学院配备了专门的指导教师和学生志愿者，利用课余时间给印尼学生补学这些未学课程。

3. 留学生管理情况

（1）印尼留学生住宿与饮食情况

学校为留学生投入 100 多万元进行宿舍改造，现共有 268 个床位，留学生宿舍分为 2 人间、3 人间和 4 人间三种标准。宿舍设有公共洗衣房，内有10 台洗衣机供留学生免费使用。另设有公共厨房，内有电磁炉、电饭煲、冰箱等 12 台厨房电器。考虑到印尼学生大多信奉伊斯兰教，学校专门设有清真食堂和独立餐厅，满足留学生对于饮食的需求。

（2）印尼留学生奖学金办法与执行情况

招收的印尼留学生以自费为主，收费标准为人民币 5600 元/年，其他费用为书本费（200 元）、保险（600 元/年）、体检费（570 元）、居留许可费（400 元/年）、住宿费（双人间 4500 元/年/人、四人间 2000 元/年/人），综合费用每年为 8800~11000 元。在留学生的教学管理中，奖学金与学业成绩挂钩，若留学生学业成绩达不到学校的要求，则不能获得奖学金。该校目前可提供给印尼留学生的奖学金为省政府设立的外国留学生政府奖学金（申请资格仅为专科生和语言生）和学校设立的优秀来华留学生奖学金（申请资格为所有留学生）。政府奖学金覆盖比例较低，2019 年该校只获得 5 个名额，每人 1 万元，共 5 万元。学校设立的优秀来华留学生奖学金分为三等，一等奖学金免除学费和住宿费，二等奖学金免除学费，三等奖学金免除一半学费，申请时间为每年 7 月 1 日至 9 月 15 日。

（3）印尼留学生课外活动开展情况

该校的留学生课外活动由国教院负责组织，主要是每年主办一次的留学生风采大赛。各国留学生可以通过这次活动充分展示其国家的文化魅力。另外，印尼文化节是该校的一个亮点，也是该校唯一一个以国别为主题的文化节，由印尼留学生策划筹办，每年举办一次，通过文艺表演、民族服饰、特色美食、工艺品等，充分展现印尼的多样性文化。除此之外，该校多次组织包括印尼留学生在内的各国留学生参加社区文化交流活动、敬老院慰问和SOS儿童村支教等志愿者活动以及景区垃圾回收环保活动。印尼留学生参与社区活动非常积极，一方面为社会做出贡献，另一方面也有助于自身了解中国的文化和风土人情。

（4）印尼留学生就业情况

印尼留学生毕业后，发展道路分为两种：一种是申请国内其他高层次院校继续深造，攻读本科或研究生学位，进而转型成为学术研究型人才；另一种是走职业发展道路，运用所学专业技能，回印尼从事与专业相关的工作。由于中资企业或者具有中资背景的合资企业待遇相对较高，同时印尼留学生在“语言+技能”方面都具有优势，印尼留学生回国后，普遍倾向于选择这类企业。据悉，部分职业院校与当地中资企业合作，很多印尼留学生未毕业就被中资企业“提前预定”，印尼留学生就业形势较好。

三　开展中印尼职业教育合作存在的问题

（一）招生方面存在的问题

1.与本科院校招生存在较大竞争

以北京大学、清华大学、武汉大学、中国海洋大学、华侨大学等一批高等学府为代表的研究型大学也积极投身于与“一带一路”共建国家开展教育合作，招收留学生。相比高等职业院校，国家对于这类高校的留学生奖学金支持力度更大，而且印尼学生对于提升学历较为重视，大部分成绩优异的学生更倾向于选择本科层次以上的知名院校。

从表 2 显示的招生条件来看，北京大学、武汉大学等国内知名高等院校的留学生本科阶段的培养，以研究型培养模式为主。各高层次院校在学历要求、年龄要求等方面，与国内职业院校的招生要求基本一致，都要求高中毕业以上，18 岁以上，身体健康。这就导致一种可能的情况，即印尼学生优先申请国内的高层次院校。因此，国内职业院校与国内本科层次院校存在较大的招生竞争，国内高层次院校在培养层次、院校知名度、奖学金政策、学习和生活环境等方面有着职业院校不可比拟的优势。

表 2　高层次院校与职业院校招生条件对比

院校	招生层次	学历要求	年龄要求	其他要求
北京大学	本科	高中毕业以上学历	18~25 岁	身体健康
武汉大学	本科	具有相当于高中毕业以上学历	18 岁以上	身体健康
中部某职业院校	专科	高中或中职毕业	18~40 岁	身体健康

资料来源：各院校招生网站。

2. 印尼来华留学生就读高校存在地域不平衡

印尼留学生在选择专业学习的时候，地域也是一个考虑因素。教育部权威数据显示，当前来华留学生工作整体水平趋于合理，但地域分布上仍有欠缺。包括印尼留学生在内的留学生更倾向于选择位于中国京津冀、东部沿海或中南地区等经济较为发达的院校，对中国西北部、西部、中部等经济发展欠发达的地区意愿不高。这与当地教育资源分布和各地经济社会发展水平有关（见图 4）。

3. 教育合作不易落地

中国-东盟教育交流周可谓中国与东盟国家开展教育合作、洽谈合作机会的一场盛会。自 2008 年以来，交流周通过开展涵盖教育、科技、文化、旅游、卫生、体育等内涵丰富、形式多样的项目活动，形成了中国-东盟百名校长牵手未来系列活动、中国-东盟青少年交流系列活动、中国-东盟人

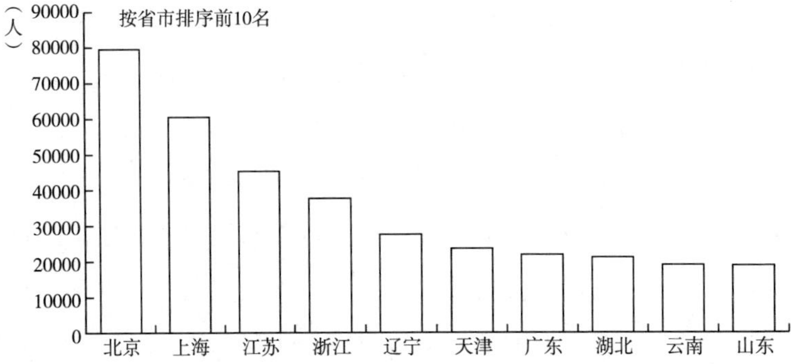

图4　2018年来华留学生学习院校地域排名

资料来源：中华人民共和国教育部网站统计数据。

文交流系列活动、中国－东盟职业教育博览会、中国－东盟教育合作与人才交流洽谈会、“一带一路”教育合作等板块品牌项目，为中国－东盟教育交流搭建了宽阔的平台。[①] 通过教育交流合作机制，中国的职业院校与包括印尼在内的东盟国家的合作方取得了丰硕的合作成果，但是也存在合作洽谈项目不易落地的问题。国内职业院校在参加中国－东盟教育周等有关职业教育合作的活动时，积极与东盟国家的院校洽谈教育合作项目，但是项目真正落地实施较为困难。在一定程度上，这也导致了中印尼职业教育合作洽谈“雷声大、雨点小”的现象，主要原因有中印尼双方对职业教育合作政策、合作模式理解不到位，双方合作执行效率较低等。

（二）培养模式方面存在的问题

1. 职业院校盲目追求国际化

由于上述提到的国内职业院校“双高计划”“国际影响力50强”等排名的存在，国内职业院校通过开展职业教育国际交流合作来提升自身的实力

① 《共同开创教育合作与人文交流的美好未来：2019中国－东盟教育交流周开幕》，中华人民共和国教育部网站，2019年7月23日，http：//www.moe.gov.cn/jyb_xwfb/gzdt_gzdt/moe_1485/201907/t20190723_391825.html。

与影响力，进而追求在这些排名中获得靠前的位置，来获取国家对学校建设更多的支持。但是一些学校为了追求国际化而国际化，在合作机构、师资力量、校舍条件等方面都还不成熟的时候就追求与境外高校开展教育合作，导致合作较为“务虚”，未能实现职业教育国际合作的真正目标。

2. 印尼职业教育留学生流失率问题

据部分国内院校教师反馈，印尼留学生非常努力、刻苦，绝大多数留学生能在一年内通过 HSK-4，并达到较高的汉语水平。印尼留学生对自己的学习要求高，学习态度努力，但是带来的另一个问题是流失率较高。例如，完成第一年的汉语学习并通过 HSK-4 之后，按照学习计划，印尼留学生应该在第二年进入二级学院学习接下来的专业课程。但是很多印尼留学生往往会要求学校出具语言学习证明，并以各种理由退学，然后去申请国内更高层次、更高知名度的本科院校进行学习。如前文所述，印尼留学生对于学历提升较为重视，更倾向于选择中国更具知名度的高等学府继续学习、深造，而国内高层次本科院校在奖学金、师资、知名度等方面开出的条件是职业院校不能比拟的。因此，这些高层次院校对于印尼学生来说更具有吸引力，职业院校中的印尼留学生“流失”到这些高层次本科院校中也就不足为奇了。但这种现象对于职业院校来说是一种损失，职业院校无形中充当了部分留学生的“汉语培训班”，与职业院校开展职业教育国际合作的初衷有所偏离。

3. 课程教学方面存在的问题

（1）语言能力影响学习效率

有部分印尼学生表示，通过 HSK-4 和实际运用中文听懂专业课程之间存在差距，部分学生对于全中文授课仍然感觉较为困难。另外，由于是插班教学，教师授课并不能时刻照顾到留学生，部分印尼学生感到教师授课进度较快，加上语言未能完全适应，跟上课程进度是一个较大的挑战。此外，学生的汉语运用在听课能力、口语表达能力方面相对较好，但是在汉语写作方面往往存在较大的困难。

（2）部分专业课学习存在“断层”

在二级培养模式下，印尼留学生第一年主要学习汉语课程，第二年开始进入专业学院，插班或者单独成班开始进行专业课程的学习。但是专业学院一年级的课程可能会涉及少量专业课程，印尼学生是没有学习过的。这就造成进入二级学院后的印尼学生存在某些课程上的“断层”，导致专业学习不连续，影响学习效果。

四 中印尼职业教育合作问题的对策

（一）调整顶层宏观政策，提高职业教育来华留学生奖学金

随着“一带一路”倡议的实施，国家对于来华留学生的奖学金政策有所调整，但是职业院校与本科院校的奖学金仍然存在较大的差距。国家需要加大对于职业教育来华留学生的奖学金资助力度，将教育资源向职业教育的国际化倾斜，扩大奖学金覆盖面，缩小职业院校与高层次本科院校之间的差距。这样做一方面可以在一定程度上解决印尼留学生“流失率”问题，另一方面也有助于职业院校减轻财政负担，以更好地开展职业教育合作，培养更多、更优秀的专业技术型人才，服务印尼当地经济发展，同时有利于中印尼两国在“一带一路”框架下的各项经济合作的推进。

（二）注重对于印尼学生课上、课下的汉语及专业课辅导

汉语水平、专业知识和技能的掌握水平，应作为包括印尼学生在内的各国留学生来华进行职业教育的根本目的和首要使命。在注重汉语教学的同时，也应注重专业基础课的教学，避免二年级后部分专业课的“断层”问题，以提升印尼留学生的专业知识、技术的学习效果。同时，在留学生学习期间，应配备教师或学生志愿者，利用课上或课余时间，对印尼学生的汉语学习、专业课学习进行辅导，帮助他们尽快适应汉语语境的学习，补齐专业课知识，以更好地跟上教学进度。

（三）制定有效、统一的职业技能考核标准，设置专业技术能力“门槛”

传统上，中国对于来华留学生的培养更多关注中国语言和中国文化的学习，对于职业技能的学习从培养到毕业缺乏统一、有效的标准。目前，中国职业院校对于留学生的培养职业技能考核部分要求参差不齐，考核标准有高有低，导致同一种专业不同的院校考核标准不统一，难以评判印尼留学生的专业技能、知识的实际掌握程度。此外，由于职业院校对于留学生的培养模式较为宽松，大多未能设置专业技术能力考核的“硬门槛”，这也是包括印尼学生在内的部分留学生在职业院校掌握了汉语后，能够自由地退学申请到更高层次的院校的主要原因之一。我国教育部门应结合各职业教育专业特点，及时出台统一的留学生职业技能考核标准和规范，在考试和毕业阶段设置一定的专业技术能力“门槛”，切实提高来华留学生专业技能的掌握程度。

（四）重点扶持具有专业特色的院校，避免职业教育国际化“大而全”

由于国家层面对于职业教育来华留学生的奖学金支持相对少，大规模的职业院校开展国际化也分散了国家的资金支持。更多的来华留学生奖学金靠学校来支持，这就导致学校对于留学生的培养要承担较大的经济压力。我们建议教育部、省教育厅和其他教育主管部门，结合各院校自身实际发展需要以及学校开展国际化的师资建设、培养模式成效等方面出台专门的激励政策，应在省内选取2~3所有实力、有特色、有作为的职业院校，加大扶持力度，重点支持其开展切实的职业教育国际化合作，避免职业院校国际化“大而全、全而虚”的情况。

（五）调整学校自身定位，扩大招生渠道，丰富培养模式

目前职业院校以来华学生的学历教育为主要的合作形式，但如前文所

述，职业院校在招生、奖学金和培养方面，都与高层次本科院校存在较大的差距，无法与本科学校竞争。职业院校应发挥自身专业优势，除了开展学历教育以外，还可以依托企业平台，以项目招生的形式开展服务于印尼当地企业员工的职业技术培训。鼓励职业院校“走出去”，与印尼教育部门合作，在当地建设有针对性的职业教育合作机构，更好地服务于印尼本土员工的职业技能提升，以支持印尼人力资源建设。

结　语

在当前全球经济增速放缓的大环境下，我国提出的“一带一路”倡议是全球经济复苏的关键方案。共建“一带一路”需要中国与共建国家共同付出努力。人文交流与合作是中国与印尼推进“一带一路”合作的重要途径和主要内容，在近年来印尼经济持续走高的背景下，印尼需要大量的专业技能型人才来支撑其国内的经济发展和基础设施建设，这也是佐科二次当选总统后列为首要关切的事项。中国与印尼在教育合作方面有着长久的合作基础，近年来印尼来华留学人数不断攀升，已经成为来华第七大留学生来源国。印尼有需要、有意愿与中国在职业教育领域开展进一步的合作。

然而，据联合国教科文组织（UNESCO）统计研究所数据中心 2018 年公布的数据，印尼学生出国留学率为 0.6%，其他国家学生赴印尼留学率仅为 0.2%。[①] 可见，中国与印尼之间的职业教育合作还存在很大的空间。中印尼之间的职业教育合作目前整体向好，中印尼形成了学历教育为主、中国职业教育“走出去”多种形式的合作模式，多种途径服务印尼当地的经济和社会发展。但就学历教育合作方面，中国职业院校存在与高层次本科院校招生竞争以及印尼留学生流失、语言能力和专业课学习的困难等问题。教育

① UNESCO UIS, “Global Flow of Tertiary-Level Students,” 2 Nov. 2018, http://uis.unesco.org/en/uis-student-flow#slideoutmenu.

部、各省教育厅、相关地市教育管理部门及院校教学管理部门应认真研究，在奖学金政策、专业考核标准的统一、留学生培养激励机制、语言和专业课程的学习、培养模式等方面进行合理调整，以推动中印尼职业教育交流与合作，并迎来一个全新的局面。

中国与印度尼西亚青年交流的现状与展望

陈　菲　李　淋*

摘　要：　国之交在于民相亲，民相亲寄望于青年一代，青年是中印尼友好事业的生力军。中印尼和平友好的未来要靠两国青年共同开创。近些年来，中印尼双方以“一带一路”倡议为契机，深入对接发展战略，扎实推进务实合作，着力增进民间友好合作。中印尼青年交流基础深厚，青年交流取得了较为突出的成绩。中印尼青年的合作交流机制不断创新，交流的广度也进一步拓宽，但两国青年交流中也存在一些挑战和进一步提升的空间。由于中印尼双方的现实需要以及双方的重视，中印尼青年交流会继续向前发展，为两国友好关系奠定基础。

关键词：　印度尼西亚　青年交流　人文交流　“一带一路”

印尼是东盟国家中最大的经济体，是“一带一路”的重要节点和“21世纪海上丝绸之路”的关键枢纽，也是“东盟领头羊”。2020年是中国与印尼建交70周年，近年来中印尼两国关系不断发展，已成为亚太地区最具活力、最有影响的双边关系之一。中国和印尼都是多民族国家，两国人民有着相近的价值观，两国文化博大精深，多元文化遗产丰富。印尼作为中国的好邻居、好朋友、好伙伴，两国人文交流源远流长，自1990年8月两国恢复

* 陈菲，华中师范大学政治与国际关系学院副教授、硕士生导师、中印尼人文交流研究中心研究员；李淋，华中师范大学政治与国际关系学院硕士研究生、中印尼人文交流研究中心助理。

外交关系以来，两国在各领域的友好关系不断发展，人文交流也呈现出良好的发展势头。[①] 双方先后启动中印尼副总理级对话机制、中印尼高层经济对话和中印尼副总理级人文交流机制，三大机制是引领两国政治、经贸和人文领域合作的“三驾马车”，推动两国战略伙伴关系向更深层次、更广领域发展。党和国家领导人多次强调，“人文交流和战略互信、经贸合作共同构成中国特色大国外交的三大支柱”，习近平主席在2019年的亚洲文明对话大会开幕式的主旨演讲中也提出“文明因多样而交流，因交流而互鉴，因互鉴而发展”的理念。[②] 如果说政治、经济是推动两国关系发展的“刚”力，那么人文交流则是民众加深理解、消除隔阂的“柔”力，唯有以心相交，方成其久远。国家关系发展，说到底要靠人民心通意合。

国之交在于民相亲，民相亲寄望于青年一代，青年是中印尼友好事业的生力军，中国和印尼和平友好的未来要靠两国青年共同开创。[③] “人文交流是人与人之间沟通情感和心灵的桥梁，是国与国加深理解与信任的纽带，它比政治交流更久远，比经贸交流更深刻，它同其他外交交流手段相比更具有基础性、先导性、广泛性和持久性”[④]，而青年交流则是中印尼人文交流的重要领域和重要载体，在两国人文交流中具有至关重要的地位，加强中印尼青年之间的交流与合作，是一项具有重大意义的战略工程，印尼和中国的青年不仅决定着两国和两国关系的未来，也决定着亚洲和世界的未来，“印尼和中国青年加强交流是一项长远投资，是两国建设持久和睦关系的重要组成部分”。[⑤] 2015 年 5 月 27 日，在雅加达正式启动中印尼副总理级人文交流机

① 《中-印尼两国人文交流机制前景广阔》，人民网，2015 年 5 月 28 日，http：//world. people. com. cn/n/2015/0528/c1002-27069812. html。

② 《文明因多样而交流 因交流而互鉴 因互鉴而发展》，《中国青年报》2019 年 5 月 16 日，http：//zqb. cyol. com/html/2019-05/16/nw. D110000zgqnb_20190516_1-01. htm。

③ 《加强友好交往 共创美好明天——中共中央政治局常委李长春在印尼大学的演讲》，新华网，2012 年 5 月 1 日，http：//www. 71. cn/2012/0501/666631_2. shtml。

④ 刘延东：《深化高等教育合作，开创亚洲人文交流新局面》，《世界教育信息》2010 年第 12 期，第 11 页。

⑤ 《李长春：“中国永远不称霸”是始终不变的坚定承诺》，央视网，2012 年 4 月 28 日，http：//news. cntv. cn/china/20120428/120393_3. shtml。

制，迄今为止已经举办三次会议，机制旨在协调中印尼在教育、科技、文化、体育、卫生、旅游、传媒、青年八个领域的合作，双方一致认为，青年是两国关系的未来，加强青年交流有助于将两国传统友谊世代相传，确保中印尼全面战略伙伴关系长期可持续发展，双方同意继续开展一年一度的百名青年交流计划，中方将继续邀请印尼优秀青年代表参加东盟青年干部培训项目。[①] 两国青年交流近些年取得可喜的成绩，在两国人文交流中发挥着积极作用，成为两国人民友好往来的推动者、文明对话的传播者以及民心相通的使者。然而当前两国青年交流在取得巨大成绩的同时，也存在进一步提升的空间。中印尼青年交流基础深厚，本文章梳理中印尼两国人文交流框架下的青年交流发展概况，分析青年交流中存在的一些问题并提出相应的政策建议。

一　青年交流的定义与作用

青年交流作为人文交流的重要组成部分，是人文交流的路径之一，要理解青年交流的含义，需要对人文交流的概念进行厘清。中华文化的核心和精髓，就在于“和合”二字。“和”指和谐、和睦、和平、祥和，“合”指结合、合作、融合。“和合”是实现“和谐”的途径，“和谐”是“和合”的理想实现，“人文交流”则是人与人的交流（people-to-people exchange）、心灵与心灵的沟通（heart-to-heart exchange），是“和合”的行动与实践。[②]“人文”一词最早出现在几千年前的《易经》中，原文是“刚柔交错，天文也。文明以止，人文也。观乎天文，以察时变；观乎人文，以化成天下”。[③]文中的“文明以止，人文也”强调的是“体现尊重，止乎于礼”，这也与中

① Zuhri, Ahmad Syaifuddin, “Indonesia-China's Diplomatic Relations after Normalization in 1990,” University of Wahid Hasyim, Semarang, Indonesia, August 28 - 30, 2015, Paper No. C. 10, pp. 70-82.

② 杨晓春：《秉持人文交流理念 推进中印尼教育国际合作可持续发展》，2019 中印尼人文交流发展论坛开幕式主题发言，武汉，2019。

③ 黄寿祺、张善文：《周易译注》，上海古籍出版社，2007，第 155 页。

国现在提倡的“以人为本、开放平等、相互尊重、相互理解”相契合。理解人文交流的真正含义，可从官方译本中探知一二，“人文交流”在中国的国内官方文件以及政策译本被表述为“people-to-people exchange”而不是“culture exchange”，由此可见，侧重的是“以人文本、以人为中心”的价值观念，也就是以人民为主体、以人民为主要服务对象的交流活动，“人文”从字面和内涵上都包括“人”与“文”，二者结合起来就以人文本的文化。① 许利平教授认为“人文交流”包含三个层面的交流，其中人员交流居于首位，其次才是思想交流和文化交流，优先强调的也是以人为中心的价值观念。②

加深人文交流对于构建中印尼命运共同体具有重要理论意义，是其实践基础。③ 当代的人文交流已经成为文化与政治领域的一个较为突出的现象。人文交流和文化外交较为相似，经常成为混用的对象，具体而言，人文交流与文化外交主要存在三点区别。一是目标不同，人文交流属于社会进程，致力于长远而宏观的目标，注重人文本身的共享提升；而文化外交属于政治进程，注重具体而实际的中短期目标，实质在于外交，注重实现某种战略意图。二是进程不同，人文交流是双向的，人文交流总是包含“走出去”和“请进来”两个同时发生的进程；文化外交则主要是单向的，学习借鉴对方的文化成就一般不在考虑范围之内。三是人文交流和文化外交的推动者不同，人文交流除了政府主导以外，商业目的、文化发展自身的内在需要都是重要的推动力，文化外交的推动力基本上来自政府。④

“青年”一词，在不同的场景下有不同的定义，随着政治和经济的发展不断衍生出新的概念，1985 年，联合国大会将“青年”定义为 15~24

① 庄礼伟：《中国式“人文交流”能否有效实现“民心相通”?》，《东南亚研究》2017 年第 6 期，第 73 页。

② 许利平：《中国与周边国家的人文交流：路径与机制》，《新视野》2014 年第 5 期，第 119 页。

③ Xing Liju, “People-to-People Exchange and Building a Community with a Shared Future for Mankind,” *China International Studies* 1, 2020, p. 62.

④ 俞沂暄：《人文交流与新时代中国对外关系发展——兼与文化外交的比较分析》，《外交评论》2019 年第 5 期，第 37~42 页。

岁（包含15岁和24岁）的那些人，并将1985年定为“国际青年年”，将每年的8月12日定为“国际青年日”，青年人文交流的主体在年龄上趋于年轻化，青年人文交流侧重人文交流主体的更细致的划分，强调的是以青年群体为主要服务对象的交流活动。人文交流的主体既是交流的承担者，又是交流的接受者，可以简单地分为知识界和大众两个群体。有的交流领域和活动主要存在于知识界，有的则针对一般大众，也有一些交流项目可以上下贯通。科技交流是知识界的专享领域，而对于教育、媒体、体育等领域的合作，知识界和大众都是主体。[①] 青年交流领域的主体则介于知识界和大众之间，青年这一群体具有极大的灵活性，印尼青年很有可能成为精英阶层的一员，成为顶层设计政策决策者。对于中印尼两国人文交流而言，他们在两国的友好交往中担当着纽带作用，是“友华”“亲华”力量，通过两国青年交流向印尼青年讲好中国故事，进而使其成为“一带一路”倡议的积极维护者。

过去几年来，中印尼高层交往频繁热络，发展战略对接持续深入，务实合作成果丰硕，民间交流不断扩大，中印尼双边关系步入快速发展的新阶段。青年一代既是各自国家民族的希望，也是中印尼友好事业的接班人。[②] 青年交流是中印尼教育文化交流活动中的重点合作内容，国务院前副总理刘延东曾指出，友谊的种子最容易在青年心中生根发芽，希望把青年交流打造成两国人文交流的旗舰项目，她还提出密切青年往来的建议。印尼外交政策协会主席迪诺在雅加达接受中新社记者采访时也指出青年在两国关系发挥的作用，对印尼外交政策协会与中国驻印尼大使馆从2017年开始每年都联合举办的“中印尼青年交流互访游学活动”表示支持。[③] 除此之外，中印尼围绕“青年交流”的主题，正不断积极开展形式多样的人文交流活动，如青

① 俞沂暄：《人文交流与新时代中国对外关系发展——兼与文化外交的比较分析》，《外交评论》2019年第5期，第47页。

② 《驻印度尼西亚大使肖千为中印尼青年交流团举办欢迎招待会》，中国驻印尼大使馆网站，2018年4月26日，http：//id. china-embassy. org/chn/sgsd/t1554620. htm。

③ 《印尼外交政策协会主席：印中关系对亚洲乃至世界都至关重要》，中新网，2019年9月10日，https：//www. sohu. com/a/340011075_123753。

年夏令营、青年学生联欢会、青年创业论坛、青年“百人团”互访活动、青年企业家俱乐部等，以青年群体为载体，不断发挥青年在人文交流过程中的推动作用，使青年成为两国民心相通的使者。

二 中印尼青年交流的现实基础

（一）政治基础

近年来，中印尼关系取得长足发展，两国政治互信不断增强，务实合作持续推进，各领域交流全面拓展，中印尼全面战略伙伴关系行稳致远。自2013年中印尼建立全面战略伙伴关系以来，两国最高领导人的互动沟通不断加强，保持着良好的高层交往势头，过去6年，印尼总统佐科多次到访中国，与习近平主席举行过8次会晤，两国领导人就中印尼发展战略对接、推进务实合作达成了重要共识（见表1）。两国建有副总理级对话机制以及政府间双边合作联委会（外长牵头）、经贸合作联委会（商务部部长牵头）、防务与安全磋商（副总长级）以及航天、农业、科技、国防工业等领域副部级合作机制。[①] 相关合作机制的建立为两国青年交流的深入发展奠定了坚实的基础。

表1 近年来中印尼两国元首互访达成的共识或发布的声明

时间	元首互访	达成的共识或发布的声明
2013年10月	习近平主席对印尼进行国事访问，并赴巴厘岛出席亚太经合组织第二十一次领导人非正式会议	《中华人民共和国和印度尼西亚共和国全面战略伙伴关系未来规划》

① 《中国同印度尼西亚的关系》（最近更新时间：2019年12月），中华人民共和国外交部网站，https：//www. fmprc. gov. cn/web/gjhdq _ 676201/gj _ 676203/yz _ 676205/1206 _ 677244/sbgx _ 677248/。

续表

时间	元首互访	达成的共识或发布的声明
2014 年 11 月	印尼总统佐科来华出席亚太经合组织第二十二次领导人非正式会议	共同构建互信、包容、合作、共赢的亚太伙伴关系，为亚太地区和世界经济发展增添动力
2015 年 3 月	印尼总统佐科来华进行国事访问并出席博鳌亚洲论坛 2015 年年会	《中华人民共和国和印度尼西亚共和国关于加强全面战略伙伴关系的联合声明》
2015 年 4 月	习近平主席赴印尼出席亚非领导人会议和万隆会议 60 周年纪念活动	两国高速铁路项目签署合作文件，发表《中华人民共和国与印度尼西亚共和国联合新闻公报》
2015 年 11 月	习近平主席在出席二十国集团领导人峰会期间会见佐科总统	倡导合作共赢，推动二十国集团发扬伙伴关系精神，努力实现世界经济的包容和稳健增长
2016 年 9 月	习近平主席同印尼总统佐科在二十国集团杭州峰会期间举行会见	提出拓展基础设施建设、产能、贸易、投资、金融、电子商务等领域合作，加强教育、科技、卫生、广电、青年等领域交流
2017 年 5 月	习近平主席同印尼总统佐科在“一带一路”国际合作高峰论坛期间举行会见	以“一带一路”国际合作高峰论坛为契机，进一步推进双方在“一带一路”框架下的务实合作，加强双方发展战略对接
2018 年 11 月	习近平主席在出席亚太经合组织第二十六次领导人非正式会议期间同佐科总统举行会晤	把握合作方向，巩固伙伴关系，深化务实合作，应对共同挑战，推动亚太合作健康、稳定发展
2019 年 6 月	习近平主席在二十国集团领导人峰会期间会见佐科总统	加强治国理政经验交流，建设好雅万高铁、“区域综合经济走廊”，拓展职业培训合作，推动共建“一带一路”合作提质升级

资料来源：中华人民共和国外交部网站，https：//www.fmprc.gov.cn/web/gjhdq_676201/gj_676203/yz_676205/1206_677244/sbgx_677248/。

2013 年，中印尼两国政府在共同发表的《中华人民共和国和印度尼西亚共和国全面战略伙伴关系未来规划》中，提出推动两国高校和学术机构的合作以及开展青年交流活动；2015 年 3 月，佐科对中国进行国事访问，两国就加强全面战略伙伴关系达成广泛共识，双方一致认为青年关系是两国关系的未来，加强青年交流有利于传承两国传统友谊和中印尼全面战略伙伴关系的长远可持续发展。双方同意继续开展每年向对方国家派遣 100 名青年访问交流项目，中方将继续邀请印尼优秀青年代表来华参加东盟青年干部培训班。[①] 2018 年 5 月，李克强总理对印尼进行正式访问，双方签署了一系列协议和合作谅解备忘录，双方同意加强教育、文化、旅游、媒体、体育、宗教、青年、地方、文化遗产地等领域交流与合作，充分发挥各界、各地方积极性，打造人文合作新亮点。[②] 2019 年 4 月，印尼副总统卡拉出席第二届“一带一路”国际合作高峰论坛；10 月，习近平主席特使、王岐山副主席出席佐科总统就职仪式。正如中国驻印尼大使肖千所说，中印尼两国关系正处于历史最好时期，良好的双边关系为两国经贸合作和人文交流提供了政治引领[③]，中印尼青年交流作为两国人交交流的重要组成部分，促进了两国人文交流的升华。

（二）经济基础

1. “一带一路”建设为中印尼青年交流提供机遇和平台

中国与东盟比邻而居，具有深化合作的区位优势。印尼作为东盟最大的经济体，与中国的经贸合作发展正面临着历史性机遇。统计显示，2019 年前三季度，中国印度尼西亚双边贸易额达 576 亿美元，中国对印尼直接投资达 33 亿美元，大幅超过 2018 年全年水平，已跃升为印尼第二大外资来源国。此外，2019 年，中国成为印尼棕榈油产品的最大出口市场，出口的棕榈油和其衍生品达到 600 万吨（不包括油脂化学和生物柴油产品）。尤其在中国“一带一路”倡议的带动下，大批中国企业、中国资本、中国品牌来到印尼，广泛参与印尼的经济建设活动。从以雅万高铁为代表的基础设施建设到小米、OPPO 手机等数码产品成为印尼最受欢迎的中国品牌，再到 Lazada、京东等互联网公司在印尼蓬勃发展，都为印尼消费者提供了更加轻松、便利、有趣的消费体验。另外，人员培训成为中印尼两国合作新亮点，

---

① 《中华人民共和国和印度尼西亚共和国关于加强两国全面战略伙伴关系的联合声明》，新华网，2015 年 3 月 26 日，http：//www. xinhuanet. com/world/2015-03/26/c_127625705. htm。

② 《中华人民共和国政府和印度尼西亚共和国政府联合声明》，中华人民共和国政府网站，2018 年 5 月 8 日，http：//www. gov. cn/xinwen/2018-05/08/content_5288955. htm。

③ 杨晓春：《2019 中印尼人文交流发展论坛开幕式致辞》，2019 中印尼人文交流发展论坛开幕式主题发言，武汉，2019。

自2000年以来，华为已向印尼超过1.2万名工程师与3000多名学生提供各类技能培训。[①] 除了华为印尼公司以外，浙江岩土等中资企业和印尼职业高中进行了配对，受到印尼政府的大力支持和欢迎，为“一带一路”建设提供了大量的技术性人才。“一带一路”建设不仅将促进各国经济繁荣与区域经济合作，加强不同文明交流互鉴，更为各国青年的交流与合作提供更崭新的机遇和平台，带来更广阔的空间和舞台。

2. 中印尼两国处于新一轮经济转型期，需要加强两国合作，开发青年人力资源

中国和印尼两国都在进行工业化和现代化建设，都处于转型期，具有传统与现代社会的双重特点，既具有崇尚物质主义的现代社会特征，又兼有注重人际关系的传统特点。[②] 对于中国而言，中国经济正处于经济转型的关键期，而印尼在东南亚的特殊地位决定了中国将印尼置于特殊的重要位置，《推动共建丝绸之路经济带和21世纪海上丝绸之路的愿景与行动》中规划的互联互通必须倚重印尼。[③] 而加强两国全面战略伙伴关系，不仅需要加强政治、经济以及安全合作，还需要通过人文交流的独特作用加强两国人民群众的感情，而青年则是加强两国人文交流、搭建沟通桥梁的重要力量。

印尼是世界第四大人口大国，2020年人口统计为2.67亿，目前是世界第18大经济体。在全球金融危机期间，印度尼西亚的表现超过了其他邻国，成为增长最快的二十国集团成员，之后经济保持着快速稳步的增长，但是经济的发展并未改变印尼出口产品以资源型为主的贸易结构，发展模式过于依赖消费和初级产品拉动。印尼正面临着新一轮的经济转型，佐科在第一任期中也提出推行海洋强国战略，提出“全球海洋支点”构想，目标是使印尼成为具备国际影响力的海洋强国和中等强国，而实现这些战略目标，需要依赖大规模有知识和技能的年轻劳动力，而印尼缺乏的正是能够适应工业化的

① 《花开并蒂，中国印尼共赢路》，中国-印尼经贸合作网，2020年1月21日，http://www.cic.mofcom.gov.cn/article/doublecooperation/202001/416027.html。

② 许利平：《新时期中国与印尼的人文交流及前景》，《东南亚研究》2015年第6期，第37页。

③ 何永朋：《中国“一带一路”与印尼“全球海洋支点”战略的对接分析》，《中国周边外交学刊》2018年第2期，第119页。

有知识和技能的青年人。

印尼人口构成与经济有关的一个重要优势是该国年轻的人口结构（见表2），年轻人口意味着潜在的大量劳动力，至关重要的是，对这一劳动力进行教育可以使他们获取更高的技能，并可以通过就业吸纳这些劳动力。印尼的年龄总中位数为31.1岁，从人口角度来看，该数字表明印尼的生产力和创造力都具有很大潜力，虽然印尼年轻人口比例大，理论上存在较大的人口红利，但由于年轻人缺乏与工业化、经济转型相关的知识和技能，不能充分就业，15~24岁的年轻人失业率高达16.6%，青年的高失业率使社会面临不稳定的挑战。[①] 因此，印尼希望大力发展基础设施，对基础设施建设和升级所需的人才、资金、技术需求较大，迫切需要加强与中国的合作，对印尼青年进行教育和技能的培训，而中国在这方面有许多成功的经验，可以和印尼进行很好的分享。由于青年是人才的储备仓以及推动双边关系的生力军，因此加强两国青年交流显得尤为必要。

表2　印尼按性别和年龄分组的人口（更新于2020年3月）

单位：%，人

年龄分组	占人口的百分比	男	女
0~14岁	23.87	32473246	31264034
15~24岁	16.76	22786920	21960130
25~54岁	42.56	58249570	55409579
55~64岁	8.99	11033838	12968005
65岁及以上	7.82	9099773	11781271

资料来源：CIA World Factbook，https：//www.cia.gov/library/publications/the-world-Factbook/geos/id.html。

（三）社会文化基础

中国和印尼同为拥有悠久历史和灿烂文明的国度，日惹的婆罗浮屠塔和

① CIA World Factbook，https：//www.cia.gov/library/publications/the-world-factbook/geos/id.html.

中国的万里长城都是古代东方文明的奇迹，早在1800多年前的东汉时期，印尼就派使者来到中国，中国东晋时期的高僧法显等也曾在印尼习语研经，留下许多印记和佳话。① 在漫长的历史发展中，两国文化都体现出兼容并蓄、博采众长的胸襟和融多元于一体的魅力，如中国的“和而不同”与印尼的“殊途同归”都是追求和谐、和睦的文化理念。② 近年来，在两国领导人的高度重视和有力推动下，中印尼关系取得快速发展，地方合作不断加深。自1992年北京与雅加达特区结成友好城市，至2018年10月，双方已经结成26对友好（姐妹）省/市。其中2015年，缔结友好（姐妹）城市的数量达到了7对，友好（姐妹）省/市为中印尼城市、区域间人文交流以及两国青年交流提供了更为便捷的桥梁。③

另外，两国举办各种形式的社会文化交流活动和区域合作框架内的文化合作。多种形式的文化交流活动包括：双方文化艺术团体多次赴对方国家巡演；2012年以来定期开展青年“百人团”互访活动；每年举行“中印尼关系研讨会”；中国文化部连续组团赴印尼开展“欢乐春节”活动；举办建交60周年暨“中印尼友好年”文化活动；国新办举办“感知中国·印尼行”活动；举办“中国当代书画艺术展”和伊斯兰文化展演；等等。④ 通过开展各种类型的中印尼文化交流活动，青年的合作和交流得到促进，为两国世代友好奠定了基础。

三　中印尼青年交流的现状与特点

中印尼都是发展中大国、新兴经济体和亚洲重要国家，中印尼关系健康

① 杨晓春：《2019中印尼人文交流发展论坛开幕式致辞》，2019中印尼人文交流发展论坛开幕式主题发言，武汉，2019。

② 《加强友好交往 共创美好明天——中共中央政治局常委李长春在印尼大学的演讲》，新华网，2012年5月1日，http：//www. 71. cn/2012/0501/666631_2. shtml。

③ 韦红、宋秀琚主编《中国与印度尼西亚人文交流发展报告（2019）》，社会科学文献出版社，2019，第8页。

④ 《中-印尼两国人文交流机制前景广阔》，人民网，2015年5月28日，http：//world. people. com. cn/n/2015/0528/c1002-27069812. html。

稳定发展不仅有利于两国和两国人民，也有利于地区乃至世界的和平稳定与繁荣。近年来，在习近平主席和佐科总统的领导下，双方以“一带一路”为契机，深入对接发展战略，扎实推进务实合作，着力增进民间友好。国之交在于民，民族交往、国家关系发展的根本伟力在于人民，加强人文交流是中印尼两国人民间的相互亲近、扩大了解、增进友谊最直接、最现实的抓手和途径。青年是国家之间交流的主要力量，人文交流应主要针对青年人开展，如学术交流和国际旅游。[①]“问渠那得清如许？为有源头活水来”，中印尼两国长期的友好合作就好比源头活水，丰厚洁净的源头活水滋养了中印尼两国青年的交流与合作，良好的青年交流也对两国未来的长远发展起着至关重要的作用。

中印尼两国一直很重视在人文领域的友好合作，尤其是青年人之间的交流合作，如2012年10月习近平主席访问印尼期间，两国元首达成未来五年内每年互派100名青年访问对方国家的共识。近年来，双方在青年框架内开展活动近千项，包括青年学生联欢会、青年学者研讨会、青年科学家论坛、青年夏/冬令营、青年记者互访等双边活动，两国充分利用中国-东盟等多边机制开展青年交流活动，中国-东盟青年营、东盟青年干部培训班、中国-东盟青年企业家论坛、中国-东盟青年协会以及中国-东盟教育交流周等多场多边活动，为中印尼两国青年互学互鉴提供了平台，增进了他们的友谊。[②] 这充分说明了两国元首对人文交流特别是青年交流的高度重视。总体来看，2019年以来，中印尼人文青年交流呈现出以下几个特点。

（一）青年交流呈现全方位、宽领域、深层次的特点

除了两国政府牵头组织的活动外，各省市也纷纷加入中印尼青年交流的

① Shichen Wang, “China's People-to-people Diplomacy and Its Importance to China-EU Relations: A Historical Institutionalism Perspective,” *Journal of China and International Relations*, Vol. 4, No. 1, 2016, p. 12.

② David Shambaugh, “U. S. - China Rivalry in Southeast Asia: Power Shift or Competitive Coexistence? ” *International Security*, Vol. 42, No. 4, 2018, p. 117.

大军来，官方交流和民间交流交相辉映，全方位、多侧面地让两国青年加深对对方国家的了解。中印尼两国青年人文交流表现为以下三大层次。一是在政府框架下的中印尼青年交流活动，如教育部、外交部以及地方政府组织的各项活动，2019 年 3 月由中国驻印尼大使馆、福建省人民政府和印尼外交政策协会（Foreign Policy Community of Indonesia）联合举办了中印尼青年互访交流游学活动和“知行中国”大学生征文比赛。2019 年 7 月，由中国外交部、教育部与贵州省人民政府共同举办 2019 中国-东盟教育交流周，教育部中外人文交流中心分别在北京外国语大学主办“2019 中印尼青年高端论坛”、在华中师范大学举办“2019 中印尼人文交流发展论坛”。这些活动的举办充分显示出两国政府对青年交流的重视。二是由民间青年机构开展的各项活动，如 2019 年 5 月印尼在华学生协会举办亚洲-太平洋研讨会，2019 年 10 月在京举行第十一届中国-东盟青年营暨第四届中国-东盟青年峰会，通过上述活动，双方互相学习优秀传统文化并深入了解“一带一路”倡议，让青年成为中国-东盟命运共同体的共建者。三是由政府和民间组织共同举办的交流活动，2019 年 6 月由中共福清市委统战部、福清市归国华侨联合会、福清市海联会主办，印尼福清社团总会、福建师大福清分校承办的 2019 年第二期“寻源祖地看福清”海外华裔青年夏令营正式开营，让两国青年从多个方面、多个层次，循序渐进地了解福清文化，从而增强印尼华裔青年对福清的文化认同感和归属感，感受中华文化的博大精深和祖籍国的秀丽河山和灿烂文明。①

（二）双边为主题、多边为补充②

目前中国与印尼除了建立双边的副总理级人文交流机制外，还在中国-东盟 10+1 框架的部长级磋商多边机制下进行沟通与交流，同时不断加强双

① 《2019 年第二期“寻源祖地看福清”海外华裔青少年夏令营开营》，福建省侨联网，2019 年 7 月 1 日，http：//fjsql. fqworld. org/jczz/57194. jhtml。

② 骆永昆、陈戎轩：《中国与印度尼西亚人文交流：历史、现状与前景》，《亚非研究》2018 年第 2 期，第 217 页。

边与多边合作的相互配合、共同推进，以期充分发挥优势，最大限度实现它们的效用。[①] 在这一框架下，中国与东盟在人文交流领域已经建立起五个部长级的磋商机制，包括青年事务部长会议、新闻部长会议、教育部长圆桌会议、文化部长会议和科技部长会议。[②] 中印尼两国充分利用中国-东盟等多边机制开展青年交流活动，如 2019 年举办的中国-东盟教育交流周“汉语桥”、东盟国家青少年夏令营、第十一届中国-东盟青年营暨第四届中国-东盟青年峰会、第二届中国-东盟大学生文化周、第四届中国-东盟青年论坛以及第二期“未来之桥”中国-东盟青年领导人研修计划项目，这些活动通过中印尼两国双边机制和中国-东盟多边机制协同推进，以交流为纽带，以友谊为桥梁，以青年人才流动为载体，推动青年人才的融通与交流。

（三）高校和科研机构成为推动两国青年交流的重要载体

为落实中印尼两国政府在 2015 年达成的全面战略伙伴关系的决议以及中印尼副总理级人文交流机制及联合公报精神，“中国-印尼高校智库联盟”于 2016 年 6 月在北京外国语大学成立[③]，随后陆续在北京外国语大学和华中师范大学成立中印尼人文交流研究中心，以及在广东外语外贸大学、河北师范大学、福建师范大学和华侨大学等高校成立印尼研究中心。近年来，这些高校成为推动两国教育、文化、青年等领域人文交流的重要载体，开展了形式多样的青年论坛、青年营、青年峰会等人文交流活动（见表 3）。另外，中印尼两国高校通过相关合作在印尼以及中国展开了诸多青年交流活动，其

① 刘宝存、傅淳华：《“一带一路”倡议下的中外人文交流机制——现状、问题与出路》，《大学教育科学》2018 年第 5 期，第 63~64 页。

② 许利平：《中国与周边国家的人文交流：路径与机制》，《新视野》2014 年第 5 期，第 122 页。

③ 2016 年 6 月 25 日，“中国-印尼高校智库联盟”在京成立，目前有北京外国语大学、华中师范大学、广东外语外贸大学、河北师范大学、印度尼西亚大学、加查玛达大学、日惹国立大学、北苏门答腊大学 8 个成员。

中在印尼建立的8所孔子学院在其中发挥了重要的作用①，如2019年7月由印度尼西亚阿拉扎大学孔子学院、阿拉扎大学中文系和华语课程教师学会（MGMP）联合举办了“高中华语课程建设研讨会”；同月，由孔子学院总部组织、广西师范大学协同组织、印度尼西亚玛琅国立大学孔子学院志愿者教师带队的印度尼西亚大学生中华文化体验营分别在桂林和北京开营；12月，泗水国立大学孔子学院与华中师范大学合作举办2019年学生冬令营活动。中印尼高校间的互动与合作，拉近了两国青年心灵的距离，使青年用欣赏、互鉴、共享的观点看待彼此，有效地加深了中印尼两国未来合作关系的基础。

表3　2019年中国高校举办/参加的青年交流活动

高校名称	时间	活动
华侨大学	2019年1月19~25日	2019年“中国文化之旅”冬令营活动
清华大学	2019年3月1日	清华大学公管学院“问道印尼”实践支队走访中冶海外印尼公司
华侨大学	2019年3月25日	参与第三届“中印尼青年互访交流游学（福建段）”活动
华侨大学	2019年5月26日	举办“印尼文化嘉年华”
福建师范大学	2019年6月18日	举办“寻源祖地看福清——海外华裔青少年夏令营”
南通大学	2019年7月2日	海外华裔青少年“中国寻根之旅”夏令营在江苏南通开营
贵州民族大学	2019年7月22日	2019中国-东盟教育交流周“汉语桥”东盟国家青少年夏令营
北京大学	2019年10月29日	第十一届中国-东盟青年营暨第四届中国-东盟青年峰会在京举行

① 8所孔子学院分别为：阿拉扎大学孔子学院、丹戎布拉大学孔子学院、玛琅国立大学孔子学院、玛拉拿达基督教大学孔子学院、泗水国立大学孔子学院、哈山努丁大学孔子学院、三一一大学孔子学院（2018年8月建立）、乌达亚娜大学孔子学院（2019年12月建立）。

续表

高校名称	时间	活动
北京外国语大学	2019 年 11 月 17 日	举办“2019 年中印尼青年高端论坛”
华中师范大学	2019 年 11 月 22~23 日	2019 中印尼人文交流发展论坛
海南热带海洋学院	2019 年 11 月 22 日	第四届中国-东盟青年论坛成功举办
中国青年政治学院	2019 年 12 月 2 日	第二期“未来之桥”中国-东盟青年领导人研修计划项目
陕西工业职业技术学院	2019 年 12 月 14~19 日	举办“中印尼青年领袖丝路文化研习营”

资料来源：华中师范大学印尼研究中心官网，http：//www. cistudy. cn/。

四　问题与前瞻

总体来看，中印尼两国青年交流在两国领导人的高度重视和推动下取得了较为突出的成绩，中印尼青年的合作交流机制不断创新，交流的广度也进一步拓宽，但两国青年交流中仍存在一些不容忽视的问题，两国青年交流还有进一步提升的空间。

第一，过于倚重官方出面，民间参与力度不够。自中印尼人文交流机制启动以来，至 2019 年已召开三次会议，在中印尼副总理级高层对话机制框架下，两国在教育、科技、文化、青年、卫生等领域成果丰硕①，但从上到下的制度性安排也存在一些不足。在顶层设计方面，“民相通”方面的活动和项目应该进一步深入开拓，人文交流的核心在于“民相通”，而“民相通”前提在于实现民心共鸣。在执行方面，过于倚靠政府出面出钱统筹、规划和主办，以高校和科研机构为重要载体，忽略了民间机构的重要作用。如在 2019 年举办的主要的青年活动有 18 次，由政府牵头、高校承办的活动

① 《中印尼副总理级人文交流机制第三次会议举行》，中国中央人民政府网站，2017 年 11 月 29 日，http：//www. gov. cn/guowuyuan/2017-11/29/content_5243042. htm。

超过半数，而民间机构自发组织的活动仅有为数不多的几次。官方色彩过于浓厚，导致高级别战略对话可能缺乏足够的民间基础，从而未达到最优的效果。

第二，中印尼青年交流存在不平衡、可持续性不足的问题。在两国的人文交流项目中，中国往往是“引进来”多而“走出去”比较少，交流活动往往时间短，加上语言障碍以及双方文化的差异而导致交流内容和主题的提升不够。就两国互访人数来看，印尼来华人数大大超过中国青年去印尼的人数，中国是印尼的第二大留学目的地。2018 年，在华留学的印尼学生达 1.51 万人，其中获得中国政府奖学金的有 1266 名，同比增长 24.4%，而中国在印尼的留学生仅有 500 名左右。随着中国经济的不断发展，来华的印尼学生数量不断上升，而中国到印尼的留学生数量却增长缓慢。另外，随着中印尼双边关系的不断发展，印尼华文教育逐步回升，学习汉语、留学中国在印尼国内成为一种时尚，而在中国除了外语专业的学生外，几乎没有人学习印尼语。[①] 中印尼青年交流存在的不平衡性问题较为突出。青年交流活动还存在持续性不足的问题，往往活动办完宣传完就结束了，对后续的沟通效果以及反馈缺乏及时的跟踪，而且往往由于活动持续的时间较短，两国青年刚刚认识，活动就结束了，导致交流无法深入。而且有些活动的形式以开会或者参观为主，对于激发参与者的内部互动作用并不充分。

针对上述问题，笔者尝试提出如何改进和提升中印尼青年交流的建议。

拓宽青年交流渠道。习近平主席曾指出“青年是最富生命力、最具有创造力的群体，是国家的明天、民族的未来”。[②] 青年群体具备活力与创新精神，对新事物新模式接受较快，青年的思维也随着时代日益更新而发生改变，因此需要与时俱进，不断拓宽青年交流渠道，在青年交流及外宣工作中纳入各自社会在新时期的新元素，使中印尼文明之间的交流更加鲜活，增进

---

① 韦宝毅：《关于中国与印尼人文交流的探讨》，广西大学中国－东盟研究院官网，2015 年 3 月 19 日，http：//cari. gxu. edu. cn/info/1087/6393. htm。

② 《以奋斗与担当写下青春诗行》，中国网，2019 年 5 月 13 日，http：//www. china. com. cn/opinion/theory/2019-05/13/content_74778574. htm。

两国青年之间的亲近感。例如，目前共青团中央和印尼大学生联合会的对接机制不能完全涵盖青年交流的内容，中国和印尼应该建立更为广泛的青年交流机制，使青年交流能够触及社会各个角落。[①] 建议联合举办中印尼青年创业大赛，搭建中印尼青年创客空间，建设中印尼青年创业园区，提供与“一带一路”相关的语言、技能和文化培训项目，发挥中印尼青年在技术进步、经济发展方面的巨大作用。

深化民间、地方、企业交流与合作。采取校企合作的方式，在印尼的高等学校开设相关人才培养项目，加强孔子学院的培训功能，深化印尼雅加达华文教育机构与中国政府、高校的合作，深入推进印尼的华文教育工作，助力中印尼文化教育交流与合作。通过“一带一路”公益基金会资助印尼学生赴华学习职业技能，为“一带一路”倡议培养技术人才。以印尼中华总商会、印中商务理事会、印尼华裔总会、中印尼经济社会与文化合作协会等印尼的华人组织为依托，加强各地方政府与印尼开展经贸交流活动和进行战略对接，充分发挥华人组织在经济和人文交流中的桥梁作用。

通过“体验式交流”深化中印尼青年的交流。“体验式交流”是指两国青年通过各种交流活动进行主体性参与，从两国青年之间的需求和感悟出发，通过多种体验交叉式的互动模式，力图构造多种涉及社会各个方面的交流活动，使两国青年群体在更深层次、更精致、视野更开阔的活动中交流思想、体验日常生活，逐步走向心灵契合。[②] 开展“体验式交流”，从活动的前期设计到交流过程中的场景设计都要进行受众细分，减少大规模过于形式化的交流活动，增加针对不同群体的、精致的、长期的交流项目。引入性别、年龄、兴趣等多重分类维度，使两国青年交流可以重新分类，互相在对方内部“筑巢”，建立对多个群体的多重认同。[③] 可以通过关联体验、机会

① 许利平：《新时期中国与印尼的人文交流及前景》，《东南亚研究》2015 年第 6 期，第 41 页。

② 唐桦：《建构主义视角下的两岸青年“体验式交流”研究》，《青年工作与政策研究》2018 年第 6 期，第 71 页。

③ 唐桦：《建构主义视角下的两岸青年“体验式交流”研究》，《青年工作与政策研究》2018 年第 6 期，第 74 页。

体验和合作体验等交流模式吸引两国青年参与交流，在“体验式交流”中消除隔阂，增进对华理解，最终达到两国青年群体的心灵契合。在关联体验模式中，开展“寻根之旅”活动，不仅可以为参与者创造一种联想式体验，还可以通过文化之间的认同产生共鸣，设计“寻根”“春节和开斋节”“闽南文化”等主题空间，以体验游戏、电影、广告以及历史片段，推动两国青年产生相应的情感或联想，积极参与到体验中来，充分调动主体参与性和体验性。在机会体验模式中，给予两国青年到对方国家实习、创业和就业的机会，探索建立两国青年就业和咨询服务平台，可以通过举办就业博览会、就业座谈会以及创新创业邀请赛，同时借助媒体的力量，让求职青年能够更加方便地获得相关就业求职信息。在合作体验模式中，通过混合编队的方式一起合作、一起学习、一起体验，让两国青年完成共同的目标和任务，在合作与分享中更好地认同彼此，化解分歧。由青年交流带来参与行动，在行动中产生体验，再对这种体验进行共享和探讨。[①]“体验式交流”有别于传统的交流方式，更加强调角色的代入感以及青年在活动中的切身体会和感悟，互动模式更加多元化，真正从青年的需求出发，为两国青年创造出一种更真实更有感染力的体验。

① 〔美〕库伯：《体验学习——让体验成为学习和发展的源泉》，王灿明、朱水萍译，华东师范大学出版社，2008，第15页。

2019年中国与印度尼西亚影视合作交流成果及展望

许婷婷*

摘　要： 随着“一带一路”建设的全面推进，2019年中国与印度尼西亚在影视产业上的交流合作更加频繁，方式更加多样，内容更加丰富。除了国家外宣机构、外事机构加强对两国影视作品的宣传，为合作提供更广阔的平台外，中印尼影视合作正逐步向专业化、市场化的方向迈进。2019年，两国影视合作呈现更多新亮点，影视传媒公司促成两国影视作品合拍的新机遇，两国优秀的影视作品在国际电影节中各放异彩，流媒体技术的发展更使印尼市场掀起观看中国视频网站的热潮。同时，这些亮点也预示着未来中印尼影视合作的广阔前景。

关键词： 印尼　中国　影视合作　流媒体技术

一　印尼影视行业现状及近年来中印尼影视合作概况

近年来，中印尼影视合作与交流活动繁荣发展，这既得益于两国影视市场的开放，也与影视领域的政策引导有关。了解2019年两国影视交流的成果，首先要了解印尼影视行业目前的市场现状以及近年来中印尼影视合作的

---

* 许婷婷，厦门大学南洋研究院中国史专业硕士，现任职于西安外国语大学东语学院印度尼西亚语专业，助教，主要研究方向包括印尼华人民间宗教信仰、印尼历史教科书的演变、当代印尼电影市场等。

概况，然后结合2019年两国影视领域的成果，对其形成的特点进行分析，对未来的发展方向做出展望。印尼影视行业的现状可从电影业和电视业这两大主要领域去分析。总的来看，在经历了20世纪末本土影视制作的低迷状态和过度依赖外国进口影视资源后，印尼影视业21世纪以来进入活力、创新迸发的新时期。在相关政策的扶持与促进下，近年来中印尼影视合作也为两国观众提供了了解彼此影视作品的窗口。

（一）电影业方面

印尼电影业在20世纪后半叶曾一度受到较大冲击，其表现为国内本土电影制作水平较低，少有精品出现，电影市场充斥着以好莱坞大片为主的进口电影，电影院多为票价较高的高档连锁影院，并集中分布在以首都雅加达为中心的城市群附近，观影人群集中在大城市，大量潜在的电影消费人群没有去影院观影的足够消费能力，这种情况一直到21世纪初尚未得到较大改善。2014年末，印尼旅游部对印尼204家高档影院的统计数据显示，33个省级行政区中仍有9个行政区没有高档电影院，主要涉及欠发达的苏拉威西岛、努沙登加拉岛等东部外岛地区。当年雅加达艺术委员会会长多铎·因德拉多（Totot Indrarto）也曾表示87%的印尼居民没有观影权，他们生活的城市没有电影院，剩下13%的观影群中有10%集中在了雅加达及周边都市地区。[①]

推动印尼本土电影的精品制作，提高本国观影人群数量，扩大雅加达中心城市群以外的影院数量，全面提高电影业在文化领域的地位，助推电影行业专业化建设，这些举措和目标是近年尤其是2017年以来，印尼政府及电影从业人员关注和探讨的焦点。2014年佐科总统上台后，成立了创意经济局（Badan Ekonomi Kreatif），旨在从创新层面增加经济发展的活力。文化艺术领域是创新经济的重要组成部分，电影业也是创新经济的有效助推力。创意经济局也将本国电影业的发展作为创新经济发展的重要组成部分，在税

① PT Jakarta Globe Media, "Gelar Seminar hingga Nonton Gratis," *Investor Daily*, 2015-3-18.

收、投资等领域为本国电影制作及拍摄提供优惠政策。2017 年，创意经济局成立了电影创意公司（Indonesian Creative Incorporated），专门负责本国电影市场商业化、投资、兴办电影节等方面的工作，还负责整合电影市场的资金分配、完善票房系统及相关建设，并积极与外国电影工作室开展合作，为本国的电影制作提供技术培训。[①] 此外，创意经济局还通过举办电影融资论坛（Akatara），提供更开放的电影投资渠道，并与印尼电影机构（BPI）等行业组织合作，成立地方电影委员会（KFD），为本土电影在各地方的拍摄提供准入便利及税收优惠。[②]

在机构助推、政策助力的背景下，目前印尼电影业在影院分布量、银幕数量、观影人数等方面都呈现快速增长的态势。截至 2018 年 12 月，全国影院及银幕数量分别增长至 343 和 1756，而这两个数字在 2012 年仅为 145 和 609。影院分布逐渐向县级地区增加，2018 年县级地区影院分布数量占总数量的 20%，比 2017 年提高了 7 个百分点。大型连锁影院也逐步扩大了影院建设的分布范围，以大型影院 CGV 为例，截至 2019 年 5 月，该影院已在 59 地兴建影院，2020 年计划增至 100 地。[③]

（二）电视业方面

印尼电视业的发展与电影业有相似特征。20 世纪 90 年代，印尼本国电视制作水平较低，除了印尼国家电视台（TVRI），商业电视台数量较少，电视节目长期依赖进口。1987 年，印尼出现了第一家商业电视台——鹰记电视台（RCTI），结束了此前全国范围内只能收看国家电视台的局面。1991

① Cifra Nadia Putra, "Bekraf Bentuk Indonesian Creative Incorporated（ICINC）for Film," https://www.bekraf.go.id/berita/page/10/bekraf-bentuk-indonesia-creative-incorporated-icinc-for-film, 2017-2-8.

② Wawan Rusiawan, Maman Rahmawan, *Pemandangan Umum Industri Film Indonesia 2019*, https://www.bekraf.go.id/pustaka/page/pemandangan-umum-industri-film-indonesia-2019, 2019-10-25, p. 26.

③ Wawan Rusiawan, Maman Rahmawan, *Pemandangan Umum Industri Film Indonesia 2019*, https://www.bekraf.go.id/pustaka/page/pemandangan-umum-industri-film-indonesia-2019, 2019-10-25, pp. 7-10.

年，鹰记电视台完成了从付费电视到覆盖全国范围的地面电视的转变。随后，更多的商业电视台获准成立，如 SCTV、MNCTV（当时名为 TPI）、ANTV 和 Indosiar 等，这些都是 20 世纪末实现全国范围播出的商业电视台。

进入 21 世纪，电视行业市场化趋势更加明显，传媒集团相继出现，集团旗下有多个电视频道。随着新媒体技术的发展，各电视台也相继推出数字平台，媒体融合趋势逐渐显现。《2002 年有关广电节目播出的第 32 号法令》（Undang-Undang tentang Penyiaran No. 32 Tahun 2002）出台后，印尼国家广电播出委员会（KPI）应运而生，专门负责监管国内各类电视及广播机构的播出，并对节目标准及行业准则方面做出具体规定。上述法令还规定广电播放机构分为公共、商营、社团、付费播放四类。随后，大型商业电视台与地方电视台建立网络信号实现转播，并逐步形成涵盖多个频道的大型传媒集团，印尼国家电视台在三年内也实现了企业化转型。大型传媒集团旗下的电视频道通过争夺羽毛球、足球等国际赛事的转播权彰显和提升其频道的知名度，同时主打家庭生活、亲子类型的大众娱乐频道也成为收视群体的宠儿，如 ANTV 频道自 2013 年以来，将节目受众群转向妇女和儿童，制作及播出了家庭生活及娱乐节目，多次蝉联大众娱乐类型频道的收视冠军。

（三）近年来中印尼影视合作概况

近年来，中印尼影视合作活动增多，主要以两国的政府、使领馆、广电局等文化机构举办文化交流节、电影电视展映活动等形式，推广、宣传影视作品为主，也出现了以对方国家作为影视拍摄地的合拍现象，以及双方电视台通过合作，将译配的影视资源在对方国家的特定栏目播放的情况。

中国国家新闻出版广电总局、中国驻印尼大使馆就曾在雅加达多次举办中国电影周的放映活动，将类型不同、风格迥异的国产优质电影介绍到印尼。如 2016 年 3 月 24 日，由中国国家新闻出版广电总局电影局、印尼创意经济局、中国驻印尼大使馆等机构联合举办的中国电影周活动，历时五天，在雅加达各地的电影院放映了包括《捉妖记》《大圣归来》《滚蛋吧！肿瘤君》《狼图腾》《泰囧》等7部中国国产电影。[①] 同年5月21~30日，中国驻印尼大使馆与印尼国家电影出品中心及当地电影公司Red White Company合作，在雅加达的部分影院与包括印尼大学（Universitas Indonesia）、国民大学（Universitas Nasional）在内的高校，放映了中国第四代著名导演谢飞的5部经典作品，包括《湘女萧萧》（1988年）、《本命年》（1990年）、《香魂女》（1993年）、《黑骏马》（1995年）、《益西卓玛》（2000年）。[②] 从描绘蒙古族生活的《黑骏马》，到《益西卓玛》中一个藏族女性视角下西藏半个世纪以来的变迁；从展现湘西山区女孩成长困境的《湘女萧萧》，到反映中国农村妇女保守封建婚恋观的《香魂女》，这些影片试图向印尼观众展现新中国成立以来各民族、各地区的生活图景以及广阔社会大背景下各族人民和谐共处的社会风貌。

印尼驻华使领馆、创意经济局、国家电影公司（Pusat Produksi Film Negara）等部门也通过类似的文化交流活动，挑选独具特色的印尼优秀电影在中国展映。如2018年9月21~22日，印尼创意经济局与中国电影资料馆在北京开展了印度尼西亚电影展映活动，放映了当时票房和口碑获得双丰收的印尼本土院线电影，包括《照看隔壁店》（*Cek Toko Sebelah*）、《卡尔蒂尼》（*Kartini*）、《加利和拉特纳》（*Galih dan Ratna*）和《甜蜜20岁》（*Sweet 20*）。

两国影视制作公司也曾努力推动影视合拍项目。印尼电影创意公司就曾邀请中国相关影视公司前往雅加达、日惹、外南梦等地进行勘景调研活动。2015年，在印尼巴厘岛完成拍摄的中国电影《梦寻巴厘岛》（Island Dream）就是一个成功的合拍案例。此外，中国一些独具特色的城市也成为印尼电影的拍摄地，如2014年上映的电影《你好，北京》（*Assalamualaikum Beijing*）

① 顾时宏：《中印尼联合举办中国电影周活动》，http://www.chinanews.com/gj/2016/03-25/7810815.shtml，2016年3月25日。

② Aris Heru Utomo, "Diplomasi Film Tiongkok di Indonesia," https://news.detik.com/kolom/d-3227400/diplomasi-film-tiongkok-di-indonesia, 2016-6-7.

就以北京为拍摄地，讲述了在那里读书、工作的印尼青年男女的爱情故事。①

此外，印尼国家电视台早在2007年就与中国广西广电局签署合作协议，播放中国电视剧及纪录片。2018年，TVRI还在黄金时段播出了中国中央广播电视总台译制的印尼语版中国电视剧《鸡毛飞上天》和动画片《中国熊猫》。② 许多印尼商业电视台还开通了中文频道，如Future TV于2016年就开设了6个中文频道，其中包括央视4套、纪录频道等，并与印尼国有通信公司Telekom合作，提供免费试看的优惠活动。③

二　成果及特征

2019年，中印尼影视合作成果显著，无论是政府牵头举办的各类影视文化节，还是专业的国际电影节，印尼影视作品展映数量增多，在中国各类国际影展中的地位逐渐提高。同时，中国视频网站借助流媒体技术，推出印尼语版海外视频媒体平台，将中国的国产影视剧推广至印尼，在印尼市场掀起大陆网剧的追剧热潮。

（一）2019年中印尼影视合作的具体活动

2019年中印尼影视合作成果显著，相关活动异彩纷呈。随着第十六届中国-东盟博览会在南宁的召开，有关中印尼影视展映的相关活动也相继举行。9月17~23日，中国-东盟电影展映汇“印度尼西亚电影周”在南宁民

① Aris Heru Utomo，“Diplomasi Film Tiongkok di Indonesia，” https：//news. detik. com/kolom/d-3227400/diplomasi-film-tiongkok-di-indonesia，2016-6-7.

② Amazon Dalimunthe，“TVRI Gandeng China Media Group Tayangkan Program Berkualitas，” https：//www. industry. co. id/read/44321/tvri - gandeng - china - media - group - tayangkan - program-berkualitas，2018-10-29.

③ Adv，“Di Manakah Menonton Tayangan Mandarin Favorit?” https：//biz. kompas. com/read/2016/05/09/080000928/Di. Manakah. Menonton. Tayangan. Mandarin. Favorit. ? page=all，2016-5-9.

族影城放映了包括印尼近年来出品的《加利和拉特纳》《爱之屋》《梅的27步》《卡尔蒂尼》、《现场追击》共5部优秀影片。9月18~24日，首届中国-东盟电视周举行了“中国-东盟优秀电视片展播活动”。活动期间，中印尼相关电视频道及网络媒体播放了中国-东盟优秀电视剧、纪录片等，如纪录片《一带一路》《亚洲：文明之光》《穿越海上丝绸之路》和电视剧《结婚前规则》《红楼梦》《上有老》《温暖的弦》《大唐魔盗团》《加油，你是最棒的》。①

2019年，更多的印尼电影参与到中国举办的国际电影节中，其中不乏获得国际电影节评委认可的电影佳作。6月16~18日，第二十二届上海国际电影节举行，印尼编剧尤瑟夫·拉加穆达凭借影片《山间生活》获得“亚洲新人奖”最佳编剧奖。值得注意的是，本届电影节在“地球村”单元新增设了“印尼风情”系列，展映了《印尼饮食男女》《梅的27步》《与魔鬼共舞》《味精一代》《洪巴绮梦》等印尼本土电影。“地球村”单元此前已开设包括德国、意大利、爱尔兰、伊朗、印度、日本、泰国及南美等九个代表国家及地区的电影展映系列，本年度新增“印尼风情”系列体现了电影节“立足亚洲”的定位，关注印尼电影在东南亚地区中的重要作用。除了上海国际电影节，10月15日，第六届丝绸之路国际电影节在福州开幕，在为期6天的电影展映中放映了《印尼饮食男女》《梅的27步》《追击》《土豪》等印尼电影（见表1）。

在影视合拍方面，10月29日中印尼合拍的电影《爱在零维度》在中国大陆上映，影片主要在印尼巨港取景拍摄，由国家能源投资集团——神华集团在印尼巨港投资电厂的真人故事改编，讲述了中国小伙陈昶与印尼姑娘诺娃相恋，在遭遇到来自方方面面的反对与阻碍后，最终跨越国别、文化、宗教的种种差异生死守候的故事。

---

① 陈惠：《中国-东盟优秀电视片展播活动正式开启》，http：//gx.cri.cn/20190918/792f1508-9ca1-642e-ec79-3995317467ed.html，2019年9月19日。

表 1　2019 年印尼参展中国举办的国际影展影片名称及类型统计

印尼影片名称	参加的电影节名称	影片类型
《印尼饮食男女》 *Aruna dan Lidahnya*	2019 年第二十二届上影节 2019 年第六届丝路电影节	喜剧
《梅的 27 步》 *27 Step of May*	2019 年第二十二届上影节 2019 年第六届丝路电影节	剧情
《追击》 *Hit & Run*	2019 年第六届丝路电影节	动作
《山间生活》 *Mountain Song*	2019 年第二十二届上影节	剧情
《与魔鬼共舞》 *Kafir Consort with the Devil*	2019 年第二十二届上影节	惊悚
《味精一代》 *Generasi Micin vs Kevin*	2019 年第二十二届上影节	喜剧
《洪巴绮梦》 *Humba Dreams*	2019 年第二十二届上影节	剧情
《土豪》 *Orang Kaya Baru*	2019 年第六届丝路电影节	喜剧

资料来源：笔者通过电影节官方网站整理。

注：按照电影活动的时间先后及活动影响力大小进行排序，丝绸之路国际电影节简写为丝路电影节，上海国际电影节简写为上影节。影片类型按照豆瓣电影中的条目分类，若豆瓣中没有相关条目，则按照 IMDB 官网查找的该电影的第一个类型进行分类。

（二）2019年中印尼影视合作成果分析

2019 年，中印尼影视合作除了承袭往年的成功经验，也出现了很多新的亮点，凸显了中印尼影视合作的未来趋势。在交流方式及手段方面，双方的合作向专业化、市场化方向迈进；在技术层面，中国视频门户网站凭借流媒体技术积极开拓包括印尼在内的东南亚市场；在内容制作层面，两国受众对类型题材有了更明显的欣赏口味，但尚未形成鲜明特色。

1. 从宣传推广到专业化交流合作

以往的中印尼影视交流多由双方政府相关职能部门牵头，借由短期、小范围内的影视放映活动达到宣传影视作品的目的，或是作为大型系列活动的组成部分，在活动期间为双方影视作品提供一定的放映平台。在这种情况下，放映活动的受众群较小，除了活动参与者或固定放映地点的观众群外，无法在更大的范围形成宣传效应，使得影视作品的传播热度多随活动热度的降低而降低，活动结束后没有后续工作为影视推广搭建桥梁。从参加展映的影视作品内容来看，题材多配合宣传国家形象，或为经典的主旋律影视作品。从影视行业的专业角度来看，类型较为固定，或维持一部作品连续参加多个展映活动的现象。另外，在放映活动中，涉及影视从业人员的交流、分享活动较少，交流形式较多停留在影片放映环节，还未形成专业性较强、影响力较大、涉及专业人员较多的文化交流形式及平台，以供两国影视从业人员进行更深入的沟通。

随着中国电影市场的开放，各地兴办的电影节逐渐吸引了周边国家及地区甚至世界各国的影视从业人员携带作品参评参展。作为聚焦电影领域的文化节，从一定程度上能够为相关专业领域人员提供相互对话的更直接的平台和渠道。2019 年，电影节的强大吸引力也促使中印尼加深了解，尤其是影响力较大的上海国际电影节和丝绸之路国际电影节，吸引了许多优秀的印尼电影作品参展。

上述两项国际性的电影赛事，前者举办时间早、国际影响力大，每年一届，2019 年已迎来第二十二届；后者则是在“一带一路”倡议的背景下应运而生，专门为沿线国家提供电影交流的平台，将代表陆、海丝绸之路的起点城市——西安、福州作为主办地，2014 年首届电影节在西安举办，每年一届，单数节以西安为主会场、双数节以福州为主会场，2019 年迎来了第六届电影节。无论是 2018 年、2019 年增设的“泰国片单”“印尼风情”两个独立展映的上影节，还是举办之初就聚焦丝绸之路沿线国家的丝路电影节，东南亚国家及地区的电影在中国国际电影节中的重要地位都有所凸显。印尼电影的参展数量在东盟十国中排名第一，对比每届的参展影片，印尼的重复影片较少，届届都有新品呈现，2019 年更是多达 6 部，其中 1 部还获得了编剧类大奖，更彰显了中印尼电影合作的专业化趋势。通过影响力较大的国际电影节，电影类型更加丰富多样、更具艺术风格，受众范围扩大到电影节举办城市的大批影迷，更易形成观影号召力，专业电影节为从业人员交流提供更广泛的平台（见表 2）。

表 2　东盟十国在中国各国际电影节的参展影片数量

单位：部

	印尼	马	新	泰	越	柬	菲	文	缅	老
2016 年第三届丝绸之路国际电影节	1	1	3	1	1	1	1	1	1	0
2018 年第六届丝绸之路国际电影节	4	1	2	1	1	2	1	0	0	0
2019 年第二十二届上海国际电影节	6	1	1	7	0	0	5	0	0	0
参影总数	11	3	6	9	2	3	7	1	1	0

资料来源：笔者通过电影节官方网站整理。

2019 年，影视传媒公司在推动两国影视合作上展现了更加全面和专业的能力。以北京南洋桥文化发展有限公司为例，该公司主要针对进入印尼市场的中国影视相关项目，提供版权贸易、内容制作、品牌营销等方面的服务。公司的核心成员是曾在华留学的印尼高才生，拥有扎实的中文、新闻传播等专业功底，具备语言、专业等多方面的优势，并且熟悉两国国情。近年来，在中印尼完成的影视合拍项目中，该公司都提供了专业的协拍服务。另外，在印尼电影的版权引入及发行方面，该公司也拥有很多成功案例。以中国能源投资集团员工与印尼当地姑娘的爱情故事为题材的《爱在零维度》能够于 2019 年与中国观众见面并在印尼市场发行，与该公司在影片拍摄期间为中印尼双方拍摄团队提供的协拍服务有不可分割的联系，服务内容涉及剧本创作、中方剧组签证办理及接待、拍摄期间的现场协调与翻译等各项工作。此外，南洋桥还参与中印尼影视作品的译配、引入、宣发等各项工作，如印尼国家电视台引入的中国电视剧《鸡毛飞上天》、动画片《中国熊猫》等，体现了负责两国影视合作的专业影视传媒公司在助力两国影视合作交流过程中日益突出的作用。中印尼影视交流在拍摄、宣传、发行方面向着专业市场化领域迈进。

2. 中国积极拓宽印尼流媒体市场

2019 年 6 月，腾讯视频推出海外版应用软件 WeTV，并选择泰国为应用推广的首站，将海外版推广至东南亚、南亚等海外地区。目前，WeTV 共有中文、泰文、印尼文、英文等六个语言版本，平台内容包含电视剧、电影、综艺三个板块。WeTV 在印尼的成功落户是中国视频网站在印尼市场推广影视资源的成功案例，有利于促进中印尼两国网络用户更便捷、更快速地观看流媒体资源，也标志着中国视频门户网站开始将东南亚流媒体市场作为今后开拓的重要区域。

作为 WeTV 在东南亚流媒体市场中的重要组成部分，WeTV 印尼文版本自 2019 年 7 月推出，已基本与其他语言版本的平台内容实现了同步更新，内容以腾讯视频播出的热门影视作品及网络剧为主，各语言版本大部分采用保留原声、翻译字幕的方式呈现，大部分影视作品均可免费观看，部分热门作品需要购买 WeTV 会员，目前月会员的收费标准是 15000 印尼盾（约合 8 元人民币）。与中国大陆市场的其他视频网站对比，WeTV 作为针对海外用户的独立应用网站，其影视资源因为配有相关国家的语言字幕，更容易满足海外用户的收看需求，用户群从海外华人群体扩展至整个语言覆盖区，因此，WeTV 一经推出，在海外的下载量与中国同类型的视频应用相比，短期内的下载次数更多，用户体验满意度也较高（见表 3）。但如果将 WeTV 的数据与长期占据东南亚市场的 Netflix 或 Viki 进行对比，还是有较大差距，Netflix 或 Viki 和 WeTV 的下载次数分别为 5 亿多次和 1 亿多次；评价人数分别是 8081010 和 638308；用户评价星级分别是 4. 5 和 4. 3。

表 3　中国视频应用在 Google Play 平台的下载次数及评分

视频应用	下载次数	评价人数	评价星级（满分 5 星）
WeTV	10000000+	71341	4. 2
爱奇艺	1000000+	20664	4. 3

续表

视频应用	下载次数	评价人数	评价星级（满分5星）
优酷	10000000+	98044	4.0
芒果 TV 国际	1000000+	5109	3.5

资料来源：笔者整理。

印尼是东南亚乃至世界移动用户大国，移动手机用户数量占总人口的96%，在线收看视频的用户占总人口的99%。统计数据显示，印尼移动用户每天使用网络的时间约为7.6小时，作为拥有海量免费视频资源的网站Youtube，在印尼的普及率更是高达88%，成为印尼网民最热衷使用的网络平台。① 在众多影视原版播放平台中，Netflix作为较早抢占东南亚市场的网络平台，依然处于领先优势。2019年第二季度，Netflix在印尼占据高达64%的市场份额，是印尼用户观看各类数字原版影视作品的最大平台。② 除了Netflix平台，早于WeTV进驻印尼及东南亚市场的还有iflix、HOOQ、Viki、Viu等多个视频平台，上述平台在资源内容上仍具有较大优势。以原版电视剧资源来看，Netflix同季度在印尼占据了67%的市场份额，证明了其电视剧资源的丰富程度，其他视频网站也在印尼及东南亚本土影视资源、日韩影视资源领域中占据了相对的优势（见表4）。

然而，WeTV的进驻也并不是全无优势。在月会员费用方面，WeTV的价格十分低廉，对于钟爱中国大陆电视剧的印尼及东南亚用户来说，价格优势明显，这也使得2019年部分中国内地剧在印尼收获播出热潮。根据腾讯视频2019年年度视频报告的数据，截至2019年11月30日，WeTV平台播放的电视剧中，集均播放量前5名的电视剧为《外星女生柴小七》《陈情令》《致我们暖暖的小时光》《我们不能是朋友》《大约是爱》。以话题度和高收视率在中印尼均获得双丰收的《陈情令》为例，集

① Statista Research Department, "Indonesia: Social Network Penetration Q3 2019," https://www.statista.com/statistics/284437/indonesia-social-network-penetration/, 2020-2-19.

② R. Hirschmann, "Market Share of Original Platform for All Digital Originals in Indonesia Q2 2019," *Parrot Analytics*, 2019-10-24.

均播放量达213万，总播放量达1.06亿。可以看出，2019年中国视频应用在印尼市场的开拓劲头十足，并通过价格优势和特色资源占据了一定的市场份额。

表4 印尼市场热门视频应用

视频应用	推出国家或地区	月会员费用（印尼盾）	内容特征
WeTV	中国内地	15000	中国内地电视剧
Netflix	美国	109000	世界各国尤其是好莱坞电影
HOOQ	新加坡	69000	亚洲影视作品、印尼本土电影
iflix	马来西亚	39000	东南亚本土电视剧、日韩电视剧
Viu	中国香港	30000	韩国及亚洲其他国家电视剧

资料来源：笔者整理。

3.影视内容尚未形成鲜明特色

虽然中印尼两国影视合作及交流越来越频繁，但两国受众对彼此的影视作品熟知度并不高，影视作品在内容层面没有形成鲜明特色，对影视资源的类型喜好尚未形成。对比在两国影视市场中占据一定市场份额的外国电影，如反映现实问题兼具宝莱坞歌舞风格的印度电影、小清新气息浓厚的泰国校园爱情电影，这些已经在中国影迷的观片过程中形成了该国电影的特色；又如长期在亚洲电影市场俘获少女心的韩国偶像剧，以专业、热血、真实著称的日本职场剧，长期在包括印尼所在的东南亚市场占据重要地位；反观中印尼影视在双方市场的竞争力，观众对于两国影视的观赏喜好尚未形成。

但是，两国影视作品在内容及风格层面的特点并不是无迹可寻、毫无眉目。通过对近年来两国影视作品资讯网站的整理，我们能够探寻出两国影视作品正在向某类特色发展的趋势。以印尼电影为例，通过整理豆瓣电影“印尼电影”条目的影片，可以看出中国影迷近年来对印尼恐怖片的喜好较强，再加上尽管涉及“爱情、喜剧、家庭、儿童”的影片数量较大，但不乏相关宣传机构在电影节、电影周将恐怖片作为推荐影片放映的现象，因此

“恐怖、惊悚、犯罪、动作”类影片在印尼影片中的地位及独特性非常明显（见表5及附录Ⅰ）。

表5　豆瓣电影有关“印尼电影”各条目数量及类型整理

上映时间	传记 战争 纪录	恐怖 惊悚 犯罪 动作	爱情 喜剧 家庭 儿童	奇幻 冒险	剧情	总计
2007～2010年	0	5	4	1	8	18
2011～2015年	2	4	4	0	6	16
2016～2019年	1	10	5	0	5	21
总计	3	19	13	1	19	55

资料来源：笔者整理。

从印尼影讯网站对中国电影的统计来看，近年来在印尼网站能够获取更多的中国电影资源，其类型十分丰富，涵盖了同年度在中国上映的大部分热门影片（见附录Ⅱ）。其中值得注意的是，动作片统领下的“悬疑、犯罪”和“奇幻、冒险、古装”类影片数量较多，如《扫毒2》《追龙2》《使徒行者2》《无双》《捉妖记2》《诛仙1》《鬼吹灯之怒晴湘西》等，同时享誉华人观影群的功夫巨星成龙、甄子丹等东南亚观众更为熟知的港台明星领衔出演的作品，也成为向海外推广时的优势所在，如甄子丹主演的叶问系列。另外，随着中国电影制作水平的逐年提升，在涉及“科幻”“灾难”等大片的制作上出现了如《流浪地球》《烈火英雄》《中国机长》等精品，动画特效的发展也使《哪吒之魔童降世》《白蛇》等动画电影异军突起，这些在中国赢得高票房和好口碑的大片佳作，也逐渐形成了较强的区域影响力，水平上乘的国产佳作正逐渐被印尼观众所熟知。在电视剧方面，中国内地古装电视剧一直是东南亚观众热衷观看的剧目类型，以《甄嬛传》《延禧攻略》为代表的宫斗剧一直具有很强的收视号召力。另外，近年来国产仙侠奇幻类古装剧的热播也成为古装电视剧中发展较快、收视热度较高的电视剧类型，如《三生三世十里桃花》2017年收获了500亿的网民观影量，而其续作《三生三世枕上书》也于2020年1月在WeTV印尼版平台上线。

虽然中印尼影视作品正在形成一些新的趋势，但上述被熟知和热播的影视个案尚未形成强有力的竞争力，能够像诸如日本、韩国、印度、泰国等影视在中国及印尼院线、电视台或视频流媒体平台上形成定期、定量的播放及类型化的制作水平，所以双方的影视作品仍未形成代表其影视整体制作水平或某类型影视作品的特色。

三 未来中印尼影视合作展望

2019 年中印尼影视合作有了更多向好的趋势，两国政府及宣传机构的积极推动为持续的影视交流提供了更广阔的平台，中国专业的电影节开始关注包括东南亚在内的“一带一路”共建国电影精品，这促使印尼影视从业者积极参与中国举办的国际电影节展映和竞赛。在移动网络及流媒体技术的发展下，腾讯海外版 WeTV 助力中国内地电视剧在东南亚市场进行推广，两国未来的影视合作前景十分广阔。借鉴与其他国家影视交流的经验，中印尼影视合作在未来可以从以下三个方面开展。

第一，凭借地缘优势和投资、税收等优惠政策，印尼将成为中国影视拍摄的热门取景地。东南亚地区自然环境优美、距离中国近、物价较低，是理想的国外拍摄取景地。随着两国专业的传媒及影视制作公司的发展，有关确定取景地及提供与拍摄相关的一系列服务的过程将更加顺畅和便捷，这一点从《泰囧》《唐人街探案 2》《湄公河行动》《误杀》等近年卖座的国产电影选择泰国作为拍摄地的案例中不难看出，相关经验也可加以借鉴。印尼在取景地方面别具一格，既拥有优美的海岛风光，也有神秘的原始森林，不同岛屿又兼具不同地域文化特色，再加上当地政府对电影投资的相关优惠政策，如果在拍摄接待及制作水平上有所提高，相信两国在影视地选取甚至影视合拍项目上将具有更大潜力和动力。

第二，视频网站通过海外版应用继续扩大印尼市场份额，并积极发挥明星带动效应，扩大国产影视佳作的影响力。随着流媒体技术的发展，两国影视资源将在网络平台上得到更大程度的分享与收看。通过高质量的内容输出和先进的技术支持，更多时下热门作品及偶像将被印尼观众所熟知。正如成龙、李连杰、甄子丹等中国武打巨星能够在国际获得较大知名度，进而带动其作品的国际影响力，近年来随着中国国产造星力量的增强以及部分在韩国出道的中国影星回国发展，许多新生偶像拥有了庞大的粉丝群，在东南亚的知名度较高，其转战影视行业的作品认同度也更高，其中不乏引起东南亚粉丝群轰动的佳作，《陈情令》的热播就是一个例证。因此，随着新生代实力偶像的崛起及粉丝文化的蔓延，通过明星热度带动影视作品的推广和宣传也可以推动中印尼影视作品的互动与交流。在未来，受众通过偶像熟悉其影视作品进而形成收视热潮的现象将会频繁出现，借助社交媒体形成宣传效应，也将会是中印尼影视推广的重要渠道。

第三，受众从印尼华人群体扩展至热爱中国文化的印尼群体。长久以来，因华人在东南亚人口中占比较大，在收看中文影视作品中拥有语言、文化背景等先天优势。制作精良、古韵浓厚的古装剧一直受到华人群体的青睐。加之近年来，随着孔子学院的发展，海外学习汉语热潮出现，除了受血脉根基影响的华人青年外，更多热衷中华文化的非华裔青年也开始对中文、中华文化产生兴趣，时下青春新潮的中文影视作品也将成为他们观看、学习的资源。在未来，国产影视作品的受众将不局限于海外华人群体，在译配、海外视频应用的发展下，更多的非华裔受众群将有可能收看与中文相关的影视作品。

在未来，一部成功的海外热销剧或热销国产电影的关键在于剧本内容及制作水平方面的精益求精，并通过视频应用、社交媒体等渠道，形成宣传及推广的合力，进而吸引更多热爱中文和中华文化的印尼受众群，两国的影视合作将迈入一个全新的阶段。

参考文献：

[1] PT Jakarta Globe Media, "Gelar Seminar hingga Nonton Gratis," *Investor Daily*, 2015-3-18.

[2] Cifra Nadia Putra, "Bekraf Bentuk Indonesian Creative Incorporated (ICINC) for Film," 2017-2-8, https://www.bekraf.go.id/berita/page/10/bekraf-bentuk-indonesia-creative-incorporated-icinc-for-film.

[3] Wawan Rusiawan, Maman Rahmawan, *Pemandangan Umum Industri Film Indonesia 2019*, 2019-10-25, https://www.bekraf.go.id/pustaka/page/pemandangan-umum-industri-film-indonesia-2019, pp. 7-26.

[4] 顾时宏:《中印尼联合举办中国电影周活动》, 2016年3月25日, http://www.chinanews.com/gj/2016/03-25/7810815.shtml。

[5] Aris Heru Utomo, "Diplomasi Film Tiongkok di Indonesia," 2016-6-7, https://news.detik.com/kolom/d-3227400/diplomasi-film-tiongkok-di-indonesia.

[6] Amazon Dalimunthe, "TVRI Gandeng China Media Group Tayangkan Program Berkualitas," 2018-10-29, https://www.industry.co.id/read/44321/tvri-gandeng-china-media-group-tayangkan-program-berkualitas.

[7] Adv, "Di Manakah Menonton Tayangan Mandarin Favorit?" 2016-5-9, https://biz.kompas.com/read/2016/05/09/080000928/Di.Manakah.Menonton.Tayangan.Mandarin.Favorit.?page=all.

[8] 陈惠:《中国—东盟优秀电视片展播活动正式开启》, 2019年9月19日, http://gx.cri.cn/20190918/792f1508-9ca1-642e-ec79-3995317467ed.html。

[9] Statista Research Department, "Indonesia: Social Network Penetration Q3 2019," 2020-2-19, https://www.statista.com/statistics/284437/indonesia-social-network-penetration/.

[10] R. Hirschmann, "Market Share of Original Platform for All Digital Originals in Indonesia Q2 2019," *Parrot Analytics*, 2019-10-24.

[11] Tri Susanto Setiawan, "Serial Cinta Abadi Seindah Mimpi Tayang di WeTV pada 22 Januari 2020," 2020-1-22, https://www.kompas.com/hype/read/2020/01/21/225223366/serial-cinta-abadi-seindah-mimpi-tayang-di-wetv-pada-22-januari-2020.

附录Ⅰ　豆瓣电影“印尼电影”的搜索条目整理

片名	上映时间	影片类型
及时说爱	2007年	奇幻
那一年的照相馆	2007年7月5日	剧情
暗黑杀神	2007年9月30日	惊悚、犯罪
蝴蝶	2007年12月6日	剧情
鬼电车	2008年	恐怖

续表

片名	上映时间	影片类型
会飞的盲猪	2008 年	剧情
呇里生之舞	2008 年	剧情
爱之篇章	2008 年 2 月 28 日	剧情 / 爱情
缘分三天游	2008 年 3 月 7 日	喜剧
爱情	2008 年 4 月 24 日	爱情
彩虹勇士	2008 年 9 月 25 日	剧情
裹头巾的女人	2009 年 1 月 15 日	剧情
禁忌之门	2009 年 1 月 22 日	惊悚
妓女与总统	2009 年 4 月 30 日	剧情
血肉盛宴	2009 年 5 月 29 日	恐怖
精武战士	2009 年 8 月 6 日	动作
身份	2009 年 8 月 6 日	剧情
X 夫人	2010 年	喜剧 / 动作
可爱的男人	2011 年	剧情
荣耀红白 3	2011 年 6 月 9 日	战争
奢侈日记	2011 年 7 月 1 日	剧情 / 爱情
西苏门答腊情事	2011 年 8 月 16 日	剧情
黑暗之城	2011 年 9 月 15 日	剧情 / 动作
舞者	2011 年 11 月 10 日	爱情
奇异旅程与其他恋爱症候群	2012 年	剧情
闭着眼睛	2012 年	剧情
来自动物园的明信片	2012 年	剧情
梦想起飞	2012 年 10 月 11 日	剧情 / 儿童
哈比比与阿侬	2012 年 12 月 20 日	剧情 / 爱情 / 传记
死亡坑矿	2013 年 1 月 23 日	动作 / 恐怖
当他们谈论爱情的时候他们不会谈论什么	2013 年 3 月 31 日	剧情
爪哇火线	2013 年 5 月 10 日	剧情 / 动作 / 犯罪

续表

片名	上映时间	影片类型
全面逆袭	2015 年 6 月 29 日	纪录片
66 号	2015 年	动作
来自爪哇的女人	2016 年 11 月	剧情
照看隔壁店	2016 年 12 月 28 日	剧情 / 喜剧 / 家庭
卡尔蒂尼	2017 年 4 月 19 日	传记
甜蜜 20 岁	2017 年 6 月 25 日	剧情 / 喜剧 / 家庭
撒旦的奴隶	2017 年 9 月 28 日	悬疑 / 恐怖
恋爱所有格	2017 年 10 月 26 日	剧情 / 爱情
第三只眼睛	2017 年 11 月 30 日	惊悚/ 恐怖
洪巴绮梦	2018 年	剧情
传话的人	2018 年 2 月 19 日	动作 / 惊悚 / 犯罪
意想不到的爱情	2018 年 3 月 15 日	剧情
与魔鬼共舞	2018 年 7 月	惊悚、恐怖
鬼娃萨布丽娜	2018 年 7 月 12 日	恐怖
我身记忆	2018 年 9 月 7 日	剧情 / 同性
印尼饮食男女	2018 年 9 月 27 日	喜剧
爱之屋	2018 年 11 月 29 日 （日惹 NETPAC 亚洲电影节）/ 2019 年 1 月 3 日	剧情/家庭
小镇惊魂	2019 年 1 月 3 日	恐怖 / 奇幻 / 冒险
第三只眼睛 2	2019 年 1 月 17 日	恐怖
死亡低语	2019 年 4 月 11 日	恐怖
山间生活	2019 年 6 月 17 日	剧情
诅咒	2019 年 7 月 25 日	恐怖
恶魔的请柬	2020 年	恐怖

注：数据统计截至 2020 年 3 月 12 日，制片国家非印尼或上映时间为 20 世纪的影片不在上述统计范围内，上映时间只显示年份的影片是因为其豆瓣条目没有明确的上映日期，按照该电影条目编辑中片名后方注明的年份进行统计。

附录Ⅱ　印尼影讯平台 detikxxi 有关中国国产电影条目整理

片名	平台上线时间	类型
叶问 2	2010 年	动作 / 传记
西游记之大闹天宫	2014 年	动作 / 奇幻
叶问 3	2015 年	剧情 / 传记 / 动作
叶问外传张天志	2018 年	剧情 / 动作 / 犯罪
江湖儿女	2018 年	爱情 / 犯罪
黄金兄弟	2018 年	动作 / 犯罪
捉妖记 2	2018 年	喜剧 / 动作 / 奇幻 / 古装
功夫联盟	2018 年	剧情 / 动作
最后的锦衣卫	2018 年	动作 / 武侠
江湖儿女	2018 年	爱情 / 犯罪
叶问 4	2019 年	剧情 / 动作
扫毒 2	2019 年	剧情 / 动作 / 犯罪 / 悬疑
追龙 2	2019 年	剧情 / 动作 / 犯罪
阳光普照	2019 年	剧情 / 犯罪
白蛇	2019 年	爱情 / 动画 / 奇幻
中国机长	2019 年	剧情 / 灾难
舞出我人生之舞所不能	2019 年	剧情 / 爱情 / 音乐 / 歌舞
冰风暴	2019 年	动作 / 灾难
你是凶手	2019 年	剧情 / 犯罪 / 悬疑
熊出没之夺宝熊兵	2019 年	喜剧 / 动画 / 家庭 / 冒险
少女宿舍	2019 年	悬疑 / 惊悚
上海堡垒	2019 年	爱情 / 科幻 / 战争
催眠·裁决	2019 年	悬疑 / 犯罪
小 Q	2019 年	剧情
银河补习班	2019 年	剧情
新喜剧之王	2019 年	剧情 / 喜剧
无双	2019 年	剧情 / 动作 / 悬疑 / 犯罪

续表

片名	平台上线时间	类型
真假铁马骝	2019 年	剧情 / 动作
素人特工	2019 年	喜剧 / 动作 / 冒险
使徒行者 2	2019 年	剧情 / 动作 / 犯罪
雪暴	2019 年	动作 / 悬疑 / 犯罪
陈情令之生魂	2019 年	奇幻 / 古装
鬼吹灯之怒晴湘西	2019 年	动作 / 奇幻 / 冒险
龙宫女刺客之大明女监	2019 年	剧情 / 动作 / 悬疑
新封神之哪吒闹海	2019 年	动作 / 奇幻 / 武侠
星际流浪	2019 年	科幻
狂暴巨鳄	2019 年	剧情 / 科幻 / 惊悚 / 冒险
碟仙	2019 年	惊悚 / 恐怖
沉没的证人	2019 年	动作 / 犯罪
诛仙 1	2019 年	爱情 / 奇幻 / 古装
流浪地球	2019 年	科幻 / 冒险 / 灾难
巅峰营救	2019 年	剧情 / 动作 / 战争 / 犯罪
叶问九龙城寨	2019 年	动作
七剑下天山之封神骨	2019 年	武侠 / 古装
烈火英雄	2019 年	剧情 / 灾难
哪吒之魔童降世	2019 年	剧情 / 喜剧 / 动画 / 奇幻
保持沉默	2019 年	剧情 / 悬疑
欲念游戏	2019 年	科幻 / 悬疑 / 犯罪
中国推销员	2019 年	剧情 / 动作 / 战争
齐天大圣之火焰山	2019 年	喜剧 / 动作 / 爱情 / 古装
神探蒲松龄	2019 年	喜剧 / 动作 / 奇幻 / 古装
迷局伏香	2020 年	剧情 / 悬疑 / 犯罪
肥龙过江	2020 年	喜剧 / 动作
锤神	2020 年	动作 / 爱情 / 科幻
野王	2020 年	喜剧 / 冒险 / 古装

续表

片名	平台上线时间	类型
指尖世界	2020 年	剧情
赌神归来	2020 年	剧情 / 喜剧 / 动作
狄仁杰探案	2020 年	动作 / 悬疑
囧妈	2020 年	喜剧

注：平台网址为 https：//detikxxi. com/country/china/，数据统计截至 2020 年 3 月 13 日，影片类型按照豆瓣条目进行整理。

中国与印度尼西亚卫生合作：进展与前景

邓　翃　刘明周*

摘　要： 欧美的一些知名学者认为新冠肺炎疫情将使步履艰难的全球化面临更大挫折，但这一判断放在发展中国家未必准确，中印尼卫生交流就证明了这一点。中印尼卫生交流在印尼建国时就存在，中印尼副总理级人文交流机制大大拓展了中印尼之间的卫生合作。新冠肺炎疫情虽然使中印尼之间的卫生交流遇到一些挫折，但中印尼卫生交流却在疫情背景下获得了更大动力，中印尼卫生交流取得了更多成效。当然，我们也必须正视影响双方卫生深入合作中的问题，从而推动中印尼卫生合作的更大发展。整体而言，对印尼这样的发展中国家来说，它自身很难有效应对重大的公共卫生事件，如果没有外界的资源与先进技术，其应对疫情的效果很难让人满意。而印尼如果不能很好地应对疫情，疫情的扩散将会损害其他国家的抗疫效果。因而，疫情也可能通过必不可少的合作性外溢效应使全球化很难戛然而止。在发展中国家，这一结论将更为明显。

关键词： 新冠肺炎　卫生合作　副总理级人文交流机制　健康丝绸之路

从2020年初开始，新冠肺炎（COVID－19）以迅雷不及掩耳之势在全

---

* 邓翃，社会科学文献出版社编辑；刘明周，华中师范大学政治与国际关系学院副教授、硕士生导师、中印尼人文交流研究中心研究员。

球肆虐，也给国际关系带来了深远影响。在疫情的影响之下，国际关系将如何发展引起了大多数相关学者的关注。《外交政策》（*Foreign Policy*）杂志邀请西方研究国际关系的12位知名学者对此展开了一场讨论，虽然这些学者的观点有很大分歧，但也体现了一些重要共识。这种共识主要表现为，疫情将给正在变得步履艰难的全球化带来更大阻力，国际政治的向内转向可能是未来的重要趋向。[①]《外交政策》杂志主要是从西方学者的视角进行分析的，其基础也主要是欧美。然而，发展中国家与欧美的根基有重大差异，这些国家的发展极大依赖于外向型的经济，而且这些国家的医疗资源很难顺利地应对突如其来的重大卫生事件，很难想象它们如果突然转向内部发展会带来怎样的艰难困苦，因此对这些发展中国家在疫情下的外交走向进行探讨是极为重要的。本文致力于探讨中印尼卫生合作，从一个侧面透视疫情影响下印尼的对外战略，以期对广大发展中国家的外交决策提供一种分析的思路。

一　中印尼卫生合作的缘起

在中印尼人文交流中，卫生领域的合作是一项重要内容，两国在此领域的合作既有历史渊源，又能够应时而变，表现了中印尼卫生合作的特殊轨迹。整体而言，中印尼卫生合作分为三个阶段：初创与中断、恢复与发展、高速发展。

（一）中印尼卫生合作的初创与中断

据荷兰学者记载，还是在1640年，雅加达就有了华人医院且医院使用中药治疗的案例。在印尼独立的最初十年里，华人中医像以往那样继续行医，印尼也并没有针对中医药的专门法律，中医并不需要去登记，药剂师也允许出售一些中药，只要这些药品不是被禁止的或是列在官方名单上的一些

① “How the World Will Look After the Coronavirus Pandemic,” *Foreign Policy*, March 20, 2020, https://foreignpolicy.com/2020/03/20/world-order-after-coroanvirus-pandemic/.

现成药品。印尼建国后也与中国进行了一系列卫生合作。例如，1962 年，中国政府派出包括岳美中、吴阶平、杨甲三在内的九名中国医生到雅加达为苏加诺总统治病。杨甲三还在雅加达医院给印尼学生做了关于针灸知识的讲座，大获好评。其后不久，印尼公共医疗部部长邀请来自上海的黄羡明医生给印尼总医院的 13 名西医做了有关中医的专题演讲。[①] 1963 年，印尼中央医院开始有了针灸部门，隶属于内科，到 1965 年，针灸成为一个独立的部门。

但在 1965 年中印尼断交后，中国与印尼的卫生合作也几乎完全中断了。印尼的中医师和针灸师等都被归为“巫医”，不得在印尼医疗机构内行医。只有获得现代医学学位的西医师，通过补习和培训传统医学知识，才能在医疗机构内推广和使用传统医学。在苏哈托执政时期，印尼的中医药虽然处于极其艰难的时期，但还是保存了下来，也保存了中印尼卫生交流的一个渠道。华人中医继续坚持在药店或家里为病人看病，而许多大城市的针灸师则创立了基金会等机构来正常行医。黄联山、梁培基和林日升在雅加达创立了医药中心，1968 年后其转变成为雅加达针灸联合会。1969 年，三名针灸师在万隆建立了康源基金会（Yayasan Sumber Sehat），其他城市也相继建立了同样的组织。1975 年，印度尼西亚中医协会（Ikatan Naturopatis Indonesia，IKNI）成立，但由于当时的印尼政府反华立场，故该协会的印度尼西亚名中没有任何中医或华人的字眼。印尼政府对中医的发展采取了打击政策。1974 年，印尼政府颁布了一项新条例，要求所有中医只有在公共卫生部的相关机构登记后，才能取得合法的行医执照，而且执照每两年更新一次，中药店需要按照一定的标准雇用药剂专业的毕业生。1975 年，又一项新的条例出台，即控制中药材的进口并同时禁止成品中药进口。更严重的是，政府还规定：印尼全国只有七家公司能进口中药，即雅加达有五家，泗水与巨港各有一家。于是，棉兰的中药经销商不得不从雅加达的进

① 〔法〕克劳迪·苏尔梦、〔印尼〕欧阳春梅：《印度尼西亚中医药文化发展简史》，施雪琴等译，《八桂侨刊》2020 年第 1 期。

口商进货，这也意味着棉兰的药品变得更加昂贵。[①]

（二）中印尼卫生合作的恢复与发展

1990 年，中印尼恢复外交关系，中印尼之间的卫生合作快速发展。其中最重要的事件是 1994 年两国的卫生部签订了关于卫生合作的谅解备忘录。双方同意在有关法律和法规基础上，根据需要和可能，主要在人力资源开发、卫生管理、医疗技术、妇幼卫生、健康教育、传统医学的研究和开发、传染病的控制及其他公共卫生领域进行合作，交流情报资料及专长。备忘录鼓励和支持两国的卫生机构（包括医院和科研单位）在备忘录的框架内开展合作。为有效执行备忘录的精神，双方签订为期两年的执行计划，包括合作的具体项目、财务规定及其他必要的活动安排。在执行中遇到任何分歧时，双方通过协商和谈判加以解决。谅解备忘录有效期为五年。[②]

自首次签署卫生合作谅解备忘录以来，中印尼两国在卫生领域一直保持着良好的交流合作关系。1996 年，印尼卫生部颁发一项法令，允许针灸进入印尼医疗机构，成为现代医学的一部分。[③] 1999 年 10 月瓦希德总统执政以后，逐步废除了原先对华文的禁令，为中医药的发展创造了良好的环境，也为中印尼卫生合作提供了极大助力。2008 年 10 月，苏西洛总统带领印尼四所大学访问北京中医药大学并进行演讲，促进了中医药在印尼的发展。印尼卫生部也改变了态度，认为中医（包括针灸）治病有科学依据，应从“巫医”中分离出来。[④] 2010 年 9 月 28 日，印度尼西亚文教部帮助成立中医

---

① 〔法〕克劳迪·苏尔梦、〔印尼〕欧阳春梅：《印度尼西亚中医药文化发展简史》，施雪琴等译，《八桂侨刊》2020 年第 1 期。

② 《中华人民共和国卫生部和印度尼西亚共和国卫生部关于卫生合作的谅解备忘录》，中华人民共和国驻印尼大使馆官网，http：//id. china-embassy. org/chn/zgyyn/zywx/t86596. htm。

③ 但针灸师只能在小诊所行医；在正规医院的针灸科，只有持有现代医学学位并接受过针灸培训的西医师才能为病人看病。参阅〔印尼〕叶开伟、李海燕、朱庆文、杨学智、牛欣《中医药在印度尼西亚的发展机遇》，《第四次全国中西医结合诊断学术研讨会论文集》，2010，第 246~248 页。

④ 〔印尼〕叶开伟、李海燕、朱庆文、杨学智、牛欣：《中医药在印度尼西亚的发展机遇》，《第四次全国中西医结合诊断学术研讨会论文集》，2010，第 246~248 页。

师资格审核机构，其权利包括制定中医基础培训内容与方法，举办中医师的培训，审核中医师的资格等。[①]

（三）中印尼卫生合作的高速发展时期

中印尼卫生合作不等于中印尼中医关系的发展，这一点在中印尼副总理级人文交流机制确立后得到明显体现。2015 年 5 月 27 日，中国-印尼副总理级人文交流机制首次会议在印度尼西亚首都雅加达举行。这是中国与发展中国家确立的第一个高级别人文交流机制，地位极为特殊。中印尼卫生交流在这次高级别人文交流机制中占据了一席之地。根据会议发表的《中国-印尼副总理级人文交流机制首次会议联合公报》，中印尼两国将在公共卫生领域，尤其在传染病防控、全民健康覆盖、卫生人力发展以及健康教育等领域加强合作。刘延东副总理在会议上宣布，2015~2017 年，中国将为印尼培训 100 名卫生专业技术人员。中国国家卫计委副主任崔丽与印尼卫生部部长妮拉·穆卢克就如何在卫生领域贯彻落实中印尼副总理级人文交流机制首次会议精神进行了交流。双方表示，将努力争取早日续签中印尼在卫生领域开展合作的谅解备忘录，推动中印尼卫生合作深入发展。[②]

在这次会议后，中国国家卫计委积极联系各方，认真、逐条落实会议成果，如继续通过驻印尼使馆与印尼方商签关于卫生合作的谅解备忘录；落实中印尼公共卫生人才合作培训计划，请印尼方提出感兴趣的公共卫生合作领域及合作方式，以尽快启动活动设计；积极联系有关单位，通过亚洲区域合作专项资金等渠道提出项目申请，开展针对印尼的公共卫生培训班；利用现有培训项目邀请印尼代表等。[③]

2015 年 10 月 14 日，国家卫计委发布《关于推进“一带一路”卫生交

① 纪国彰等：《中医在印度尼西亚的最新进展》，《2010 南京国际中医药论坛暨亚洲针灸高层论坛论文集》，2010，第 53~54 页。

② 《刘延东：中国将为印尼培训百名卫生专业技术人员》，中国新闻网，2015 年 5 月 28 日，http：//www. chinanews. com/gn/2015/05-28/7308112. shtml。

③ 《国家卫生计生委关于推进“一带一路”卫生交流合作三年实施方案（2015-2017）》，中国一带一路网，2015 年 10 月 15 日，https：//www. yidaiyilu. gov. cn/zchj/jggg/23564. htm。

流合作三年实施方案（2015-2017）》（以下简称《实施方案》），为中国及“一带一路”国家卫生交流合作提供了明确的蓝图，努力打造“健康丝绸之路”。该《实施方案》确立了近中远三个目标。

近期目标：用1~3年时间，做好对“一带一路”卫生合作的战略研究和实施方案制定工作，夯实合作基础；在前期合作基础上，与有关国家形成广泛共识，初步建立“一带一路”卫生合作机制；稳步实施《推进丝绸之路经济带和21世纪海上丝绸之路建设三年（2015-2017年）滚动计划》中的卫生合作项目，围绕重点合作领域实现先期收获。

中期目标：用3~5年时间，以周边国家和重点国家为基础、面向沿线国家的卫生合作网络初步形成，合作机制进一步稳固；国内政策支持保障体系和协调机制逐步完善，在传染病防治和人才培养等重点领域启动一批具有战略意义的新项目；使中国在地区性、全球性卫生多边治理机制中的话语权和影响力逐步提高。

远期目标：用5~10年时间，各重点领域合作项目取得显著成效，新一轮合作项目培育形成，惠及各国百姓；使中国在地区性、全球性卫生多边治理机制中的能力和作用明显增强，与相关国家在医疗卫生领域合作实现互利共赢，各国朝着互利互惠、共同安全的目标相向而行，“一带一路”共建国家卫生领域全方位合作新格局基本形成。

根据“一带一路”倡议，该《实施方案》综合考虑共建国家经济社会和医疗卫生事业发展情况，以及中国与共建国家的合作基础和比较优势等因素，“一带一路”卫生交流合作有了主要方向。包括印尼在内的“21世纪海上丝绸之路”区域是中国推动卫生交流的重要组成部分。该《实施方案》推动的中印尼卫生交流是真切实在的。经国家卫计委国际合作司批准立项，中国医师协会、中国心血管健康联盟牵头，联合心血管健康（苏州工业园区）研究院、心馨心血管健康（苏州工业园区）基金会、亚洲心脏病学会及北京力生心血管健康基金会共同发起“‘一带一路’心脏介入培训项目”。“中印尼心脏介入培训项目”在上述背景下应运而生，并被纳入国家卫计委“一带一路”合作成果。这一项目旨在推动印尼建立长期制度化培训项目，促进心血管医师培训水平和技能提高，并以此为契机，加强中国与印尼的医疗卫生行业交流，在增进国与国友谊的同时，带动两国心血管领域医疗器械、药品、医疗培训等多个行业共同发展。[①]

在中印尼高级别人文交流机制的指引下，在《实施方案》的推动下，中印尼卫生交流快速发展。2017 年 6 月，由中国驻印尼使馆和印尼伊斯兰教士联合会（简称伊联）共同援助的“便民综合卫生设施”在印尼万丹省西冷县塔纳拉乡塔纳拉村落成。该项目旨在支持印尼政府“社区主导全面卫生计划”，满足当地民众对清洁水资源和卫生设施的需求，推动解决用水难和如厕难问题。项目每座设施均配备水井、水箱、水净化装置、卫生间、淋浴间等设施，可为当地民众提供经过净化的清洁卫生水源，供当地千余户居民饮用、做饭、淋浴、洗衣，并提供符合卫生标准的卫生间。伊联总主席赛义德表示，这个项目是一个增加民众福祉、促进民心相通的项目，“这样的项目越多越好”。[②] 2018 年 5 月，中国驻印尼大使肖千和赛义德共同见证了第二批“便民综合卫生设施”项目启动仪式。该项目 2018 年在西爪哇省井里汶市的南安由县、加拉璜县等地再建设 5 处清洁饮水设施，便利附近数千户村民的日常生活。[③]

2019 年 2 月 19~20 日，印度尼西亚卫生部部长特别顾问阿克玛·达赫率代表团到中国进行访问，代表团成员还包括印尼卫生部制药与医疗器械总司秘书长阿娜亚女士、印尼卫生部项目与信息司副司长罗伊先生、印尼卫生部医疗器械与家庭健康产品评估司副司长萨蒂亚女士、印尼卫生部国际合作司副司长瓦昀尼先生、印尼驻华使馆社会文化处公使衔参赞塞提亚提女士等。19 日上午，国家药品监督管理局副局长徐景和会见了阿克玛·达赫代表团，双方就加强双边合作等进行了交流。徐景和表示，中印尼开展监管合

① 《中印尼签署心脏介入培训项目协议　“一带一路”卫生交流合作深入开展》，医心网，2016 年 9 月 13 日，http：//www. ccheart. com. cn/news/13794/。

② 《中国助印尼建设便民卫生设施 为当地带来清洁水源》，中国经济网，2017 年 6 月 9 日，http：//intl. ce. cn/specials/zxgjzh/201706/09/t20170609_23521378. shtml。

③ 《中国大使与印尼穆斯林共同开斋并启动便民卫生项目》，中国新闻网，2018 年 5 月 23 日，http：//www. chinanews. com/gj/2018/05-23/8521177. shtml。

作，有利于促进两国卫生产业发展，提高两国人民的健康水平。阿克玛·达赫表示，两国近年来在健康领域有着良好的合作，希望通过加强两国交流，进一步提高两国药品和医疗器械的可及性，更好地满足公众健康需求。双方都表示愿以此次访问为契机，进一步探讨和加强在药品医疗器械监管领域的交流与合作。[①] 20 日上午，阿克玛·达赫代表团访问了北京大学医学部。双方就临床试验现状和面临的挑战展开了讨论，并探讨了印尼的医学院和北京大学医学部合作的可能性。[②]

2019 年 7 月 11 日，中国的普瑞斯星（常州）医疗器械有限公司董事长陈雨平，广西世展博览有限公司董事长黄栋、总经理李宁一行作为 PT. SMART G 中方投资代表，前往印尼卫生部参加召开的 PT. SMART G 项目审评会。印尼卫生部制药与医疗器械总局局长索西亚琳、印尼卫生部医疗器械与家庭健康产品评估司司长瓦拉布拉塔、印尼卫生部医疗器械生产与销售标准化和资质认证司副司长哈鲁瓦、印尼卫生部特别顾问巴芬、印尼全国医院协会副主席苏塔佳出席了会议。审评会上，印尼卫生部高度赞扬中方投资者为响应佐科政府大力发展医疗产业所做的投资决定，并对中方生产的优质、可靠、安全的医疗产品予以肯定，当场通过了 PT. SMART G 项目投资许可，并安排各部门专人协调该项目的各个进程。PT. SMART G 也因此成为中国在印尼投资的第一家正式落地的医疗制造企业。[③]

2019 年 11 月 27 日，中国在雅加达召开第二届医疗产品博览会，130 多家中国医疗设备公司参与了会展，来自不同国家的公司在博览会上展出自己的医疗方案与药品、医疗设施、医疗检测装备等，有力地推动了中印尼卫生

① 《徐景和会见印度尼西亚卫生部部长特别顾问阿克玛·达赫》，中国质量新闻网，2019 年 2 月 20 日，http：//www. cqn. com. cn/cj/content/2019-02/20/content_6791842. htm。

② 《印尼卫生部部长特别顾问一行 9 人访问北京大学医学部》，北京大学医学部官网，2019 年 2 月 21 日，http：//oic. bjmu. edu. cn/xwdt/201913. htm。

③ 《中国投资的印尼第一家医疗制造企业正式获得印尼卫生部投资许可》，上海创世展览有限公司官网，2019 年 7 月 11 日，http：//www. chinachamber. co/detail/1099. html。

交流。[①]

中印尼卫生合作在中医方面也有体现。还是在 2007 年 4 月，云南中医学院与印度尼西亚东爪哇省谏义里市印尼卫生健康学院合作共建“云南东爪哇中医学院”。印尼东爪哇省谏义里市副市长尔得亚多，印尼卫生部部长顾问吉亚帝诺，东爪哇高等教育协会秘书长纳扎吉·安瓦，印尼卫生健康学院董事长陈庆中、院长达尔比诺等 500 多名嘉宾出席了典礼。[②] 2018 年 9 月 21 日，印度尼西亚健康卫生学院院长穆罕默德·再努丁携代表团到云南中医学院访问。双方对充分发挥和利用各自在传统医药教学领域的优势开展合作达成共识。双方决定共同培养传统医药人才，并在传统医药领域开展深度合作。[③] 2019 年 10 月 31 日，印尼北苏拉威西省卫生代表团到宁波市中医院访问。代表团一行参观了中医传统治疗室、中药房及针推治疗室，并体验了耳穴埋豆、推拿等中医特色治疗。北苏拉威西省卫生办公室主任卡拉洛博士表示，印尼代表团此番前来，除了解现代中医医疗服务工作现状外，更想探讨未来印尼北苏拉威西省与宁波市中医院在中医人才培养方面的合作。[④]

二　影响中印尼卫生合作的难题与合作的前景

正如上文所言，在中印尼确立了副总理级人文交流机制后，中印尼卫生合作走在一条康庄大道上，即使突如其来的新冠肺炎也没有打断中印尼卫生合作。我们并不否认双方在卫生合作中有过分歧，有过不和，但这些都只是

① “China Holds 2nd Healthcare Products Expo in Jakarta to Promote Cooperation,” 2019－11－27, http://www.xinhuanet.com/english/2019－11/27/c_138587462.htm.

② 《云南中医学院与印尼卫生健康学院合办中医药学历教育》，中国中医科学院官网，http://www.catcm.ac.cn/zykxyydd/mtzyg/200704/321a2b304e34493f9ffa1a8af7dfbaf8.shtml。

③ 《印度尼西亚健康卫生学院院长携代表团访问云南中医学院》，闽南健康网，http://www.mnjkw.cn/yxy/ynzyxy/2066240.html。

④ 《印尼北苏拉威西省卫生代表团来我院访问交流》，宁波市中医院官网，http://www.nbszyy.com.cn/art/2019/11/4/art_795_529919.html。

双方卫生合作中的支流，其主流是合作与共赢。而且，正如罗伯特·基欧汉所言，国际上真正的和谐是很少的，冲突是无处不在的，但这些冲突却孕育着政治合作的契机，值得高度重视。[①] 我们甚至可以说中印尼卫生合作在疫情期间有了更大的发展。[②] 当然，透过疫情的镜子，我们发现，中印尼卫生合作中也存在一些影响双方卫生合作取得更大成效的阻碍因素。

影响中印尼卫生合作走向深入的因素是印尼虚弱的经济。截至 2020 年 5 月 31 日，印尼新冠肺炎累计确诊病例已升至 26473 例，新增 700 例，有 1613 例死亡病例，印尼新冠肺炎病死率在东南亚排第一位，形势仍然严峻。经济发展与就业问题严重影响了佐科政府就疫情处理做出选择的余地。有人批评政府没有在疫情暴发伊始就采取封城的措施，但这样做的代价是经济发展受到极大影响。基于经济的考量，政府迟迟没有禁止外国旅客入境，到 3 月 20 日才暂时禁止。同样基于经济的考虑，政府一直到 3 月 31 日才宣布全国进入卫生紧急状态，4 月 10 日起在雅加达实施大规模社区隔离措施。但还不到一个月的时间，政府就准备放松管制，佐科在讲话中宣称，印尼民众必须在未来的时间学会与新冠病毒“和平相处”。[③] 印尼政府的犹豫不决与很快决定放宽限制的决定是有原因的。

随着疫情的加重，印尼普通民众的生活很快受到经济下滑的影响，特别是那些处在社会最底层的穷人。长期在印尼生活的资深媒体人丁剑认为，印尼抗击疫情最大的难点在于，印尼社会贫富悬殊，在各大城市生存挣扎的贫困人口数量庞大。雅加达作为东南亚最大的都市，连片的棚户区有 220 多个，全部人口加起来超过百万，占全市总人口的 10%左右。这些人大多是

---

① 〔美〕罗伯特·基欧汉：《霸权之后：世界政治经济中的合作与纷争》（增订版），苏长和、信强、何曜译，上海人民出版社，2012，第 51~52 页。

② Apriza Pinandita, “Indonesia, China Deepen Ties through COVID-19 Response,” *The Jakarta Post*, 2020-3-26, https://www.thejakartapost.com/news/2020/03/26/indonesia-china-deepen-ties-through-covid-19-response.html.

③ “Diduga Terinfeksi Covid-19, Tahanan Polres Jayapura Tak Diisolasi,” *Tempo*, 2020-5-08, https://nasional.tempo.co/read/1347478/diduga-terinfeksi-covid-19-tahanan-polres-jayapura-tak-diisolasi/full&view=ok.

由农村流入城市的农民，他们在雅加达有的靠拣废品维持生活，有的则靠打短工、当三轮车夫之类谋生。世界银行最新公布的一份报告称，印尼只有五分之一的人口具有独立的经济能力，约2480万人；占全国人口总数的9.22%为贫困户，超过6000万人很容易陷入贫困状态。在疫情面前，要照顾这些贫困人口的基本生活，无论如何是一种巨大的负担。

疫情对经济的不利影响是非常明显的。印尼财政部部长英卓华表示，疫情造成贸易收缩、消费和投资增长放缓，印尼2020年经济增速预计放缓至2.3%，低于最初预计的5.1%。根据印尼人力部的数据，印尼全国已有至少280万人因疫情失业。疫情对印尼国民经济支柱产业之一的旅游业造成沉重打击。印尼统计局称，2020年2~3月外国游客数量比上年同期大幅下降，年内恐难以恢复。印尼酒店与饭店业协会表示，2020年1月以来，由于外国游客取消行程而造成的损失超过15亿美元。① 印尼普通民众特别是底层民众的情况变得非常糟糕。据英卓华估计，受疫情影响，印尼贫困率或恢复至2011年的水平，“疫情或致全国贫困率急剧上升，使政府从2011年至2020年减少贫困的努力结果被扭转”。②

疫情对经济与社会的打击使政府不得不花费极大代价来维持社会稳定。例如，为应对疫情，印尼政府出台了一系列政策加以应对。财政部首次发布价值43亿美元的全球有价证券或国家债券，以弥补2020年印尼国家预算即将出现的高额赤字，并补充央行的外汇储备。对此，一些国会议员表示反对，他们认为主权债券利息过高，对长期发展不利。经济统筹部发放总计价值约20万亿印尼盾的待业卡，发放对象是那些因疫情失业且没有受过高等教育的人，旨在通过培训让这些失业者重获工作机会。③ 英卓华表示，为应对疫情，印尼政府已宣布额外拨款405.1万亿印尼盾用于抗

① 徐伟：《印尼出台举措应对疫情冲击》，人民网，2020年4月30日，http://world.people.com.cn/n1/2020/0430/c1002-31693660.html。

② 《印尼财长：全国贫困率受疫情影响或倒退近10年》，〔印尼〕《新报》（电子版）2020年5月9日第三版。

③ 许利平：《印尼在质疑和担心中抗击疫情》，《世界知识》2020年第9期。

击疫情，其中110万亿印尼盾用于社会资助计划，向失业人员和低收入人群发放补助和基本生活物资，免除低收入家庭电费，减轻疫情对普通民众生活的影响。①

但这种代价又意味着必须维持健康的经济，从而维持财政收入，这就要求摆脱疫情的干扰，废除封城等严厉的措施，但这势必又会加剧疫情。简言之，印尼正在陷入一个两难陷阱。印尼进行封城的严厉措施没有维持多久，已有包括政治法律安全统筹部部长、经济统筹部部长、财政部部长、工业部部长等在内的多名内阁部长在不同场合表示政府正考虑“放松限制”，其理由都是从4月中下旬各地陆续实施的“大规模社区隔离”已对印尼经济产生巨大影响。数据显示，印尼2020年第一季度GDP增速为2.97%，创下近20年来新低。因为从4月中下旬至5月初印尼各地才不同程度实施“大规模社区隔离”措施，经济官员预测第二季度的经济状况将“更加糟糕”。随着统计数字的出炉，印尼开始出现对实施“大规模社区隔离”措施效果进行评估的声音。5月7日，总统佐科在印尼内阁视频会议上表示“希望经济轮子可以继续滚动”。但是，放松管制的风险也很大，公民联盟（The Citizens Coalition）代表海德亚娜（Irma Hidayana）认为印尼放松管制的决定不是建立在真实数据的基础上。② 印尼的《雅加达邮报》支持上述判断，认为在其他国家开始放松管制时，印尼也准备放松管制是不合适的，一方面是这些国家放松管制仍然有很大风险，另一方面印尼的情况与其他国家不同，“放松限制”的风险太大。③

这就是疫情在印尼造成的两难困境：处理疫情的效率越高、效果越好，其造成的经济局势就越糟糕，相反，如果要维持经济增长与就业，其处理疫

① 《印尼财长：全国贫困率受疫情影响或倒退近10年》，〔印尼〕《新报》（电子版）2020年5月9日第三版。

② “New Normal Jokowi dan Berdamai dengan Covid－19 Butuh Prasyarat,” *Tempo*, 2020－5－18, https：//fokus. tempo. co/read/1343576/new－normal－jokowi－dan－berdamai－dengan－covid－19－butuh－prasyarat/full&view＝ok.

③ “Too big a Risk,” *The Jakarta Post*, 2020－5－9, https：//www. thejakartapost. com/academia/2020/05/09/too－big－a－risk. html.

情的效率就会越低、效果越差。印尼疫情问题的处理实际上变成了一个经济问题，考验着印尼的经济能力。现在印尼政府正处于非常艰难的境地，一方面为了预防和击败新冠病毒在国内的传播而必须采取严厉的措施，另一方面也为脆弱的国家经济与社会稳定而苦恼不已。

还有就是印尼的医疗设施供应不足与地区不均衡问题。与发达国家相比，印度尼西亚脆弱的医疗机构、落后的公共卫生系统等带来极大风险。在印尼，最开始几乎没有进行任何检测。3月，首都雅加达尚不具备成熟的检测能力，所以3月30日印尼通报的确诊1046例和死亡87例的数据很可能被严重低估了。[①] 根据4月5日的报道，雅加达3月死亡人数突然增加，但是没有注明死因，有人猜测可能与新冠肺炎有关，官方的病例可能漏报。印尼的医院、病床等非常有限。印尼总人口为2.6亿，但只有31万张病床。全国有247所转诊医院，即109家军人医院、53家警察医院、65家国家医院和20家穆罕默迪亚医院。此外，印尼还有两个隔离中心，其中一个是雅加达拥有1800个床位的运动员宿舍，另一个是卡朗岛上正在兴建的卡朗医院，可容纳1000名病患，并设有400间隔离病房。印尼的医疗设备以及医务人员严重缺乏，需要外国的援助，这必然影响抗疫效果。[②] 而且，据医院的医生介绍，核算检测是有漏洞的，但印尼的很多医院没有更加有效的CT检查设备。正是由于印尼的医疗设施供应不足，印尼在全球健康指数排名上非常靠后，达不到世界平均水平。

另外，印尼的医疗资源分布很不均衡。长期在印尼生活的丁剑先生观察到，印尼大城市设施先进，医生人数较多，但是在农村地区、偏远岛屿和边境的人群，即使参加了医保，也很难获得有效的治疗。不少雅加达外围的医院，一个医生一天只能得到一个口罩，而且只是普通医用口罩。一个质量合

---

① “Amy Searight, Southeast Asian Responses to COVID-19: Diversity in the Face of Adversity, the Center for Strategic and International Studies,” 2020-3-27, https://www.csis.org/analysis/southeast-asian-responses-covid-19-diversity-face-adversity.

② 廖建裕：《印尼应对疫情的两难》，《联合早报》2020年4月8日，https://www.zaobao.com.sg/zopinions/views/story20200408-1043832。

格的医用口罩，通常也只能用 3~4 小时，而在这个特殊时期，很多医生的工作时间会达到 12 小时。各个外岛的很多医院的情况更糟糕。很多捐献的防护服明明是一次性的，医生却洗了不停地穿，还有的医院是几个医生共用一套防护服，轮班的时候换着穿。在疫情的影响下，一些小诊所升级成为小医院，一些 C 级医院升级成为 B 级医院，B 级医院升级成为 A 级医院。如果在平时，医院升级是好事。但在这个特殊时期，医院升级的原因不是这家医院突然各方面都好了，而是政府需要该医院在设备、人员、系统都没有升级的情况下，让其承担更多的医护任务。这就容易引起很多问题，如某些护士根本没有足够时间接受培训如何进入隔离病房就匆匆上阵了，很多医生也没有准备充分就上前线了。有的医院各种医疗资源都没有跟上，就被指定成为隔离医院了。不少医院不是不打没有准备的仗，而是根本没有时间去准备。①

而且受大规模社会限制措施的影响，印尼部分地区的物流不畅，特别是偏远地区。4 月 14 日，印尼政府抗灾指挥部表示，雅加达飞往东部的航班已经暂停，特别是巴布亚地区。这就导致中央政府分发给该地的医疗物资很难发放到当地居民手中。政府只得征用军用运输机进行运输，但是医疗物资抵达当地首府后，再往下发放仍然存在很大难度。②

再有，印尼的宗教与社会传统对处理疫情也有不利影响。2 月 11 日和 15 日，印尼卫生部部长特拉万夸耀说印尼至今没有一个公民或者居住在印尼的外国人染上新冠肺炎。特拉万说，这是印尼民众向上苍祈祷的结果。他一再强调祈祷的重要性，还鼓励教徒群集体做“忏悔祈祷”。其实，群集祈祷更可能加剧疫情的蔓延。目前，雅加达落实“大规模社区隔离”已有一段时间，但清真寺仍然挤挤攘攘。一些熟悉印尼的观察者发现，印尼人非常喜欢聚众集会，日常生活中要么数个朋友蹲在一起边喝咖啡边聊天，要么去宗教场所一起做朝拜，如果突然强制他们待在家中，他们会非常不适应。这

① 《印尼医院的惨状已经超出你想象》，腾讯网，2020 年 5 月 3 日，https：//news. qq. com/rain/a/20200503A0095k00。

② 许利平：《印尼在质疑和担心中抗击疫情》，《世界知识》2020 年第 9 期。

些日常习惯很难改变，其对疫情防控也必然有很大影响。

但中印尼人文交流的果实正在成为中印尼卫生合作继续发展的深层支撑。武汉虽然是疫情的焦点，但对那些曾在这里居住的印尼人来说，这座魅力之城仍然让他们倍感思念，伊娃·泰贝（Eva Taibe）是在武汉华中师范大学留学的印尼学生，在接受澳大利亚广播公司采访时，泰贝表示，她希望尽快回到武汉完成她的最终评估。华中师范大学的另一名印尼留学生吉拉德·欧坦蒂（Gerard Ertandy）说真的希望可以返回武汉参加自己的毕业典礼。在雅加达，北京外国语大学的印尼留学生韩丽美在接受中新社记者专访时说，非常想念武汉热干面的香，想念中国老师和朋友，期望能尽快返回中国继续学业。韩丽美称自己与武汉“特别有缘”：2018 年暑假，她参加了华中师范大学组织的“东盟国家大学生领袖感知中国夏令营”活动，“这是我第一次到武汉，也是第一次来到中国”，“在湖北省博物馆聆听美妙的编钟表演、在黄鹤楼前与热心的武汉市民合影和交谈，我感受到了武汉社会和谐，人民生活幸福……一切都是那么让人难忘”。2020 年 1 月 15 日，韩丽美到了武汉，住在华中师范大学的印尼好朋友处，准备一起在武汉过春节、度寒假。但突如其来的新冠肺炎疫情改变了一切。但韩丽美说被“困”在武汉时看到中国政府采取了非常果断、非常正确的防控措施，将病毒传播扩散的途径一下子就切断了，“我第一次看到有这么强有力的政府、这么强大的动员能力”，“成效令人敬佩”。在武汉期间，韩丽美可以从华中师范大学免费得到口罩、洗手液等；每日三餐由后勤人员送至宿舍门口，包括牛奶、肉、蛋、蔬菜，“在武汉半个多月时间我都长胖了，印尼在武汉的 200 多名留学生没有一个人感染肺炎”。2 月初回到印尼的韩丽美说她十分牵挂在武汉的中国朋友和老师，经常通过微信跟他们聊天，了解中国抗“疫”进展。同时，她多次接受印尼主流媒体采访，通过电视、报纸和网络向印尼民众介绍中国防控疫情的好做法，以及在武汉的印尼人所得到的帮助和照顾。韩丽美说，自己的目标是在中国攻读博士，然后回印尼高校当老师，投身中华文化的传播，让更多印尼青年学生更好地了解中国、学习中国，建设和发展印尼。[①] 这些受益于中印尼人文交流的印尼普通民众的真实想法清清楚楚地告诉我们，中印尼副总理级人文交流机制正在结出果实。当然，如果要让中印尼人文交流的果实更加成熟，人文交流应该更好地延续下去。就此而言，我们建议，已经暂停了两年的中印尼副总理级人文交流机制会议应该在合适的时间与地点重新召开。

结 语

印尼人口众多，但是工业能力不强，是一个消费型而不是生产型国家。在疫情来袭时，印尼国内能够生产医疗防护用品的工厂屈指可数，并且还受限于国外的原料供应。印尼当地的医院数量和医疗机构都不足以应对疫情的传播，医疗设备、化验设备和药品都依靠从国外进口。3 月 18 日，印尼外长召开电话视频会议，要求印尼驻外国的大使想方设法从这些国家进口新冠病毒检测试剂。[②] 马尔苏迪也公开撰文，号召各国在面对疫情时千万不要忘记集体合作的重要性，并提出进行集体合作的四个关键领域。[③] 与欧美国家不同，印尼很难完全依靠自身去处理一个极为复杂且重大的公共卫生事件。正如上文所言，通过与中国的卫生合作，印尼的抗疫工作取得了更大的成效。

由于印尼中央政府禁止了开斋节前的返乡潮（Mudik），“大规模社区隔离”措施也在继续推行，印尼医师协会的代主席布迪阿托（Slamet

① 《海外看战“疫”：想念武汉热干面的香 期望尽快返回中国继续学业》，中国新闻网，2020 年 3 月 19 日，http://www.chinanews.com/gj/2020/03-19/9130397.shtml。

② “Rush Lobbying for Detectors,” *Tempo*, 2020-3-24, https://magz.tempo.co/read/36519/rush-lobbying-for-detectors.

③ Retno L. P. Marsudi, “Cooperation: The Catalyst for Fighting the COVID-19 Crisis,” *The Jakarta Post*, 2020-3-25, https://www.thejakartapost.com/academia/2020/03/24/cooperation-the-catalyst-for-fighting-the-covid-19-crisis.html.

Budiarto）认为这有可能打破新冠病毒的传播渠道。① 我们期待，在中印尼卫生合作的助力下，印尼的疫情能够尽快得到控制，中印尼之间的人文交流也能够向纵深迈进。

① "Coronavirus Outbreak may End in June with 'Mudik' Ban: IDI," *The Jakarta Post*, 2020-4-22, https://www.thejakartapost.com/news/2020/04/22/coronavirus-outbreak-may-end-in-june-with-mudik-ban-idi.html. Mudik 在印尼语中是指数以百万计的人在庆祝开斋节（类似于中国的春节）期间从外地返乡、与家人团聚的现象。

印尼旅游业发展及中国与印度尼西亚旅游合作：已有成果和2019年进展

林　梅　那文鹏*

摘　要： 印尼是东南亚最大的经济体，拥有丰富的旅游资源，旅游业成为印尼经济的支柱产业之一。中国作为世界人口和经济大国，随着人均收入的提高，成为印尼、东南亚乃至世界的重要旅游客源国。鉴于此，中印尼两国政府把旅游合作列为两国人文交流的重要内容。两国之间的旅游合作包括备忘录签订、合作机制建立、旅游推广、政企合作、旅游媒体合作和旅游人才培养等方面，旅游合作的直接成果表现为旅游互访人数、就业和外汇收入的增加。在两国政府不断加强旅游合作的同时，应正视合作中存在客流量不对称、合作广度和深度不够、旅游安全管理等方面的问题，加强两国发展战略对接、优化旅游环境、创新旅游产品和推广模式，特别是面对突发公共安全事件时，如何强化合作以减少对旅游业的冲击。

关键词： 印度尼西亚　人文交流　旅游合作

一　印尼旅游业的发展现状及其产业竞争力

印尼是世界上旅游资源最为丰富的国家之一，以风光旖旎的自然景观和

* 林梅，厦门大学国际关系暨南洋研究院副教授，研究领域为印尼经济；那文鹏，厦门大学国际关系暨南洋研究院博士。

光辉璀璨的文明遗迹闻名于世。在印尼政府的长期经营下，旅游业成为印尼经济的驱动器和支柱产业，发挥着创造就业和出口创汇等重要功能。近年来，印尼政府对旅游业的重视程度日益提高，制订了详细的发展计划以开发本国的旅游资源，印尼旅游业的竞争力不断增强。

（一）印尼旅游资源与产业发展现状

印尼是由大约 1.7 万个岛屿组成的“千岛之国”，地处亚欧板块与印度洋板块的交界地带，拥有典型的热带雨林气候，被誉为“赤道上的翡翠”。独特的地理位置为印尼带来了绚丽的自然风光，科莫多国家公园、马戎格库龙国家公园、洛伦茨国家公园和苏门答腊热带雨林，位列联合国教科文组织制定的世界自然遗产名录，总数在东南亚国家中居首位。与此同时，由于身处海上交通的“十字路口”，不同文明与宗教在印尼汇聚融通，塑造了印尼多元包容的文化特征。婆罗浮屠、普兰巴南和巴厘岛文化等文明遗迹，赋予了印尼厚重浓郁的文化底蕴，成为印尼招揽国际游客的重要基础。此外，作为世界最大的群岛国家和穆斯林人口大国，印尼在发展滨海旅游和伊斯兰教特色旅游等领域潜力巨大，具有广阔的发展空间和市场前景。

近年来，印尼旅游业的发展势头良好，旅客人数较快增加。印尼旅游和创意经济部的数据显示，2010~2019 年，印尼的国际旅客数量由 700.29 万人增长至 1628.23 万人，年均增长率为 8.80%。其中，2019 年通过空运交通进入印尼的人数为 986.91 万人，占所有旅客的 60.61%，主要登陆口岸为巴厘岛、苏加诺-哈达、朱安达、瓜拉纳穆、万隆等 16 个国际机场；通过海运交通进入印尼的人数为 421.88 万人，占所有旅客的 25.91%，主要登陆口岸为巴丹岛、丹戎乌班、丹绒槟榔、丹绒峇莱等 6 个港口；通过陆运交通进入印尼的人数为 219.44 万人，占所有旅客的 13.48%，主要登陆地点为查亚普拉、阿坦布阿、恩迪贡等 5 个城市。[①]

① “Data Kunjungan Wisatawan Mancanegara Bulanan Tahun 2019,” Kementerian Pariwisata dan Ekonomi Kreatif Republik Indonesia, http://www.kemenparekraf.go.id/post/statistic-of-international-visitor-arrivals-2019.

国际游客的大量涌入，为印尼旅游业带来了丰厚的收益，并创造了众多的就业机会。据印尼统计局（BPS）统计，旅客在印尼的平均停留时间由2010年的8.04天延长至2018年的8.64天，同时每位游客的平均支出由135.01美元提高为141.17美元。在此因素的驱动下，印尼旅游业的出口收入由2010年的69.58亿美元提高为2019年的169.12亿美元，年均增长率为10.37%，在服务贸易出口收入中所占比重由41.74%提高至52.13%；旅游业的出口净收入由5.63亿美元提高为55.91亿美元，年均增长率为29.06%。2019年前三季度，印尼旅游业累计获得收入124.62亿美元，较上年同期增长0.95%。[①] 与此同时，旅游业的快速发展为印尼创造了大量劳动岗位，对缓解本国较高的失业率具有积极意义。印尼统计局的数据表明，印尼旅游业就业人口占总就业人口中的比重，由2015年的9.03%提高至2018年的11.17%，旅游业成为印尼吸纳劳动力的重要部门。旅游业对印尼GDP的贡献率保持基本稳定的态势，2015～2017年分别为4.13%、4.25%和4.13%。[②]

旅游业是多面向和多层次的经济部门，其自身的快速发展有赖于上下游产业的共同协作，同时旅游业的高速增长为配套产业提供了机遇。印尼国际游客的不断增加也刺激了印尼的交通运输、酒店住宿和食品餐饮等产业不断完善，为印尼旅游业的未来发展奠定了良好基础。根据印尼统计局的数据，2010～2018年，印尼的星级酒店数量由1306家增加为3314家，可以提供的房间由12.48万间增加为31.41万间，能够提供的床位由19.19万个增加为45.46万个[③]；非星级酒店的数量由13281家增加为24916家，可以提供的

① "Statistik Ekonomi dan Keuangan Indonesia（SEKI），" Bank Indonesia（BI），https：//www.bi.go.id/id/statistik/seki/terkini/eksternal/Contents/Default.aspx.

② "Proporsi Kontribusi Pariwisata Terhadap PDB，2015－2017，" Badan Pusat Statistik（BPS），https：//www.bps.go.id/dynamictable/2018/05/18/1329/proporsi－kontribusi－pariwisata－terhadap-pdb-2015---2017.html.

③ "Jumlah Akomodasi，Kamar，dan Tempat Tidur yang Tersedia pada Hotel Bintang Menurut Provinsi，2000－2018，" Badan Pusat Statistik（BPS），https：//www.bps.go.id/dynamictable/2015/12/28/1096/jumlah-akomodasi－kamar－dan－tempat－tidur－yang－tersedia－pada－hotel－bintang-menurut-provinsi-2000-2018.html.

房间由22.83万间增加为39.82万间，能够提供的床位由35.07万张增加为48.97万张。① 与此同时，受印尼国际旅游需求旺盛的影响，印尼酒店的入住率和入住时间有所变化。2010～2018年，印尼星际酒店的平均入住率由48.86%提高为58.75%，旅客平均停留时间由2.64夜延长至2.90夜；非星级酒店的平均入住率由35.98%降至33.18%，旅客平均停留时间由2.83夜略微缩减至2.79夜。这样的变化表明，随着住宿设施的改善，印尼的旅客更偏爱高端旅游配套设施。

（二）印尼旅游业的发展目标与规划

为了更好地开发本国旅游资源和推动旅游业发展，印尼政府制定了详细的产业发展规划。2011年第50号政府条例公布了《2010～2025年国家旅游业发展总体规划》（RIPPARNAS），将其作为印尼旅游业的长期蓝图。在2015年第2号总统条例《2015～2019年国家中期发展计划》（RPJMN）中，印尼政府再次确认了该规划的战略目标和基本内容，将之作为国家中期发展阶段的工作重心。在总体规划中，印尼正式确立了旅游业发展的长期愿景，即成为世界级的旅游目的地，具备竞争力和可持续性，鼓励区域发展和谋取人民福利。与之相配套，印尼政府制定了具体的数字目标。如表1所示，印尼旅游部将2008年作为基年，计划在2025年将印尼的入境游客人数由640万提高至1500万～2000万，将国内旅游人数由2.25亿提高至3.28亿～3.71亿。同时，印尼旅游业的外汇收入将由73亿美元增长至150亿～170亿美元，国内旅游支出由123.17万亿盾增长至229.60万亿～259.70万亿盾。印尼旅游业对GDP的贡献率由4.7%提高至5.0%～6.0%。②

① "Jumlah Akomodasi, Kamar, dan Tempat Tidur yang Tersedia pada Hotel Nonbintang Menurut Provinsi, 2004-2018," Badan Pusat Statistik (BPS), https://www.bps.go.id/dynamictable/2015/12/28/1097/jumlah-akomodasi-kamar-dan-tempat-tidur-yang-tersedia-pada-hotel-nonbintang-menurut-provinsi-2004-2018.html.

② "Peraturan Pemerintah Republik Indonesia Nomor 50 Tahun 2011," Kementerian Pariwisata dan Ekonomi Kreatif Republik Indonesia, http://www.kemenparekraf.go.id/post/peraturan-pemerintah-republik-indonesia-nomor-50-tahun-2011.

表 1　2010~2025 年印尼旅游业发展目标

指标	2008 年	2025 年	
		消极预期	积极预期
游客入境人数（百万）	6.4	15.0	20.0
国内旅游人数（百万）	225.0	328.0	371.0
国际旅游外汇收入（亿美元）	73.0	150.0	170.0
国内旅游支出金额（万亿盾）	123.17	229.6	259.7
旅游业占 GDP 比重（%）	4.7	5.0	6.0

资料来源：根据 Tentang Rencana Induk Pembangunan Kepariwisataan Nasional Tahun 2010－2025 的相关数据编制。

在具体的实践过程中，印尼设置了 50 个全国性的旅游目的地（DPN）和 88 个具有旅游功能或具有发展潜力的国家旅游战略区（KSPN）。其中，国家旅游目的地覆盖省级以上的地理区域，将通过产品与服务包装，形成具有强大竞争力的旅游产品网络，并强化旅游地的无障碍旅游基础设施建设以及与其他相关行业的配合能力。88 个国家旅游战略区散布于 50 个国家旅游目的地内部，其设立不仅注重旅游潜力的挖掘和旅游市场的开拓，更注重旅游区在吸引投资、维护领土完整、保护生态环境、保存和利用文化遗产、支持当地社区发展等方面的作用，具有极强的经济和社会价值。在旅游目的地和战略区的地理分布上，既注重已开发地区的产业升级，又强调未开发地区旅游资源的挖掘与利用。具体而言，巴厘岛、爪哇岛和苏门答腊岛等地区，由于具有悠久的文化传统和绮丽多姿的自然风光以及数量众多的当地人口和规模庞大的经济优势，仍旧在印尼政府的旅游业发展规划中处于重要战略地位。与此同时，印尼开始注重加里曼丹岛、苏拉威西群岛、马鲁古群岛和巴布亚地区的旅游资源开发。

为了确保各项目标按期实现，印尼政府在旅游业长期规划中，确立了四大具体实施策略，旨在全方位地为旅游业建设提供指导与支持。一是旅游目的地开发计划。关注国内旅游资源的开发和培育，强调制定并实施与旅游目的地和战略区相关的规划与法规，通过细分旅游市场提高景点的质量和活力，通过加强交通运输基础设施提高旅游区的可及性，通过改善投资便利度和激励措施吸引中小企业参与旅游区建设。二是旅游市场发展计划。聚焦广告宣传工作，其措施主要包括以可持续的方式塑造印尼旅游业形象，发展旅游营销合作伙伴关系以开发新兴市场，开展特定主题的促销活动以加快游客流动。三是旅游产业发展计划。侧重于强化市场主体间的合作关系，主要内容包括提高旅游业的质量和多样性，构建多层次的旅游业价值链，推动政府、商业界和当地社区形成业务伙伴关系。四是旅游机构发展计划。注重组织机构改革和人力资源开发，提出加快官僚体系和绩效机制改革，建设旅游组织内部和跨部门间的同步协调机制，提升旅游领域的教育培训和企业家技能，加大针对旅游业发展和营销的研究力度。

在此长期发展规划的框架下，印尼总统佐科借鉴巴厘岛旅游业的成功经验，提出要在印尼兴建 10 个“新巴厘岛”景区，分别为西努省的曼达利卡（Mandalika）、北马鲁古省的摩罗泰岛（Morotai）、邦加勿里洞省的丹绒格拉洋（Tanjung Kelayang）、苏北省的多巴湖（Danau Toba）、中苏省的瓦卡多比（Wakatobi）、中爪省的婆罗浮屠塔（Borobudur）、雅加达专区省的千群岛（Kepulauan Seribu）、万丹省的丹绒勒松（Tanjung Lesung）、东爪省的布洛摩（Bromo Tengger Semeru）和东努省的拉布安巴佐（Labuan Bajo）。由于财政能力有限，目前印尼将其中的 5 个景区列为优先发展事项，并加快建设内部的交通道路、清洁水源、废物管理、卫生设施和住房改造等工程。2019 年 9 月，印尼交通部部长表示将为此拨款 2.95 万亿盾，同时公共工程与民居部部长也曾表示要为之支出 1.70 万亿盾。[①] 此外，着眼于本国丰富的伊斯兰文化和穆斯林人口，印尼政府尝试发展独具特色的清真旅游业。2019 年 4 月，印尼被全球穆斯林旅游指数 GMTI 确定为全球最佳清真旅游目的

---

① 《政府优先发展五大旅游景区》，〔印尼〕《国际日报》2019 年 9 月 12 日，http://www.guojiribao.com/shtml/gjrb/20190912/1497194.shtml。

地，优于世界其他 130 个国家或地区。①

（三）印尼旅游业的国际竞争力

由于印尼本国旅游资源丰富，同时政府将旅游业作为出口创汇的重要部分，印尼旅游业的国际竞争力不断增强。在世界经济论坛（WEF）发布的《2019 年旅行与旅游竞争力报告》中，印尼旅游业的表现良好。具体而言，该报告设立了四大指标体系、14 个子指标系统和 90 个具体指标，并赋予每个指标体系 25%的权重，最后将各项得分加总以获得最终结果。在 2019 年的报告中，印尼的旅游业国际竞争力在 140 个国家中居第 40 位，在东南亚国家中居第 4 位，低于新加坡（第 17 名）、马来西亚（第 29 名）、泰国（第 31 名），高于越南（第 63 名）、文莱（第 72 名）、菲律宾（第 75 名）、老挝（第 97 名）和柬埔寨（第 98 名）。

在竞争力报告的四大指标体系中，印尼的旅游环境得分为 4.84，高于世界平均水平 0.04 分；旅游政策得分为 4.96，高于世界平均水平 0.56 分；旅游设施得分为 3.45，低于世界平均水平 0.05 分；旅游资源得分为 3.82，高于世界平均水平 1.13 分。此外，在 14 项子指标系统中，印尼仅在健康与卫生、环境可持续性、陆地和港口交通设施、旅游服务设施 4 项指标得分低于世界平均水平，其他 10 项指标均处于世界平均线以上。由此可知，印尼在旅游政策和旅游资源方面具有较强的国际竞争力，但在旅游环境和旅游设施方面的竞争力相对较弱。作为东南亚经济规模最大的发展中国家，印尼旅游业虽然拥有优质的旅游资源和良好的发展前景，但仍需不断改善旅游业的配套设施。

近年来，随着印尼政府的旅游业发展战略逐步落地实施，印尼旅游业的国际竞争力进一步增强。表 2 展示了 2017 年和 2019 年印尼旅游业国际竞争力的变动情况，从中可以看出，印尼旅游业的大部分指标得分在此期间获得提高，在世界中的排名有所上升。总体而言，印尼旅游业的总体竞争力指数

① 《全球穆斯林最佳旅游景点》，〔印尼〕《国际日报》2019 年 4 月 11 日，http://www.guojiribao.com/shtml/gjrb/20190411/1479299.shtml。

前进两位，其中旅游环境和旅游政策两项子指标的排名有所提高，旅游设施和旅游资源两项子指标的排名有所降低。在 14 项具体指标中，印尼的商业环境、安全环境、健康与卫生、人力资源与劳动力市场、ICT 普及性、旅游业发展优先度、国际开放度、陆地和港口交通设施，较 2017 年的排名有不同程度的提高；但在价格竞争力、环境可持续性、航空交通设施、旅游服务设施、自然旅游资源、文化资源与商务旅行方面，排名较此前有所降低。因此，在国际旅游产业竞争加剧和印尼国内交通成本相对较高的背景下，印尼只有加强基础设施建设和旅游资源开发，才能保持本国旅游业较高的国际竞争力。

表 2　2017 年和 2019 年印尼旅游业国际竞争力指数

评价指标	2017 年		2019 年	
	得分	排名	得分	排名
旅游竞争力总指数	4.2	42	4.3	40
一、旅游环境子指标	4.5	87	4.8	72
1. 商业环境	4.5	60	4.7	50
2. 安全环境	5.1	91	5.4	80
3. 健康与卫生	4.3	108	4.5	102
4. 人力资源与劳动市场	4.6	64	4.9	44
5. ICT 普及性	3.8	91	4.7	67
二、旅游政策子指标	4.8	5	5.0	4
1. 旅游业发展优先度	5.6	12	5.9	10
2. 国际开放度	4.3	17	4.3	16
3. 价格竞争力	6.0	5	3.5	6
4. 环境可持续性	3.2	131	6.2	135
三、旅游设施子指标	3.4	66	3.5	71
1. 航空交通设施	3.8	36	3.9	38
2. 陆地和港口交通设施	3.2	69	3.3	66
3. 旅游服务设施	3.1	96	3.1	98
四、旅游资源子指标	4.0	16	3.8	18
1. 自然旅游资源	4.7	14	4.5	17
2. 文化资源与商务旅行	3.3	23	3.2	24

资料来源：根据 WEF Travel and Tourism Competitiveness Report 2017、2019 的相关数据编制。

二　中印尼旅游产业合作成果及2019年的合作进展

中国与印尼均是人口众多和旅游资源丰富的国家，双方在旅游合作领域具有广阔的发展潜力。21世纪以来，两国政府开始在旅游业领域展开双边合作。两国政府通过签订合作备忘录、建立双边合作机制、推广促销和便利化措施、联合培养旅游人才等方式，不断加强两国间的旅游合作。

（一）签署旅游合作备忘录以建立中印尼双边合作机制保障

2000年7月中印尼两国政府签署《旅游合作谅解备忘录》，2001年11月签署《旅游实施方案谅解备忘录》，标志着双方旅游合作开始走向机制化。根据相关条款，两国将在旅游业务往来、公民互访、吸引第三国游客、便利旅游促销活动、交换旅游信息和资料等方面展开密切合作。双方认为，必要时举行双边旅游会晤以商讨两国旅游合作事宜和符合本谅解备忘录宗旨的合作程序、计划及建议项目。2005年4月，中国与印尼建立战略伙伴关系，并在《关于建立战略伙伴关系的联合宣言》中明确提出要开展旅游等文化合作，确保中印尼友谊世代相传。2013年10月，中国国家主席习近平出访印尼，其间宣布将两国关系提升为全面战略伙伴关系，双方不仅续签了《旅游合作谅解备忘录》，还在《中印尼全面战略伙伴关系未来规划》中同意联合开展旅游推介活动，促进旅游便利化，提高能力建设，鼓励扩大对旅游产业的投资。2015年3月，习近平再次出访印尼，双方发布了《关于加强两国全面战略伙伴关系的联合声明》，同意进一步加强双边和多边的旅游合作，并决定建立副总理级人文交流机制。截至2017年11月，中印尼副总理级人文交流机制共召开了三次会议，旅游成为双方确定的八个人文交流领域之一。2018年5月，中国国务院总理李克强访问印尼，两国在联合声明中重申加强旅游业领域的交流与合作。自两国签署合作备忘录以来，旅游合作一直是两国合作的重要内容。

（二）依托东盟多边机制拓展双方旅游合作平台

除了双边合作机制，中国与印尼还依托东盟平台，开展多边旅游合作。2002 年，东盟与中日韩（10+3）旅游部长会议首度在印尼巴厘岛召开，并于此后每年举办一次，现已成为中国与印尼等东盟国家开展多边合作的重要渠道，并取得了丰硕的成果。2016 年 1 月，第 15 届部长会议在菲律宾马尼拉召开，各国签署了《东盟与中日韩旅游合作备忘录》，成为该机制下旅游合作的重要里程碑。2018 年 1 月，第 17 届部长会议在泰国召开，讨论并通过了《东盟与中日韩旅游合作工作计划（2018～2020）》，确定了日后工作的发展方向。2020 年 1 月，第 19 届部长会议在文莱斯里巴加湾市举行，各方代表回顾了 2019 年所完成的工作，包括 7 月召开的环境管理标准论坛、8 月召开的旅游青年峰会、9 月召开的改善乡村旅游产品研讨会等活动，并就推动旅游酒店服务业发展等合作事宜交换了意见。此外，在 2019 年 5 月的第 25 次中国-东盟高官磋商中，各方表示将启动制订《落实中国-东盟面向和平与繁荣的战略伙伴关系联合宣言行动计划（2021～2025）》，旨在促进包括人文旅游在内的多领域合作。

在中国与东盟的多边旅游合作机制下，印尼作为东盟重要的成员国，其旅游业的发展受益颇深。2019 年以来，中国各地举办了许多旅游合作项目，其中广西凭借与东盟相邻的地理优势，聚焦文化旅游和健康旅游等新兴领域，与印尼等国进行了密切互动。在此期间，广西先后举办了中国（广西）-东盟文化旅游周、中国-东盟博览会旅游展、中国-东盟传统医药健康旅游国际论坛、中国-东盟体育旅游活力月等活动，并邀请印尼的主管官员和商界人士广泛参与。在这些活动中，印尼通过设立展台等方式推介本国旅游资源，强化了与中国及东盟其他国家的旅游产业联系。与此同时，中国其他省区市也看准了与印尼等国进行旅游合作的良好前景，组织策划了多样化的交流活动，包括 8 月 20 日在贵阳举办的中国-东盟“一带一路”文化旅游交流周、9 月 4 日在银川举办的第四届中国-阿拉伯国家旅行商大会、9 月 5 日在峨眉山市举办的第三届中国-东盟旅游节、11 月 15 日在昆明举办的中国国际旅游交易会等。通过这些活动，印尼不仅宣传了本国的优质旅游线路，还加大了招商引资力度，并在中国国际旅游交易会上荣获最佳组织奖、最佳展位奖和优秀广告奖。①

（三）旅游推广成为两国旅游合作的有效路径

在中国与印尼的双边旅游合作框架和机制下，2019 年中印尼两国加大旅游推广。印尼方面，印尼政府不断加大在中国的旅游推介力度，吸引中国游客赴印尼旅游。2019 年全年，印尼旅游与创意经济部主导的“精彩印尼”推介会在深圳、上海、沈阳、南京、天津、珠海、梅州、南昌、西安等地路演，重点宣传十个“新巴厘岛”旅游目的地以及十个品牌旅游目的地项目，包括巴厘岛、龙目岛、雅加达、廖内群岛、棉兰、望加锡、万隆、外南梦、日惹和珊瑚三角洲。与之相配套，印尼还推出了三大优先项目，即以品牌宣传、广告投放和产品销售为主的常规项目，以无障碍旅游、热门交易和竞争目的地模式为主的升级项目，以边境旅游、旅游枢纽和低成本终端为主的终极项目。其中，旅游枢纽是利用新加坡作为无障碍航班转乘站，促进游客通过中转的方式访问印尼的巴淡岛和民丹岛等地。中国方面，中国各地方政府纷纷前往印尼，宣传和推广本地的旅游资源。例如，2019 年 2 月 16 日，北京市文化和旅游局在雅加达主办了“激情冰雪·魅力北京”旅游图片展以及北京旅游公众日活动；10 月 25 日，宁夏文化和旅游厅主办的“美丽中国·神奇宁夏”推介会在雅加达举办，该活动以“塞上江南新形象，神奇美丽共发展”为主题，宣传了宁夏的风土人情；11 月 15 日，山东省文化和旅游厅在雅加达推介旅游项目，活动以“孔子家乡　好客山东”为名；12 月 9 日，海南三亚市在雅加达开展旅游推广工作，并成立了三亚旅游（印度尼西亚）推广中心。②

---

① 《印度尼西亚国家旅游与创意经济部在 2019 中国国际旅游交易会上大放异彩》，〔印尼〕《国际日报》2019 年 11 月 28 日，http：//www. guojiribao. com/shtml/gjrb/20191128/1508836. shtml。

② 《三亚旅游推广中心落户雅京》，〔印尼〕《国际日报》2019 年 12 月 11 日，http：//www. guojiribao. com/shtml/gjrb/20191211/1510388. shtml。

旅游媒体合作将进一步扩大双方的旅游推广力度。2019 年 7 月 22 日，中印尼旅游合作媒体对话会在印尼巴厘岛举行。此次活动由中国公共外交协会、中国驻登巴萨总领事馆及巴厘旅游理事会共同主办。双方媒体就如何进一步加强两国在旅游业领域的合作进行了深入讨论。[①]

（四）企业参与为中印尼旅游合作和推广注入全新活力

企业作为重要的微观市场主体，在中国与印尼的旅游合作中发挥着重要作用，即所谓“政府搭台、企业唱戏”。近年来，在政府合作机制的引导下，双方旅游机构和旅游企业不断加强交往和业务合作。

首先，印尼的旅航公司在中国各地开辟直飞航线，有效地消除了印尼旅游目的地遥远、旅游交通设施建设滞后、旅游服务水平偏低等因素对中国游客赴印尼的阻碍作用。2019 年以来，数家印尼航空公司在中国的重点客源城市增设直飞路线，并在春节等节假日期间开设旅游包机，极大地方便了中国游客的出行。例如，印尼 Citilink 航空公司于 2019 年 7 月开设昆明直飞梭罗和日惹的航线，2020 年 1 月先后开设贵阳直飞北苏拉威西省首府美娜多和昆明直飞西苏门答腊省首府巴东的航线[②]；狮子航空（Lion Air）在 2019 年 3 月和 7 月分别开设由西安和南京直飞美娜多的航线，同年 12 月开设深圳到巴淡的航线；苏拉维加亚航空（Sriwijaya Air）于 2019 年 4 月开设南宁直飞美娜多的航线。日惹是爪哇文化发祥地，美娜多有着“世界潜水胜地之冠”的美誉，但其丰富的旅游资源开发不足。因此，印尼航空公司选取这些城市作为直飞目的地，有利于开发新的旅游项目，为当地旅游业增加客流量。

其次，印尼政府特别强化与中国互联网公司的交流与互动，借助数字旅游兴起的时代机遇，不断开发年轻旅客市场。早在 2013 年 11 月，印尼旅游

① 中华人民共和国驻登巴萨领事馆：《中印尼旅游合作媒体对话会在巴厘岛举行》，http：//denpasar. china-consulate. org/chn/gdxw/t1683216. htm。

② 《Citilink 提供梭罗-昆明直航服务》，〔印尼〕《国际日报》2019 年 8 月 3 日，http：//www. guojiribao. com/shtml/gjrb/20190803/1491999. shtml。

与创意经济部就曾与中国的携程旅行网签署《关于共同推广印度尼西亚旅游的谅解备忘录》，将携程网认证为中国市场独家网络营销推广合作伙伴。2018年7月，在雅加达举办的第二届印尼全国旅游大会上，印尼旅游与创意经济部又与中国的途牛旅游网签署《印度尼西亚共和国旅游部 & 途牛旅游网合作备忘录》，双方将在产品研发、媒体营销、内容营销、数据支撑等多个领域开展合作。2019年12月，途牛旅游网联合印尼旅游部在杭州、福州分别举办“2019途牛·印尼旅游嘉年华”商场路演活动，旨在向中国消费者推介5个优先发展目的地旅游产品（分别是美娜多、龙目岛、科莫多、日惹和多巴湖），以吸引更多中国游客前往旅游。2018年8月，TikTok（抖音短视频海外版）成为雅加达亚运会的联合营销合作伙伴，并在协办城市巨港举行了关于旅游资源开发的研讨会。2019年后，TikTok进一步加深与印尼的合作，成为印尼旅游部官方社交媒体的联合品牌伙伴，并与之共同推出“TikTok Travel”计划，鼓励用户利用短视频分享旅游经历。由于线上营销具有覆盖面广、传播速度快、服务针对性强等特点，同时在以“千禧一代”为代表的年轻人群体中接受度较高，因此，印尼政府与中国企业的数字旅游合作有利于提高印尼旅游品牌的知名度和影响力。

最后，印尼政府与中国企业在线下旅游路演活动中密切合作，通过丰富多彩的宣传活动调动了所在地民众的参与积极性。近年来，印尼旅游与创意经济部深耕中国市场，在各地举行的旅游推介会不断增多。在这些活动中，印尼政府选择的中方企业合作伙伴大体可分为两类，其中，第一类为当地旅行服务机构，如2019年6月与中国国旅在北京举行推介会，10月与广之旅国际旅行社在广州进行联合推广，11月与中能天盛航空服务有限公司在西安和郑州进行旅游宣传；第二类为在线旅游服务商，如2019年与途牛旅游网先后在南京、天津、杭州和福州等地进行路演，与携程网在南京、上海和成都等地推介旅游项目，与同程旅游在济南开展印尼旅游狂欢周。作为线上旅游营销的重要补充，线下活动具有更优良的参与体验和互动感受，可以更直观地展示印尼旅游的特色与亮点。

（五）游客互访增加是中印尼旅游合作的最直接成果

随着中国与印尼的旅游合作不断加强以及两国人民收入水平的日益提高，双方互访旅客数量屡创历史新高，彼此成为重要的旅游目的地和客源国。2015 年 6 月，印尼政府为了发展国际旅游业，宣布对中国等 45 个国家或地区实施单方面免签政策，提升了中国游客的出行意愿和便利。在所有旅游方式中，自由行以其个性化强和经济划算的特征，得到了中国赴印尼游客的青睐。根据中国旅游研究院和马蜂窝旅游网联合发布的《中国出境自由行大数据报告 2019》，印尼的旅游热度在所有“一带一路”国家中列第 18 位，其中前五大旅游目的地分别为巴厘岛、日惹、龙目岛、美娜多和蓝梦岛，前五大客源城市分别为北京、上海、广州、深圳和杭州。另外，因为巴厘岛是结婚和蜜月的热门海岛，所以高达 31%的中国游客为情侣关系，该比例显著高于其他东南亚国家。

对于印尼而言，不断增加的中国游客促进了印尼旅游业的发展。根据印尼统计局的数据，2010~2019 年，中国大陆赴印尼的游客数量由 51.12 万人增长为 207.21 万人，在印尼所有国际旅客中的比重由 7.30%提高至 12.86%；中国大陆曾于 2016 年成为印尼第一大国际游客来源地，并于此后三年连续成为仅次于马来西亚的第二大国际游客来源地。① 与此同时，中国游客的平均停留时间由 5.98 天延长至 8.00 天；中国游客的人均日支出由 154.36 美元提高至 173.20 美元，明显高于其他国际游客的平均水平；中国游客的人均支出由 923.33 美元提高至 1385.55 美元，由平均线以下转为平均线以上。

由此可知，中国赴印尼的出境游客具有规模大和消费高的特点，但中国游客在印尼的停留时间与欧美国家比相对较短。相对于规模庞大的中国游

① “Jumlah Kunjungan Wisman Menurut Kebangsaan dan Bulan Kedatangan Tahun 2017 – 2020,” Badan Pusat Statisik（BPS）, https://www.bps.go.id/dynamictable/2018/07/30/1548/jumlah–kunjungan – wisman – menurut – kebangsaan – dan – bulan – kedatangan – tahun – 2017 – – – 2020.html.

客，前往中国的印尼游客数量相对有限，但仍具有很大的发展空间。根据中国国家统计局的数据，2010~2018年，印尼赴中国大陆的游客数量由57.34万人增长至71.19万人，占中国大陆所有国际游客的比重由2.19%提高至2.33%，占中国所有亚洲游客的比重由3.54%提高至3.72%。印尼由中国的第14大客源地上升为第13大客源地，对中国入境游市场的重要性略有提升。[①] 但与其他东盟国家相比，2018年来自印尼的游客数量少于马来西亚（129.15万人）、菲律宾（120.50万人）、新加坡（97.84万人）和泰国（83.85万人），与其庞大的人口数量和经济规模不相称，表明中国对印尼市场的重视程度有待加强。近年来，印尼经济保持着4%~5%的中速增长，人民收入水平不断提高，为中国开拓印尼旅游市场提供了良好的现实条件。

（六）旅游人才合作培养成为深化中印尼旅游合作的重要内容

2017年7月，在中国教育部和国家旅游局的大力支持和指导下，由中国-东盟中心、桂林旅游学院联合中国和东盟18个旅游院校及企业共同发起成立中国-东盟旅游教育联盟，并首次举办中国-东盟旅游教育合作论坛。旅游教育联盟在中国和东盟各设置一个常设主席单位，秘书处设在桂林旅游学院。联盟共有创始成员19个，包括来自东盟的泰国、越南、老挝、柬埔寨、新加坡、印尼、文莱、菲律宾、缅甸和马来西亚等国的10所旅游院校和来自中国的8所旅游院校、1家旅游企业。联盟成立旨在助力"一带一路"建设，共建中国-东盟旅游教育共同体，加强中国和东盟旅游院校合作，培养高素质旅游人才，更好地为中国-东盟区域旅游合作、产业发展和社会进步服务。

2017年12月12日，桂林旅游学院在印尼特里萨克蒂旅游学院（Trisakti Institute of Tourism）设立了中印尼旅游商学院、中印尼旅游研究院。2018年11月23日，桂林旅游学院又与特里萨克蒂旅游学院签订了

① 中国国家统计局：《按国别分外国人境游客》，http://data.stats.gov.cn/easyquery.htm?cn=C01。

《特里萨克蒂旅游学院-桂林旅游学院联合培养硕士研究生实施方案》协议，从 2019 年开始面向中国及“一带一路”国家招生。

2019 年 6 月 19~22 日，中国-东盟旅游教育联盟 2019 年年会在印尼特里萨克蒂旅游学院举行，共有来自中国、印尼、新加坡、马来西亚、菲律宾、泰国以及东盟等国际组织的 100 余位代表参加。[①] 年会围绕旅游专业国际合作办学、跨境校企合作创新、旅游与酒店管理专业内涵发展的诸多问题等内容展开，年会搭建了“一带一路”国家高等教育沟通交流的长效机制，为“一带一路”国家高等教育的相互学习借鉴、共同发展提高提供了平台。

三　中印尼旅游产业合作存在的问题、走向与建议

在双边和多边旅游合作机制下，中国与印尼的旅游合作已取得很多成果，但仍存在一些问题有待解决。面对数字旅游、生态旅游和文化旅游等旅游新业态，未来中印尼两国的旅游合作将向这些方向拓展。为了更好地促进双方旅游合作进一步深化，双方应加强战略对接与政策沟通，最终实现互利共赢。

（一）中印尼旅游合作的现存问题

近年来，中国与印尼的旅游合作向好发展，但仍有一些因素限制了双方旅游潜力的挖掘。

第一，两国的旅游客流量具有不对称性。一方面，中国赴印尼的游客流量明显多于印尼进入中国的游客流量，中国旅游业对印尼市场的关注度相对较低。事实上，任何文化交流都应具有双向性和对等性，但由于交通条件、收入水平和旅游环境等因素的影响，中国对印尼游客的吸引力有待提高。目

① 《特里萨克蒂旅游学院成为中国东盟旅游教育联盟年会和论坛东道主》，〔印尼〕《国际日报》2019 年 6 月 26 日，http://www.guojiribao.com/shtml/gjrb/20190626/1486863.shtml。

前，中印尼之间的旅游通达性偏低，航班的执飞密度、载客数量和覆盖范围比较有限，难以满足两国旅客的现实和未来需求；中国掌握印尼语的高素质旅游从业人员极为稀缺，导致印尼游客在中国面临语言沟通困难，旅游服务质量难以保障；中国旅游业在过去暴露出诱导游客消费和收取回扣等问题，给印尼游客留下了不良印象。另一方面，虽然印尼吸引的中国游客数量较多，但是在空间分布上极不平衡，主要集中在巴厘岛地区，其他景点的游客数量相对不足。与作为旅游业发展核心的巴厘岛相比，印尼其他地区的景区建设相对滞后，未能充分挖掘当地自然和文化景观的多样性魅力，导致其无法为中国游客提供具有差异性的旅游体验，彼此间较强的替代性引发客源争夺。近年来，尽管印尼制订了雄心勃勃的旅游资源开发计划，10个“新巴厘岛”景区建设如火如荼，可其在中国的知名度不高，远未形成广为人知的旅游品牌，难以实现分流游客的作用。

第二，两国旅游合作的广度和深度有待加强。在整个旅游过程中，需要众多产业部门为游客提供产品与服务，为双边旅游合作创造空间。目前中国与印尼的旅游合作范围相对集中，主要局限于旅游价值链的上游环节，即通过包机服务和旅游宣传等活动赢取订单。可是，随着大数据、人工智能、物联网等新兴技术不断涌现，近年来旅游营销模式的更新速度加快，但由于印尼本国的高新技术基础较为薄弱，其在中国的推广方式仍以路演活动等传统手段为主，在时间和空间范围上均具有较大局限性。尽管印尼已与中国的携程、途牛、抖音等互联网公司达成协议，但在网络精准营销和虚拟旅游景观设计等方面仍然存在短板，难以及时捕捉市场动向和挖掘下沉市场潜能。另外，在旅游服务等价值链中下游环节，中国与印尼达成的合作较少，合作潜力未得到充分释放。根据世界经济论坛的《2019年旅行与旅游竞争力报告》，印尼的旅游环境和旅游设施项目得分较低，需要政府加大财政投入以改善现状。可是印尼政府的财政能力相对有限，难以为旅游业提供更多的资金支持。在这样的背景下，中方投资在旅游基础设施建设和人力资源开发等领域大有可为，但由于印尼国内的营商环境较差，不少投资者对前往印尼投资心怀忧虑，中印尼的旅游合作难以深入其他领域。

第三，两国旅游合作的安全管理问题。对于前往印尼旅游的中国游客而言，人身安全是其最为关切的问题，但目前中国与印尼的旅游合作中对该领域的重视程度较低。总体而言，中国游客在印尼面临的非传统安全问题有多个方面。一是印尼地理环境复杂，各种地质灾害频发，对中国游客的生命安全形成潜在威胁。例如，2017 年 12 月，受印尼阿贡火山喷发影响，约 1.5 万名中国游客滞留巴厘岛；2018 年 8 月，印尼龙目岛连续发生多次强震，导致 40 余名中国游客被困山顶；2019 年 3 月，印尼龙目岛东北部再次发生两起 5 级以上地震，导致部分中国游客被困景区。二是印尼政治稳定性较差，社会骚动极易引发暴力活动，危及中国游客安全。2019 年 5 月，印尼正式公布佐科再次胜选的消息后，雅加达随即爆发大规模抗议活动，同时在印尼当地极端主义的诱导下，出现少量针对当地华人的暴力冲突，中国公民在印尼的安全风险有所增加。三是部分中国游客的安全意识较差，容易在旅途中发生意外事故。例如，2019 年 9 月，1 名中国游客在蓝梦岛的“恶魔眼泪”景点意外身亡；同年 11 月，3 名中资企业员工在西爪哇万丹海域潜水时失踪。为了保障中国游客的安全，中国驻印尼领事馆已在风险预警和灾后救援等方面做了大量工作，但是仍需加强与印尼政府的信息沟通以及对中国游客的安全教育，以将各类风险降至最低。

（二）中印尼旅游合作的未来方向

随着旅游市场深入发展和消费需求不断变化，旅游业与其他产业的融合程度日渐提高，进而催生出新的旅游项目和运营模式，这些旅游新业态将成为未来中国与印尼的合作方向。

在旅游组织形态方面，横向一体化和纵向一体化的持续推进为拓展两国旅游合作的广度与深度提供机遇。其中，横向一体化是指提高同业经营的市场覆盖面，构筑完善的市场网络，通过规模经济保证企业效益；纵向一体化是指相关企业在产业链上下游拓展业务，通过范围经济提高企业收益。在印尼的《2010～2025 年国家旅游业发展总体规划》（RIPPARNAS）中，旅游产业发展项目强调构建多元产业生态，使旅游产业集群的出现成为可能。事实上，在中国企业“走出去”的政策背景下，中印尼两国在航空交通、餐饮服务、酒店住宿等旅游业相关部门均具有良好的合作前景，并已经在跨国合作经营中取得阶段性成果。在横向发展中，2014 年中国企业锦江之星将品牌特许经营总代理权授予印尼金峰集团（Maspion Group），计划在印尼开设 100 家以上的锦江之星酒店；在纵向发展中，2011 年中国携程旅游与印尼鹰航达成合作协议，前者得到“鹰航假期”品牌在中国内地的独家运营权，获得鹰航在印尼的酒店住宿、地接导游、景点观光、交通运输等方面的优质服务。放眼未来，随着中国企业的国际化水平不断提高，两国将在旅游组织的横向和纵向拓展中继续深入合作。

在旅游产品形态上，大众旅游时代的来临增加了旅游者层次的广泛性，使旅游市场需求呈现多样化的发展态势。面对旅游消费升级所产生的合作机遇，两国未来应不断丰富旅游产品类型，提高旅游项目的体验性和参与性，进而为增加公民互访数量提供条件。具体而言，中国与印尼均需转换旅游业建设思路，将传统的观光旅游产品升级为体验经济，在打造包含精品线路的旅游品牌的同时，创造旅游业与相关产业紧密融合的全域旅游模式，充分开发生态旅游、乡村旅游、教育旅游、文化旅游、宗教旅游、民族旅游、商务旅游等新兴市场，增加两国游客与当地社区的友好互动，最终拓展旅游人文交流的深度与提升效率。另外，针对具有不同消费能力的国际游客，两国需要推进高端和低端市场协同发展，为消费者提供更多选择余地。为了打造高端旅游市场，中国与印尼可以在旅游线路优化、旅游人才培育、旅游设施建设等方面加强合作，提升定制旅游项目的品质和舒适度，以改善消费者的旅游体验。而在价格敏感度较高的低端市场，两国政府可以联手制定旅游优惠政策，如简化入关手续、下调景点门票价格、实施旅游购物退税等措施，降低出境旅游的成本门槛，进而增强两国旅游业的价格吸引力。

在旅游营销形态上，互联网和电子商务的兴起推动了产业创新与变革，在线旅行商和网络自媒体在旅游推介中的重要性与日俱增，为中印尼旅游合作提供了新思路。根据国际旅游集团 Travelport 的《2018 年全球数字旅行者研究报告》，印尼旅客与中国旅客的数字化程度在所调研的 25 个国家中分列第2名和第4名，表明两国的数字旅游经济极具合作潜力。不过，数字旅游业的发展需要先进的科技能力作为支撑，但是目前印尼高端制造业发展缓慢，ICT设施建设滞后，发展数字旅游业的现实条件不甚乐观。根据世界经济论坛的《2018年“制造业的未来”准备状况报告》，印尼在第四次工业革命中被列为新兴国家，产业基础和转型驱动因素均有所欠缺。相比之下，中国被列为领先国家，已具备强大的产业基础和驱动因素，可以帮助印尼发展数字产业。[①] 2017年5月，中国在“一带一路”国际合作高峰论坛上提出建设“21世纪数字丝绸之路”的倡议，为两国共同开发数字旅游业提供机遇。2019年2月，印尼旅游部部长阿里夫在雅加达的年度工作会议上表明，印尼计划推出旅游4.0政策，并重点推进“精彩印尼4.0”数字旅游，为两国深入合作创造条件。[②] 在未来的旅游合作中，中国与印尼可在旅游大数据分析、网络新媒体运行、电子商务发展等方面加强互动与交流，使两国民众更易于获取旅游产品和政策信息，进而提升旅游营销的效率与针对性。

（三）中印尼旅游合作的政策建议

面对旅游产业的现实挑战与发展机遇，中国与印尼应在现有双边和多边机制下，加速建设政府、企业和个人共同参与的旅游合作体系。

首先，两国政府应加强发展战略对接，优化旅游政策环境。2014年10月，印尼总统佐科在就职后不久即提出“全球海上支点”强国战略，力图振兴滨海旅游业等海洋相关产业，这与中国提出的“一带一路”倡议高度契合。在此基础上，中国与印尼应深化战略对话与政策沟通，寻求两国共同利益的平衡点，协商制定推进旅游合作的新规划与措施。具体而言，针对印尼旅游业中的基础设施不足和建设资金短缺等问题，两国可以借助亚洲基础设施开发银行（AIIB）的平台，促进彼此间的设施联通和资金融通水平；

① “Readiness for the Future of Production Report 2018,” World Economic Forum and A. T. Kearney, p. 139.

② 《旅游行业升级蓄势待发》，〔印尼〕《国际日报》2019年7月8日，http：//www.guojiribao.com/shtml/gjrb/20190708/1488431.shtml。

针对印尼旅游业数字基础薄弱的问题，两国可推动“21 世纪数字丝绸之路”与印尼旅游 4.0 政策的深入合作，促进双方旅游业的信息化建设与智能化转型。与战略对接相配合，中国与印尼也应不断改善本国的营商环境，制定关于旅游产业的优惠政策，如降低准入门槛和实施税收减免等措施，以提高旅游业的投资吸引力。

其次，激发企业旅游合作热情，加强旅游服务质量监管。随着中国与印尼在彼此旅游市场中的重要性不断增加，两国政府应积极引导本国企业参与旅游合作。在实践中，政府应指导企业加强市场调研，了解对方旅游市场的经营环境和消费需求变动，制定紧跟时代潮流的旅游产品开发战略，满足不同层次旅客的多样化需求。此外，两国企业还应充分利用大数据、虚拟现实、人工智能等先进技术，建立“互联网+立体化”的旅游营销模式，加快旅游服务商与两国旅游消费者间的信息流动。当然，两国政府也应重视本国旅游企业的服务质量，提高本国旅游业的客户满意度。在此过程中，政府应以品质化服务为准则，强化对旅游景区、旅行社、住宿酒店等相关企业的监督管理，根治虚假宣传、强迫消费和安全及卫生等问题，加大对违规企业的处罚力度，最终建立良好的旅游市场秩序。

再次，建立人才培养计划，保护出境游客安全。在旅游从业人员方面，旅游新业态的出现提高了业务能力要求，中国与印尼应加强旅游人力资源培训的相关合作，培养出一批优秀的“旅游+”复合型人才，他们不但需要具备扎实的旅游专业知识，而且需要了解旅游目的地的语言文化和历史传统，还应掌握互联网信息技术和公共协调能力。在具体的政策措施上，中国与印尼可以继续深化两国的旅游院校合作，如推动印尼特里萨克蒂旅游学院、巴厘旅游学院、万隆旅游学院等知名高校来华交流，共同探讨旅游专业课程体系设计，举办两国师生间的旅游学术探讨活动，资助优秀人才出国交换学习等。在出境游客方面，两国应强化安全管理合作机制，包括制定突发事件应急响应制度、旅游安全信息交换制度、旅游从业人员安全知识考核制度等。当危险因素出现时，两国应通过手机短信、微信平台、移动 App、媒体广播等多种方式，提醒本国游客注意人身安全，并在必要时对其进行救助。与此同时，中国与印尼也应加强本国游客的素质教育，使其严格遵守旅游目的地的规章制度，尊重旅游目的地的风俗传统，了解发生安全事故时的求救渠道。

最后，面对突发公共安全事件，两国应强化合作以减少对旅游业的冲击。2020 年 1 月初，中国出现新冠肺炎疫情后，中国游客纷纷取消出行计划，导致巴厘岛等地的旅游业遭受重创，中印尼的旅游合作迎来考验。2 月 2 日，印尼外交部宣布禁止中国护照持有者入境或转机印尼，同时暂停对中国大陆公民的落地签和免签政策，导致大量中国游客滞留印尼。在疫情尚未解除前，中国与印尼应该在加强沟通的基础上共同抗疫，如提高旅游目的地的卫生安全质量，及时监测入境旅客健康情况，号召游客加强个人卫生防护，制订发热游客隔离处理方案等。与此同时，两国可以通过图文语音、虚拟现实、视频直播等方式推广“云旅游”业务，减少特定时期内的旅游业损失，并为日后旅游业发展积累潜在客流量。在疫情结束后，两国旅游业均亟待恢复，双方政府可以制定经济刺激政策，通过财政补助和税费减免等措施，减少中小旅游企业的资金成本压力，扶持旅游相关产业重获生机。

智库在印度尼西亚和中国构建共同愿景中的意义

〔印尼〕Ridha Amaliyah，M. Fathoni Hakim；徐晓芳 译*

摘　要： 本文试图通过阐述智库建设的意义来透视印度尼西亚与中国的积极紧密关系。随着中国与世界的联系越来越紧密，公共外交成为塑造中国形象的重要方式。与传统外交不同，普通民众承担着与外国公民沟通的责任，即所谓的“民间外交”。尽管印尼和中国目前正进行互惠互利的发展，但推动两国合作向更高目标迈进的综合模式仍然有限。假使印尼和中国的关系是长期的且可持续的，那么双方在未来或许能够达成更多的合作。为实现这一目标，智库作为学术工作和国家政策之间的桥梁，需要对其进行全面的研究和调查。

关键词： 智库　中印尼　民间外交　共同愿景

引　言

正如许多人所相信的那样，全球化为各国合作而非竞争带来了更大的可能性。如果各国认为合作符合它们的最大利益，它们就会进行合作。全球合作带来了重大的经济和社会进步，使数百万人摆脱了极度贫困。然而，与此同时，全球合作也导致了一个不可忽视的事实，即国家内部的经济不平衡正

* Ridha Amaliyah，印度尼西亚泗水苏南·安佩尔伊斯兰国立大学印尼-中国研究中心主任；M. Fathoni Hakim，印度尼西亚泗水苏南·安佩尔伊斯兰国立大学印尼-中国研究中心研究员；徐晓芳，华中师范大学政治与国际关系学院硕士研究生，中印尼人文交流研究中心助理。

在扩大，尤其是在发达经济体之中。[①] 21 世纪的挑战需要新形式的全球合作、更好的全球沟通以及与公众产生广泛共鸣的全球政策议程。

为了应对挑战，中国提供了一种新的合作方式。不可否认，中国在国际事务中发挥着重大的作用。随着这种作用的扩大，理解一些首要问题很重要，如正在发生什么变化，它的原则是什么，方法是什么。在众多的外交手段中，民间外交一直是热点话题之一，特别是自约瑟夫·奈提出“软实力”概念并指出其对外交的重要性以来。[②] 世界上所有大国，包括中国，都致力于通过人文交流传播其软实力。

随着中国与世界其他国家的联系越来越紧密，学者和政治家呼吁通过公共外交来树立自己的形象。“传统外交”通常被定义为政府官员对外推介其政策的一种交流模式，但目前的情况是，公众已经分担了与外国公民交流的责任。中国以民间关系的概念为基础，寻求树立一个友好、热爱和平的国家的良好形象。[③] 进入 21 世纪以来，中国一直是国际舞台上的重要角色，积极开展民间外交。从毛泽东到习近平，中国高层领导人都十分重视民间外交。[④]

因此，人文交流成为中国外交政策的热门话题。一个新的趋势是，各国正越来越多地受到外部因素的影响，包括人们日益增长的互联互通。[⑤] 因此，外交政策和国家间关系的概念不再仅仅由外交官的专业话语来定义。社会的作用，或者说人与人之间的联系，对于国家间关系的形成至关重要。外

① Vitor Gaspar, Sean Hagan, and Maurice Obstfeld, “Steering the World Toward More Cooperation, Not Less,” 2018, https://blogs.imf.org/2018/09/06/steering-the-world-toward-more-cooperation-not-less/.

② Joseph Nye Jr., *Soft Power: The Means to Success in World Politics*, New York: Public Affairs, 2004.

③ Tony Tai-Ting Liu, “Public Diplomacy: China's Newest Charm Offensive,” *New Perspectives on China's Relations with the World*, E-International Relations Publishing, 2019, p. 77

④ Shichen Wang, *China's People-to-people Diplomacy and Its Importance to China-EU Relations: A Historical Institutionalism Perspective*, 2016, Vol. 4, No. 1, p. 2

⑤ Jiang Xueqing, “Concept of Diplomacy Expands to People-to-People Connections,” https://www.chinadaily.com.cn/business/2014-04/12/content_17429278.htm.

国公众对一个国家的看法取决于公众在当地的行为。例如，中国的公众形象将受到中国游客在其他国家的行为方式的影响，大量中国留学生对塑造中国形象也产生一定影响。

通过2013年提出的“一带一路”倡议，中国计划通过广泛磋商、共担责任和共享利益等方式加强与亚洲、非洲和欧洲等地区的关系。该倡议为各领域的人文交流提供了平台。习近平主席曾承诺，中国将邀请2500名来自“一带一路”国家的年轻科学家在中国参加短期研究项目，培训5000名科学家、工程师和管理人员，并在未来五年内建立50个联合科学研究实验室。[①] 对于包括印尼在内的许多国家而言，中国承诺通过全球投资倡议积极融入多边合作。

如今，印尼和中国的关系在政府和民间两个层面都取得了丰硕的成果，双边贸易额和旅游业收入大幅增长。中国现在已经取代日本成为印尼最大的贸易伙伴，印尼也开始寻求中国在基础设施项目上的投资，如道路、桥梁和发电厂。中国目前是印尼的第三大外国投资者，仅次于新加坡和日本。[②] 考虑到中国作为一个大国的存在以及保持良好合作的重要性，本文将在人文交流的框架下考察印尼和中国的关系，以创造共识与创建智库作为两国实现共同目标的知识和技能来源。

假使印尼和中国的关系是长期的且可持续的，那么双方在未来或许能够达成更多的合作。为实现这一目标，智库作为学术交流和国家政策之间的桥梁，我们需要对其进行全面的研究和调查。

一　印尼-中国关系：过山车之旅

中国和印尼交往的历史已经延续了近两千年。汉朝时，史书上就有了两

① Hou Weili, Ma Xiaowen, “B&R Forum Features People-to-People Connectivity Session,” http://www.bjreview.com/CHINA_INSIGHT/Wednesday_May_31_2017/201706/t20170615_800098382.html.

② World Bank, “Trade Summary for Indonesia 2017,” https://wits.worldbank.org/CountrySnapshot/en/IDN.

国间官方联系的记载。唐朝（618～907 年）时，中国与室利佛逝王国（Sriwijaya Kingdom）之间的关系密切，一直持续到明朝（1368～1644 年）。明初，郑和七次穿越印尼群岛下西洋，两国的友好关系达到了高潮。[①]

梁立基教授的上述研究证明，中国是印尼的长期战略伙伴。自那以后，尤其是在殖民时期，无论是在国内事务还是在国际事务上，印尼与中国都保持着重要而复杂的关系。此外，印尼和中国有着相似的经历，两个国家都经历了从王国到共和国的转变，并争得了独立，这意味着现在的两国都是主权完整的国家。

中华人民共和国于 1949 年 10 月 1 日成立，印度尼西亚是较早承认中华人民共和国的国家之一。两国于 1950 年 4 月 13 日建立了外交关系。印尼从一开始就坚持“一个中国”政策。[②] 作为对西方帝国主义的回应，两国在促进亚非团结方面发挥了重要作用。然而，在世界分裂为两大阵营的冷战环境中，印尼与中国的外交关系也处于动态变化之中。虽如此，印尼和中国在阐述各自外交政策方面的立场都是一致的。

在苏加诺（Bung Sukarno）执政期间，印尼和中国关系友好。据记载，苏加诺曾三次访问中国，每次访问北京都受到了毛泽东主席的欢迎。苏加诺对新殖民主义和帝国主义的强烈反对，促使印尼和中国通过 1955 年的亚非会议提高了亚非国家反对西方帝国主义的意识。在印尼 1959～1965 年的“指导型民主”时期，中国给予印尼政府很多支持，使印尼与中国的关系更加紧密。[③]

除了在国际问题上，这种密切关系也体现在印尼国内的华人移民问题上，譬如华人的双重国籍问题。1950 年，印尼华人约有 66 万人，其中一些人（大约 31.7 万人）选择了印尼国籍，而其余的（大约 34.9 万人）选择

① Liang Liji, *Dari Relasi Upeti ke Mitra Strategis*; *2000 Tahun Perjalanan Hubungan Tiongkok - Indonesia*, Jakarta: Kompas, 2012, p. 477.

② Dewi Fortuna Anwar, “Indonesia - China Relations: To Be Handled With Care,” *Perspective*, No. 19, 2019, p. 2.

③ Dewi Fortuna Anwar, “Indonesia - China Relations: To Be Handled With Care,” *Perspective*, No. 19, 2019, p. 2.

了中国国籍或者没有国籍（无国籍）。[①] 1958 年，印尼颁布了第 62 号《公民法》，明确规定了公民身份的出生地原则（Ius Soli），较为妥善地解决了印尼华人的政治身份问题，他们也被正式接纳为印尼公民。

苏哈托总统（Haji Mohammad Suharto）领导下的“新秩序”时期，情况发生了逆转。苏哈托尽力阻止印尼的共产主义运动，并将 1965 年“9·30 事件”栽赃给印尼共产党而予以坚决镇压。苏哈托将军借势成为印尼领导人后，他以中国是印尼安全和政治稳定的主要“威胁”为由，于 1967 年中断了与中国的外交关系，断交时间 20 多年。

为了彻底断绝两国关系，苏哈托发布关于中国宗教、信仰和习俗的第 14/1967 号总统令，消除对中国的认同和文化痕迹。该条例规定，禁止公开展示或表达所有与中国有关的文化和宗教仪式、传统。这就意味着，印尼华人必须完全融入当地文化，每位华裔都必须用印尼名字取代自己的中文名字，这是威权主义同化政策的形式。然而，对于华人群体来说，这被认为是一项干涉他们私生活的歧视性政策。

印尼和中国于 1990 年恢复外交关系，苏哈托也因而受到西方的严厉批评。“新秩序”时期的印尼政府赋予几个主要的华人大企业集团经济特权。[②] 自殖民时期以来，这些大企业集团就在印尼经济中发挥着关键作用，并因此经常引起本地群体的不信任和嫉妒。因此，在 1998 年亚洲金融危机期间，伴随着反苏哈托的示威活动的高涨，反华情绪也在积累之中。在印尼几个主要城市，华人拥有的商店和办公室遭到抢劫和焚烧。最终，苏哈托被迫辞职，其副总统巴哈鲁丁·优素福·哈比比（Bacharuddin Jusuf Habibe）暂接总统职位（任期为 1998 年 5 月 21 日至 1999 年 10 月 20 日）。

2000 年，阿卜杜勒拉赫曼·瓦希德（Abdurrahman Wahid）总统废除了关于中国宗教、信仰和习俗的第 14/1967 号总统令，代之以第 6/2000 号总

---

① Donal E. Wilmott, “The National Status of the Chinese in Indonesia 1900-1958,” Itacha: Cornell University, Modern Indonesia Project, 1961, p. 143.

② Dewi Fortuna Anwar, “Indonesia - China Relations: To Be Handled With Care,” *Perspective*, No. 19, 2019, p. 4.

统条例。该条例高度尊重印尼的中国宗教、信仰和文化。中国春节被确定为印尼全国性的节日，儒学获得印尼官方承认，华人也可以在公众场合表演舞狮等。瓦希德希望通过向中国商人提供在印尼的投资保障和确定性，来恢复印尼备受打击的经济。此后，印尼和中国关系进入了新的发展阶段。2005年，中国政府与印尼政府签署了战略伙伴关系协定；2013年10月，苏西洛总统（Susilo Bambang Yudhoyono）和习近平主席同意将印尼和中国的关系提升到全面战略伙伴关系。

在当前佐科·维多多（Joko Widodo）总统推动的民主化时代，印尼与中国的联系日趋增多。作为一个群岛国家，佐科总统决定在其执政期间优先考虑印尼的海洋方面，并将其表述为“全球海洋支点”愿景。这项政策与习近平主席提出的“一带一路”倡议（BRI）框架下的“21世纪海上丝绸之路”相协调。“21世纪海上丝绸之路”是习近平主席2013年10月访问东盟时首次向国际社会提出的倡议。为了实现中国和印尼的民族复兴，习近平主席与佐科总统就推进两大理念协同发展达成重要共识。[①] 这种合作有助于加强两国的外交关系。

在佐科总统第一任期，中印尼关系依托协同增效，进入互利共赢的快速发展轨道。各个方面都呈现积极发展趋势。在经济领域，中国在印尼的投资有所增加，雅万高铁是双方在第一阶段协同战略的标志性项目，也是东南亚第一条高速铁路。在教育领域，自2015年以来，印尼在华留学生人数呈上升趋势，上升幅度为13.6%。除了中国大学质量不断提高之外，中国政府为印尼学生提供的奖学金数量也有所增加[②]；在旅游领域，赴印尼旅游的中国游客数量大幅增加。根据旅游部的统计，赴印尼的中国游客数量增长了275%。[③]

---

① Xiao Qian, “Belt and Road Benefits Indonesia, The World,” 17 October 2019, https://www.thejakartapost.com/academia/2019/04/05/belt-and-road-benefits-indonesia-the-world.html.

② “Meningkat 275 Persen, Ini Tujuan Favorit Turis China ke Indonesia,” https://www.ppitiongkok.org/china-sediakan-10-000-beasiswa/.

③ https://travel.tempo.co/read/1150191/meningkat-275-persen-ini-tujuan-favorit-turis-china-ke-indonesia/full&view=ok.

只要印尼和中国的关系是长期的且可持续的，那么双方在未来就能够出现更多的合作。为实现这一目标，作为学术工作和国家政策之间的桥梁，我们需要对智库进行全面的研究和调查。

二 印尼-中国研究中心

印尼-中国研究中心（Pusat Kajian Indonesia-Tiongkok，PUSKIT）是隶属于泗水苏南·安佩尔伊斯兰国立大学社会和政治学院国际关系系的一个多学科学术机构。印尼-中国研究中心致力于研究与中印尼关系相关的三大高等教育支柱：教学、研究和社区参与。在与印尼-中国关系相关的研究领域，印尼-中国研究中心致力于提高人力资源（包括讲师和学生）的能力，并为印尼-中国提供相关政策咨询。

印尼-中国研究中心致力于：（1）为学者、学生、公众和其他利益攸关方提供与中印尼关系相关的优质、可信的讨论空间；（2）开展和发布与中印尼关系相关的优秀研究成果和出版物；（3）通过改善中印尼关系的项目建立社区参与；（4）在印尼-中国研究中心与大学、政府、非政府组织、企业和其他利益攸关方之间建立一个可持续的网络。

自 2018 年 9 月 18 日正式运行以来，印尼-中国研究中心已经举办了大量的学术活动，如研究、短期课程交流、讨论和会议等。这些活动涉及不同领域的合作伙伴，如中国驻泗水总领事馆、印尼郑和基金会（the Hajj Muhammad Cheng Hoo Indonesia Foundation）、中印尼伊斯兰联盟（Chinese Indonesian Islamic Union）、东爪哇省政府、穆罕默迪亚（Muhammadiyah）、伊斯兰教士联合会（Nahdatul Ulama）、郑和国际和平基金会（Zhenghe International Peace Foundation）、复旦大学、厦门大学和华中师范大学等。合作伙伴在开展活动方面至关重要，因此，该中心坚持不懈地将良好关系引向可持续的全面合作。

（一）研究

印尼-中国研究中心完成了两项战略研究，研究结果有待于未来项目的跟进。

一是2019年初的“苏南·安佩尔谱系及其对爪哇中国文化适应的启示”研究。这项研究强调：（1）苏南·安佩尔（Bong Swi Hoo）是一名伊斯兰教师和传教士，被认为是华人穆斯林的后代。另一些人声称他是中国驻坎帕的代表的孙子，这位代表曾任云南省省长。其他资料记录了苏南·安佩尔是一名中东学者的后裔。这两个论点都有明显的证据，因此需要进一步的研究。（2）中国对伊斯兰教传入印尼的影响可以从伊斯兰教在传入印尼之前先传入中国领土这一事实来理解。中国文化与当地文化特别是与伊斯兰教传播有关的某些符号相互传播和融合。至今仍存在于各地的历史足迹显示了中国文化和当地社区在伊斯兰教传播中的交汇点。

二是2019年中的“东爪哇四省市社区对印尼华人和外籍华人的认同感”研究。调查表明，四个地区的公众可能会接受印尼华人融入他们的社区，并愿意合作，尽管他们对印尼华人的了解有限。相比之下，公众对外籍华人及其投资的接受度被认为是很低的。尽管他们对中国的投资和劳动力了解有限，但他们还是首先持反对意见。意识到这一结果后，印尼-中国研究中心提出了一些战略性建议，如在具体问题上与伊斯兰群众组织（NU和Muhammadiyah）建立项目伙伴关系。这项研究的结果也是近期要跟进的课题。

（二）短期课程交流

在为期一年的运行中，印尼-中国研究中心已经在中国进行了三次短期课程的学习，每次课程有两名讲师参与。该项目通过各个方面的发展，为理解现代中国提供新鲜而有意义的经历。该项目成功地为印尼-中国研究中心在中印尼关系中寻找新的机会和共同面对未来的挑战提供了知识基础。第一个交流项目于2018年10月在北京和西安举行，为期15天；第二次交流于2019年8月底在北京、南京和苏州进行，为期21天；第三次交流于2019年10月在北京和上海进行，为期21天。每个项目都收获了不同的成果。

（三）讨论

为了在学术框架内正确理解印尼-中国问题，印尼-中国研究中心鼓励学生定期举行讨论会。主题包括香港问题和新疆维吾尔族穆斯林的生活动态。中华人民共和国驻泗水总领事馆顾景奇先生出席并主持了相关讨论。他非常欣赏学生们从学术的角度来理解相关案例，并提出一些建议作为解决方案。除了最近的热点话题，中心同样分享了从交流计划中获得的知识。

（四）会议

2019年7月，印尼-中国研究中心成为2019年第五届郑和国际和平论坛的主办单位和委员会成员。这次会议由郑和国际和平基金会、社会和政治科学学院（UINSA）、印尼郑和基金会发起，与玛中大学（Ma Chung University）、伊斯兰教士联合会东爪哇分会（Nahdatul Ulama East Java）、穆罕默迪亚东爪哇分会（Muhammadiyah East Java）和泗水郑和清真寺基金会（Cheng Hoo Mosque Banyuwangi Foundation）合作，并得到东爪哇省政府的全力支持。会议以“印度尼西亚和中国：共享宗教、文化和社会的价值观”为主题，从学术角度探索如何发展印尼和中国之间的稳固关系。50名来自印尼、中国大陆、马来西亚、中国台湾、美国等国家与地区的学者和研究人员参加了这次会议。这次会议为从人文、宗教和文化的角度构建印尼-中国未来关系的理想模式提供了学术动力。

在未来，印尼-中国研究中心计划进行其他战略研究，举办普通话课程，并出版书籍或者期刊。因此，印尼-中国研究中心迫切希望参加中印尼论坛并期待取得成果。

三 印尼-中国智库的意义

各国建立智库的目的是为自己提供有效和前沿的政策指导。这种逻辑也同样适用于双边关系。密切的双边关系需要一个坚实的机构作为支撑，该机构必须能够通过观念和网络推动变革。智库应该是有影响力的传播工具，并基于证据提出讨论意见。[①] 在当今时代，智库的广泛呈现正在成为一种潮流。

印尼与中国的良好外交关系对两国经济、社会、政治、安全、教育、文化等生活的各个方面都产生了影响，建立研究印尼、中国特别是亚洲新兴力量的智库是至关重要和值得关注的。专门从社会、政治、安全、经济、文化、教育等方面研究印尼-中国关系的研究机构也有待启动。这个想法是完全合理的，因为两国都有着悠久的历史，这种历史塑造了今天的两国及其相互关系。该研究机构作为研究者进行科学研究的平台，为印尼和中国政府制定政策提供建议和咨询，并对政策评估做出快速反应以及分析。

迄今为止，印尼还没有对印尼和中国的关系进行全面的研究。现有研究仍然是有限的。因此，从各个方面全面、整体地研究印尼与中国关系的智库就有了重要的意义。现今讨论印尼-中国的学术参考资料枯燥无味，因而必须通过成立智库来应对，这些智库将致力于输出知识并填补这些空白。

四 印尼-中国智库的初步模式

思想催化剂是描述智库角色的一个有用概念。然而，智库还有另一个重要作用，那就是帮助制定政策议程。以下是关于智库初始模型的几个提议。

其一，智库是基于共同的目标和/或宗旨而建立的，是学术界和决策者

① John de Boer, "What are Think Tanks Good For?" 15 October 2019, https://cpr.unu.edu/what-are-think-tanks-good-for.html.

之间的战略桥梁。

其二，智库不属于特定的校园、大学或机构。它必须由不同领域和地区的学者组成。

其三，智库能够在经济、政治、社会和文化方面支持两国政府确定的政策议程。

其四，智库不限于开展研究，还通过各种媒体（网络、报纸、电视等）向公众发布研究成果。在一定程度上，智库以研究成果为基础构建现实，应具备并管理自己的媒介（一个新的、独立的实体）。

其五，智库是两国社区和政府之间的战略桥梁。在制定政策时，需要考虑到在共同体（命运共同体）框架内实现目标的模式和愿望。在这种情况下，智库扮演着积极的促进者的角色。

结　语

21世纪初以来，中国一直是国际舞台上的重要角色，并积极开展“民间外交”。人文交流成为中国外交的热门话题。这一新趋势让中国意识到外部的影响，包括人民之间日益增长的联系。印尼和中国之间的密切关系表明，尽管过去的事件使印尼民众对华情绪较为复杂敏感，但印尼与中国社会仍在不懈努力，在经济、社会、文化等方面发展积极的人文交流。因此，印尼-中国研究中心认为，建立一个专门研究印尼-中国的智库是至关重要的，也是值得关注的。目前还没有从各个方面探讨中印尼关系的全面研究，智库性质的研究机构为研究者进行科学研究提供了平台，为印尼政府和中国政府的政策制定提供建议和咨询，并对政策做出快速评估及分析。在制定政策时，智库必须考虑到双方都渴望实现的共同愿景。

智库合作与中国和印度尼西亚人文交流：基于精英主义的分析框架

王勇辉　邹　浩*

摘　要： 自2015年中印尼副总理级人文交流机制建立以来，中印尼人文交流的八大领域合作取得了丰硕成果。本文试图通过精英主义的理论视角，分析智库精英在中印尼人文交流推进过程中对政治决策的影响，探讨政治精英的顶层设计对于智库精英互动产生的规范作用，以及智库精英的合作互动如何借助智库合作网络平台实现信息的流动，并最终影响政治决策，实现从民众认知困境到民心相通的变化。

关键词： 智库合作　中印尼人文交流　精英主义

一　相关概念的厘定

（一）智库的概念厘定

智库（Think Tank），也称思想库，是指为公共政策决策者提供新思想、新理论、新方案的公共政策研究机构。① 智库专门创造、重组和推广思想给公共政策制定者与公共大众。② 同时，智库也是独立的、不以利益为基础的

* 王勇辉，华中师范大学政治与国际关系学院副教授、中印尼人文交流研究中心研究员；邹浩，华中师范大学政治与国际关系学院、中印尼人文交流研究中心硕士研究生。

① 王辉耀、苗绿：《大国背后的“第四力量”》，中信出版社，2017，第1页。

② Donald E. Abelson, “The Business of Ideas: The Think Tank Industry in the USA in Think Tank Traditions,” in Diane Stone and Andrew Denham eds., *Policy Research and the Politics of Ideas*, Manchester University Press, 2004.

非营利组织，其提供专业知识和建议，并以此获得支持和影响决策过程。[①]智库通过开展针对公共政策相关的研究与分析，为国内和国际问题提供建议，让决策者和社会公众充分获得有关公共政策决策的思想与信息。[②]

智库的功能表现在三个方面。其一，智库通过相关媒体渠道向社会民众推广其思想。[③]其二，智库通过对信息和思想进行选择、编辑、转换，构建或者支持现有政策的话语体系。[④]其三，智库发挥“意识形态联谊会”的作用[⑤]，作为各领域特定行为体间的社会和情感团结的场所。[⑥]当前，智库作为影响政府决策和推动社会发展的重要力量，不仅是一个国家软实力的重要组成部分，也是影响国际话语权乃至国际关系的重要因素。[⑦]智库的建设发展水平、研究服务能力和社会影响力，直接影响国家的发展规划和长期战略部署。[⑧]亚洲很多国家是第二次世界大战结束后新独立的，亚洲智库则是伴随着国家的需求而发展起来的。当前，中国现有的智库主要可分为半官方智库和民间智库两大类[⑨]，包括高校附属研究中心、大型综合性机构、隶属于

① Andrew Rich, *Think Tanks, Public Policy, and the Politics of Expertise*, Cambridge, UK: Cambridge University Press, 2004.

② James G. McGann, “2017 Global Go To Think Tank Index Report,” TTCSP Global Go To Think Tank Index Reports 13, 2018, p. 8.

③ Arnoldi, J., “Informational Ideas,” *Thesis Eleven*, 2007, Vol. 89, No. 1, pp. 58-73.

④ Ball, S. J. & Exley, S, “Making Policy with ‘Good Ideas’: Policy Networks and the ‘Intellectuals’ of New Labour,” *Journal of Education Policy*, 2010, Vol. 25, No. 2, pp. 151-169; Blank, R. C., *From Thatcher to the Third Way: Think-tanks, Intellectuals and the Blair-Projekt*, Stuttgart: Ibidem-Verlag, 2003; Stone, D., “Recycling Bins, Garbage Cans or Think Tanks? Three Myths Regarding Policy Analysis Institutes,” *Public Administration*, 2007, Vol. 85, No. 2, pp. 259-278.

⑤ Denham, A. & Garnett, M., “Think Tanks, British Politics and the ‘Climate of Opinion’,” in D. Stone, A. Denham & M. Garnett eds., *Think Tanks across Nations: A Comparative Approach*, Manchester: Manchester University Press, 1998, p. 34.

⑥ Pautz, H., *Think-Tanks, Social Democracy and Social Policy*, Basingstoke: Palgrave Macmillan, 2012; Pirie, M., *Think Tank: The Story of the Adam Smith Institute*, London: Biteback, 2012.

⑦ 李艳杰：《谈智库种类的划分》，《教育教学论坛》2016年第38期，第45页。

⑧ 张颖：《“一带一路”战略背景下人文交流和华侨华人经济发展》，《探求》2017年第4期，第111页。

⑨ Xiaoyu Pu, “The Rise of Think Tanks in China,” *Chinese Journal of Communication*, 2017, Vol. 7, No. 1, p. 132.

政府的专门机构以及军队或政党的附属机构。亚洲地区独特的政治、经济及文化背景赋予了亚洲智库一个重要的特点——浓厚的政府背景，对政府的依附性较强，研究的政策导向性较强。[①] 中国是如此，印尼亦是如此。与西方智库模式不同，相对而言，现阶段中国的民间智库机构数量较为缺乏。[②]

（二）精英主义的理论发展

精英主义（Elitism），也称精英理论（Elite Theory），是理解和阐释政治和社会及其历史发展的特定方法。[③] 经典理论是“精英主义三杰”加塔诺·莫斯卡（Gaetano Mosca）的“统治阶级原理”、维尔弗雷多·帕累托（Vilfredo Pareto）的“精英循环理论”和罗伯特·米歇尔斯（Robert Michels）的“寡头统治铁律”，主要是对精英的本质、权力获得和集体流动等问题进行分析和研究，莫斯卡运用阶级的分析工具[④]，解决了狭义政治精英是否构成统治精英更广泛、更包容的一部分，其中包括来自不同社会部门的精英群体。[⑤] 基本观点是精英占据社会结构中顶层位置[⑥]，强调精英在国家政治生活中的作用。

第二次世界大战以后，精英主义引起政治学、社会学和历史学界的广泛关注，许多新兴的理论是基于精英主义的社会变革观念的影响形成和发展的[⑦]，尤其是在政治科学领域。历经20世纪70年代理论发展的高潮后，早

---

① 王辉耀、苗绿：《大国背后的“第四力量”》，中信出版社，2017，第9页。

② Pascal Abb，“China's Foreign Policy Think Tanks：Institutional Evolution and Changing Roles，” *Journal of Contemporary China*，2015，Vol. 24，No. 93，p. 553.

③ 俞可平：《对民主政治的幻灭——政治精英主义述评》，《天津社会科学》1990年第1期，第91页。

④ Mosca Gaetano，*The Ruling Class*，New York：McGraw-Hill，1939，p. 91.

⑤ Scott John，“Modes of Power and the Re-conceptualization of Elites，” in Mike Savage and Karel Williams eds.，*Remembering Elites*，Oxford：Blackwell，2008，p. 35.

⑥ 李建设：《精英主义评析》，《国外理论动态》2008年第7期，第100页。

⑦ Selwyn Benjamin，“Elite Development Theory：A Labour-centred Critique，” *Third World Quarterly*，2016，Vol. 37，No. 5，p. 781.

期精英主义理论也逐渐显示出严重的缺陷。① 当前，经过修正的新精英主义开始受到学界重新关注。新精英主义认为，在世界普遍的自由民主政体的背景下，人们普遍关注政府决策时所拥有的实际权力的大小，认为利益集团是社会发展的根本动因，也是政治发展的基本标志，相对忽略政治决策中社会团体和民众对决策的影响。近年来，精英理论开始强调公众参与的效果。②

二　精英理论视角下的智库分析研究

（一）智库的分析研究理论

当前，学界对于智库对政策过程的影响有精英主义、多元主义、制度主义三种理论分析视角，但精英主义和多元主义仍是分析研究智库最主要的理论。③ 精英主义将政策过程视为各精英阶层成员间的互动机制，而不同精英群体的政治资源动员能力存在差异。④ 精英主义的分析研究视角主要源于米尔斯的“权力精英”理论，其将智库描述为企业、金融和政治精英等构成的封闭网络的智力机器。⑤ 智库并不是中立的机构组织，而被认为是统治阶级战略性部署在政治议程中的工具。在精英理论中，智库与政治、经济和军事等精英同属于知识精英范畴，在决策过程中扮演同样重要的角色。⑥ 现代“精英循环理论”代表人物哈罗德·拉斯韦尔认为，知识精英在决策过程中具有确定政策的目标和价值、收集和提供有关信息、提出多种政策方案及其

① Peter Y., Medding, “Ruling Elite Models: A Critique And An Alternative,” *Political Studies*, 1982, Vol. 30, No. 3, p. 393.

② TA Steelman, “Elite and Participatory Policy Making: Finding Balance in a Case of National Forest Planning,” *Policy Studies Journal*, 2001, Vol. 29, No. 1, p. 71.

③ Stone, D., “Old Guard versus New Partisans: Think Tanks in Transition,” *Australian Journal of Political Science*, 1991, Vol. 26, No. 2, pp. 197-200.

④ Tanja A. Börzel, “Organizing Babylon-on the Different Conceptions of Policy Networks,” *Public Administration*, 1998, Vol. 76, No. 2, pp. 253-273.

⑤ C. W. Mills, *The Power Elite*, New York: Oxford University Press, 1956.

⑥ T. R. Dye, *Who's Running America? The Conservative Years*, New Jersey: Prentice Hall, 1986.

最佳选择的三大作用。

多元理论将政策过程视为一种国家内部各种利益集团的协调机制，认为决策过程是利益集团间动态互动的产物，每个利益集团都有自己的资源、战略和目标，智库并不是统治阶级权力的工具，而是众多社会团体中的一种组织形式。[①] 智库实质上是一个利益群体，表现在政治上就是与其他利益群体的竞争决策过程。[②] 而制度主义是用“一系列方法”，侧重于把智库嵌入结构环境、塑造行为的规则和规范，以及在组织安排和流程中对其进行分析研究。[③]

（二）精英理论分析路径下的智库合作

20 世纪最具影响力的精英理论家米尔斯质疑美国的民主多元主义，认为由政府官员、军事将领和企业高管组成的相互联系的单一利益集团占据了权力“金字塔”塔尖，有效地控制了政治和社会的主要决策。米尔斯的权力精英理论主要植根于韦伯的官僚制理论（科层制）。同时，精英理论认为政策过程是精英阶层成员间的互动机制，而精英的行动和互动则会对政治决策产生关键性的作用。

根据经典精英理论，精英的整合度（Integration）的提高可以增强精英群体的力量。[④] 不同领域的精英若被整合到一个共同的精英群体中，共享统一的观点和意识，也就更有可能拥有集体行动的能力。[⑤] 精英群体共识的提高、内聚力的增强取决于信息的流通，信息在精英群体中发挥着关键作用。通过经常性地交换信息，智库之间结成了正式和非正式的合作网络，信息的

① Thomas Medvetz, *Think Tanks in America*, Chicago: University of Chicago Press, 2012, pp. 8-9.

② Truman, D. B, *The Governmental Process: Political Interests and Public Opinion*, New York: Alfred A. Knope, Incorporated, 1960.

③ Thomas Medvetz, *Think-tanks in America*, Chicago: University of Chicago Press, 2012, pp. 12-13.

④ John Scott, "Modes of Power and the Re-conceptualization of Elites," in Mike Savage and Karel Williams eds., *Remembering Elites*, Oxford: Blackwell, 2008, pp. 27-43.

⑤ John Scott, "Modes of Power and the Re-conceptualization of Elites," in Mike Savage and Karel Williams eds., *Remembering Elites*, Oxford: Blackwell, 2008, pp. 34-35.

跨国交流和传播变得更加便捷和高效。

精英活动的合作网络是以自愿、互利、横向的交往和交流模式为特点的组织形式。智库合作网络已经成为智库有能力影响决策的重要力量，合作网络能使智库超越国界进行运作，合作网络也是智库以个体或联合方式将其思想在国家间、区域性范围内甚至全球范围内传递给政治精英的重要渠道和平台。智库精英当前的影响力主要依托“二轨国际机制”，包括二轨国际组织、政策研究网络、国际智库网络①、国际非官方理事会、定期的国际会议和国际论坛等。②

三 智库合作推动中印尼人文交流：精英互动与信息流动

冷战结束后，权力变得相对分散，决策管理的空间相对开放③，重新配置了制度生态系统，各种非政府实体开始重新塑造并相互作用。知识精英的世界在不断扩大④，这为智库、咨询和法律以及游说等组织机构的政治参与创造了新的空间。⑤ 智库和政府咨询委员会等准官方机构的数量在增加，发挥的作用在增强。当前，智库精英可以向决策者提供其他国家的政策发展情

① 国际智库网络是指由各国的智库所组成的具有一定规范但又相对松散和开放的“二轨国际机制”，它是旨在为一轨过程提供政策支持的研究网络，是一种对参与者的行为起到相对柔性约束作用的组织形式。

② 朱旭峰：《国际思想库网络——基于“二轨国际机制”模型的理论建构与实证研究》，《世界经济与政治》2007 年第 5 期，第 26 页。

③ Wedel，JR，*Shadow Elite：How the World's New Power Brokers Undermine Democracy*，*Government and the Free Market*，New York：Basic Books，2009，pp. 34-40.

④ Dezalay，Y and Garth，BG，*The Internationalization of Palace Wars：Lawyers*，*Economists*，*and the Contest to Transform Latin American States*，Chicago：University of Chicago Press，2002；Zald，MN and Lounsbury，M，“The Wizards of Oz：Towards an Institutional Approach to Elites，Expertise and Command Posts，” *Organization Studies*，2010，Vol. 31，No. 7.

⑤ Wedel，JR，*Unaccountable：How Elite Power Brokers Corrupt Our Finances*，*Freedom and Security*，New York：Pegasus Books，2014.

况，也可能为政治精英制定的新政策范式提供“合法化的话语”。[①]

（一）政治精英的互动

米尔斯通过运用精英理论来对社会结构进行分析研究，认为权力精英即政治精英是居于社会统治地位的权力集团。政治精英可以高效运用政治权力和社会资源，对国家的内政和外交具有重要的引导作用。中印尼两国关系提升为全面战略伙伴关系以来，中印尼两国领导人间的互动沟通不断加强，保持着良好的高层交往势头，中印尼两国政治精英的互动促进了两国智库合作网络平台的搭建。

印尼总统佐科曾经5次到访中国，与习近平主席举行6次会晤，两国领导人就中印尼发展战略对接、推进务实合作达成了重要共识。[②] 其中，中印尼两国政府达成的协议文件十分重视两国的高校智库机构的交流合作（见表1）。例如，2013年，中印尼两国关系提升为全面战略伙伴关系，对两国高校、学术机构的合作和青年的交流等领域进行了重点关注。同年，为纪念中国与东盟战略伙伴关系建立十周年，李克强总理倡议成立“中国—东盟思想库网络”。2014年，李克强总理在东亚系列领导人会议上明确表示，要发挥“东亚思想库网络”和“中国—东盟思想库网络”的积极作用，为亚洲合作贡献智慧。2015年，两国发表的共同声明则再次强调要扩大智库、高校和研究所等机构交流合作。政治精英的顶层设计日趋规范化，对智库精英的合作互动产生了重要的指引作用，中印尼双边人文交流具有的广阔发展前景将对地区的人文交流起到示范作用。[③]

---

① Schmidt, V. A., “Values and Discourse in the Politics of Adjustment,” in F. W. Scharpf and V. A. Schmidt eds., *Welfare and Work in the Open Economy: From Vulnerability to Competitiveness*, Vol. 1, Oxford: Oxford University Press, 2000, pp. 229-309.

② 王立平：《推动中印尼经贸合作更上层楼》，中华人民共和国中央人民政府网站，http://www.gov.cn/xinwen/2018-05/08/content_5289200.htm。

③ 许利平：《新时期中国与印尼的人文交流及前景》，《东南亚研究》2015年第6期，第36页。

表1　近年来中印尼两国人文交流顶层设计中关于智库合作的相关内容

时间	事件	达成的共识或发布的声明	内容
2013年10月	习近平主席对印尼进行国事访问	《中印尼全面战略伙伴关系未来规划》	推动高校和学术机构的合作
2015年3月	佐科总统对中国进行国事访问	《中华人民共和国和印度尼西亚共和国关于加强两国全面战略伙伴关系的联合声明》	扩大媒体、智库、高校以及研究所等机构交流合作，办好"中印尼关系研讨会"
2018年5月	李克强总理对印尼进行正式访问	《中华人民共和国政府和印度尼西亚共和国政府联合声明》	加强在教育、文化、旅游、媒体、体育、宗教、青年、地方、文化遗产地等领域交流合作

资料来源：《中印尼全面战略伙伴关系未来规划》，新华网，http：//www. xinhuanet. com/world/2013-10/04/c_117592330. htm；《中国和印尼关于加强两国全面战略伙伴关系的联合声明》，中华人民共和国中央人民政府网站，http：//www. gov. cn/xinwen/2015-03/27/content_2838995. htm；《中华人民共和国政府和印度尼西亚共和国政府联合声明》，中华人民共和国中央人民政府网站，http：//www. gov. cn/xinwen/2018-05/08/content_5288955. htm。

另外，中国政府在2018年对"海南'一带一路'国际教育合作与交流先行试验区的建议"做出批复，鼓励海南参与中国—印尼副总理级人文交流机制建设，鼓励海南各有关院校、教育机构积极参与机制建设，设计包括学生交流、人才培养、联合科研等在内的教育领域合作项目。[①] 海南"一带一路"国际教育合作与交流先行试验区的建立，表明中印尼国家层面的政治精英互动逐步拓展到地方层面的机制构建的推进落实的进程中。

（二）智库网络的搭建

随着国际社会交往的日渐紧密、相互依赖性的增强以及全球智库大量增加，越来越多的智库正在构建地区性和国际性的智库合作网络。国际智库网是由因共同的利益、政策议题和主张而聚集的智库组成的国际合作网络。智库间合作互动有利于相同的价值观、政策目标及政策倾向的形成。在全球化的时代，国际智库网综合了智库、国际机制、"二轨外交"和网

① 《教育部对十三届全国人大一次会议 第2531号建议的答复》，中华人民共和国教育部网站，http：//www. moe. gov. cn/jyb_xxgk/xxgk_jyta/jyta_gjs/201812/t20181214_363627. html。

络等诸多元素①，不仅为各国成员提供了一个既定解决问题的平台，也为各国共享信息以减少国际环境的不确定性创造了重要条件。

近年来，中印尼智库精英合作互动的网络有5个，这为两国智库的沟通合作提供了重要的平台（见表2）。智库网络的逐步建立，加速了信息的流动，活跃了智库精英的互动，其对政策的影响逐渐显现。中印尼智库精英合作共识的形成能够促进两国间合作，智库精英在“二轨外交”方面扮演着重要角色。例如，“东亚思想库网络”② 每年向“10+3”领导人会议提交政策建议报告，并得到各国领导人的重视和高度评价。③ 另外，中国南海研究院和印尼战略与国际问题研究院共同发起成立的非政府性质的国际智库——中国—东南亚南海研究中心已经挂牌成立，中印尼两国关系专门研究智库的成立和其有针对性的政策问题研究，必将对中印尼人文交流起到重要的作用。

表2　近年来成立的中印尼智库网络/联盟情况一览

<table>
<tr><th>成立时间</th><th>联盟名称</th><th>中国成员单位</th><th>印尼成员单位</th></tr>
<tr><td>2003年9月29日</td><td>东亚思想库网络</td><td rowspan="2">外交学院</td><td rowspan="2">印度尼西亚大学</td></tr>
<tr><td>2014年7月4日</td><td>中国—东盟思想库网络</td></tr>
<tr><td>2015年10月28日</td><td>丝路国际智库网络</td><td>国务院发展研究中心、南南合作金融中心（香港）</td><td>印尼战略与国际问题研究所</td></tr>
<tr><td>2016年6月25日</td><td>中国—印尼
高校智库联盟</td><td>北京外国语大学、华中师范大学、广东外语外贸大学、河北师范大学</td><td>印度尼西亚大学、加查玛达大学、日惹国立大学、北苏门答腊大学</td></tr>
</table>

① Diane Stone, “Think Tanks across Nations: The New Networks of Knowledge,” *NIRA Review*, No. 4, Winter 2000, pp. 34-39.

② 东亚思想库联盟（International Networks of Think Tanks）由东盟成员国政府指定的智库组成，包括文莱、柬埔寨、中国、印尼、日本、韩国、老挝、马来西亚、缅甸、菲律宾、新加坡、泰国和越南；目标是整合东亚的研究资源，促进学术交流，为东亚合作提供智力支持；建立东亚智库之间的网络，政府、企业三者相互促进、相互作用。此外，还研究东亚合作的关键问题，为区域一体化制定战略提供思路和具体政策建议，并向东盟峰会提交研究报告。

③ 外交学院亚洲研究所，http://ias.cfau.edu.cn/art/2014/12/15/art_1682_23.html。

续表

成立时间	联盟名称	中国成员单位	印尼成员单位
2016 年 10 月 31 日	中国—东盟大学智库联盟	广西大学、贵州大学、北京大学、厦门大学、云南大学	印度尼西亚大学、加查玛达大学、艾尔朗加大学、万隆理工学院

资料来源：外交学院亚洲研究所，http：//ias. cfau. edu. cn/art/2014/12/15/art_1682_23. html；Silk Road Think Tank Network，http：//www. esilks. org/；北京外国语大学，http：//news. bfsu. edu. cn/archives/255216；ASEAN Univers-ity Network，http：//www. aunsec. org/membership. php。

四　精英功效的发挥：从交流困境到民心相通

2013 年，中印尼两国建立全面战略伙伴关系，2015 年中印尼副总理级人文交流机制正式建立。虽然中印尼两国政府高层对于两国关系的发展持正面积极态度，但是印尼社会对中国的负面认知根深蒂固。而人文交流是人与人之间沟通情感和心灵的桥梁，是国与国加深理解与信任的纽带，与其他外交手段相比更具有基础性、先导性、广泛性和持久性。[①] 人文交流一般包含人员交流、思想交流和文化交流，其目的是增进各国人民之间的相互认识与了解。[②] 对外人文交流是展示国家形象的重要渠道，而国家形象的好与坏直接关系到国际社会对该国的认同程度和该国的国际生存空间。[③]

（一）合作网络化助推机制化的实现

中印尼人文交流是以高级别人文交流机制为代表的顶层设计，是增强中国的国家软实力的重要路径，也是加强中印尼民心相通的重要举措。政治精英的顶层设计加快了中印尼人文交流的推进步伐，中印尼副总理级人文交流机制会议已成功举办三次，会议的机制化逐渐实现，中印尼在人文交流的八

① 刘延东：《深化高等教育合作，开创亚洲人文交流新局面》，《世界教育信息》2010 年第 12 期，第 11 页。

② 许利平、韦民等：《中国与周边国家的人文交流》，时事出版社，2015，第 4 页。

③ 曾祥明：《浅析新时代习近平对外人文交流战略》，《对外传播》2018 年第 4 期，第 33 页。

大领域的合作持续推进。另外，智库精英的合作互动的形式也逐渐实现规范化和机制化，为未来中印尼人文交流的持续推进提供了有力的智力支撑。

依托中印尼智库合作平台的网络化，智库精英的合作互动逐渐实现机制化。例如，2015 年，中印尼两国政府发表的共同声明指出，要扩大两国媒体、智库、高校以及研究所等机构交流合作，重点指出要继续办好“中国-印尼关系研讨会”。此后，中国人民外交学会①和印尼战略与国际问题研究所在成功举办前四届“中国-印尼关系研讨会”的基础上，继续在 2015 年和 2016 年举办了第五、第六届“中国-印尼关系研讨会”。另外，中国-东盟大学智库联盟当前以 3 年作为一个周期，滚动进行课题研究和调研计划。每年定期即于每届中国-东盟博览会期间在中国南宁召开共同学术论坛，同时，中国-东盟大学智库联盟也不定期邀请该领域相关专家学者进行学术交流。② 智库精英交流互动由网络化向机制化的推进，为智库精英的政策影响作用的发挥提供了更有效的渠道。

（二）合作成果共识上升为顶层设计

现阶段的中印尼人文交流的智库精英互动与合作，主要由中印尼两国官方的智库、协会组织和高校研究中心承担。印尼的智库合作主体包括印尼外交政策协会、印尼世界事务理事会、印尼战略与国际问题研究所、印度尼西亚大学等（见表 3）。中方的智库合作主体则包括国务院发展研究中心、中国人民外交学会以及众多高校附属的研究中心等智库。当前，中方主要是由高校的研究中心来开展中印尼智库合作，逐渐形成了以高校附属型的研究中心为代表的智库合作路径（见表 4）。其中，北京外国语大学中国-印度尼西亚人文交流研究中心和华中师范大学中国-印度尼西亚人文交流研究中心是

① 中国人民外交学会是新中国第一个专门从事人民外交的机构，主要是对国际形势、重大国际问题和外交政策进行研究，并开展与各国学术研究机构和社会团体的交流与合作，就重大国际和地区问题进行对话，同时组织和举办各种类型的论坛、研讨会、报告会、座谈会等。

② 《中国—东盟大学智库联盟成立》，新华网，http：//www.xinhuanet.com//world/2016-11/03/c_129349189.htm。

经教育部国别与区域研究中心（备案）批准的研究中心。

表 3　印尼的相关智库/研究中心情况一览

智库/研究中心名称	中国研究的相关机构
印尼战略与国际问题研究所	
印尼外交政策协会	中国政策研究小组
印尼世界事务理事会	
印度尼西亚大学	中国研究中心
泗水苏南·安佩尔伊斯兰国立大学	印尼—中国研究中心

表 4　中国高校成立的印尼研究中心情况一览

<table>
<tr><th></th><th>高校名称</th><th>研究中心</th><th>成立/揭牌时间</th></tr>
<tr><td rowspan="4">中国—印尼高校
智库联盟成员单位</td><td>北京外国语大学</td><td rowspan="2">中国—印度尼西亚
人文交流研究中心</td><td>2017 年 3 月 22 日</td></tr>
<tr><td>华中师范大学</td><td>2018 年 4 月 22 日</td></tr>
<tr><td>广东外语外贸大学</td><td rowspan="4">印度尼西亚研究中心</td><td>2011 年</td></tr>
<tr><td>河北师范大学</td><td>2012 年 11 月 28 日</td></tr>
<tr><td rowspan="2"></td><td>福建师范大学</td><td>2016 年 11 月 12 日</td></tr>
<tr><td>华侨大学</td><td>2017 年 12 月 22 日</td></tr>
</table>

资料来源：北外新闻网，http：//news. bfsu. edu. cn/；华中师范大学，http：//www. cistudy. cn/；广东外语外贸大学，http：//internationaloffice. gdufs. edu. cn/info/1009/6259. htm；河北师范大学，http：//io. hebtu. edu. cn/ynyjzx/；福建师范大学，http：//isc. fjnu. edu. cn/；华侨大学，http：//www. hqu. edu. cn/index. htm。

从全球范围来看，智库精英基本上围绕政治精英和社会大众采取各种途径方式影响决策，而中国的智库主要则通过内参系统、政府课题、专题讲座和决策培训等途径影响决策（如图 1 所示）。[①] 例如，华中师范大学中国-印度尼西亚人文交流研究中心就受中国教育部委托，开展中印尼人文交流相关调查与研究，并提交相关的咨询报告，研究中心也向教育部提供印尼月报。另外，高校的智库精英编撰出版了一批印尼问题的相关书籍以及介绍中国文

① 王辉耀、苗绿：《大国背后的“第四力量”》，中信出版社，2017，第 186~187 页。

化的印尼语书籍。[①] 智库精英研究成果在面向社会发布的同时，也会引起政府部门的关注，从而帮助塑造政策和引导公众对某些议题的思考[②]，对政策过程产生间接的影响。

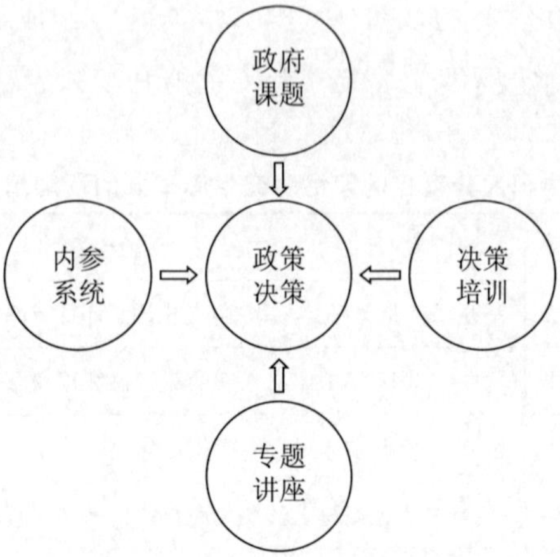

图 1　中国智库影响政府的决策渠道

中印尼智库精英每年举办或参加众多的座谈会、研讨会、国际论坛等学术交流活动（见表 5），部分合作成果成为中印尼人文交流顶层设计的理论指导。例如，中国政府主办的首届“一带一路”国际合作高峰论坛期间，包括国务院发展研究中心和印尼战略与国际问题研究所等在内的丝路国际智库网络在 2017 年的年会上通过《丝路国际智库网络北京共同行动宣言》，其中“中国国家开发银行与印度尼西亚—中国高铁有限公司签署雅万高铁项目融资协议，与斯里兰卡、巴基斯坦、老挝、埃及等国有关机构签署港

① 例如，华中师范大学中国—印度尼西亚人文交流研究中心相继编撰出版了《印度尼西亚国情报告（2015）》《印度尼西亚国情报告（2016）》《印度尼西亚国情报告（2017）》《印度尼西亚国情报告（2018）》。广东外语外贸大学印度尼西亚研究中心编撰出版了印尼文书籍《汉字里的故事》、中印尼文对照书籍《孙子兵法》和《印度尼西亚经济蓝皮书：印度尼西亚经济发展报告（2017）》《印度尼西亚蓝皮书：印度尼西亚经济社会发展报告（2018）：趋势与挑战》。

② 王辉耀、苗绿：《大国背后的“第四力量”》，中信出版社，2017，第 149 页。

口、电力、工业园区等领域基础设施融资合作协议”被纳入论坛成果清单。[①] 另外，2018 年，中国—东盟思想库网络向第 21 次中国—东盟领导人会议递交《推进制订中国—东盟战略伙伴关系 2030 年愿景特别工作组会》和《电子商务合作工作组会》两份报告，受到会议主席以及《中国—东盟战略伙伴关系进展报告》的认可。[②] 智库精英的合作成果上升到顶层设计，为政治精英的政策制定提供了政策参考，也提升了智库精英的影响力。

表 5　中国部分高校的印尼研究中心举办的活动情况一览

高校名称	活动时间	活动内容
北京外国语大学	2017 年 6 月	举办“21 世纪海上丝绸之路与中国—印尼智库合作国际学术研讨会”
	2017 年 11 月	举办“2017 年中印尼人文交流机制智库论坛”
	2019 年 11 月	举办“2019 中印尼青年高端论坛”
华中师范大学	2016 年 4 月	举办“21 世纪海上丝绸之路与中国—印尼战略合作”国际研讨会
	2017 年 11 月	主办首届“21 世纪海上丝绸之路”与中国—印尼人文交流机制研讨会
	2018 年 11 月	举办“2018 中印尼高校人文交流国际论坛”
	2019 年 11 月	举办“2019 中印尼人文交流发展论坛”
广东外语外贸大学	2017 年 11 月	举办“国际海丝论坛首次会议——海上丝绸之路沿线国家交流史国际研讨会”
	2018 年 11 月	举办“中印尼工商与人文交流国际论坛”
河北师范大学	2018 年 6 月	举办“中国-印尼文化交流和教育合作国际研讨会”
	2019 年 11 月	在印尼与玛拉拿达基督教大学共同主办第四届“万隆精神论坛”

资料来源：北外新闻网，http：//news. bfsu. edu. cn/；华中师范大学，http：//www. cistudy. cn/；广东外语外贸大学，http：//cis. gdufs. edu. cn/；河北师范大学，http：//www. hebtu. edu. cn。

① 国务院发展研究中心：《〈丝路国际智库网络北京共同行动宣言〉被纳入“一带一路”国际合作高峰论坛成果清单》，http：//www. drc. gov. cn/ndhy/20170629/371-1319-2893612. htm。

② 外交学院亚洲研究所，http：//ias. cfau. edu. cn/art/2019/1/8/art_1628_71085. html。

（三）从民众交流困境到民心相通的转变

当前，印尼普通民众仍对中国存在负面认知，认为不是印尼而是中国才是两国关系发展的主要受益者。① 同时，印尼民众认为中国的快速发展在给印尼带来机遇的同时，也带来了威胁和挑战，印尼的对华政策充满着希望、焦虑和担忧的矛盾因素。② 另外，“精英民主理论”认为，多数民众在政治生活中是被动的和冷漠的，不能准确判断公共事务，故而不能参加政治决策。中印尼两国民众相互间的负面认知以及民众对政治参与的冷漠，共同造成中印尼两国民众交流的困境。

近年来，随着东南亚国家经济的崛起，东南亚国家的国际影响力逐步增强。2013 年，中印尼两国建立全面战略伙伴关系，此后，中印尼两国建立了更为牢固的关系，促进了中印尼的经济发展。③ 中印尼两国关系的良好发展，对中国和东盟国家乃至“一带一路”共建国家的人文交流具有积极示范和引领作用。④ 当前，中印尼两国的人文交流在教育、科技、卫生、文化、旅游、体育、青年、媒体八大领域，呈现出宽领域、多层次、高水平的特点⑤，取得显著的成果（见表 6）。

2015 年中印尼副总理级人文流机制建立后，中国赴印尼旅游的人数持续增长。2017 年，中国已成为印尼最大海外游客来源国和第二大留学目的

① Ari Kokko, “China's Economic Engagement with Southeast Asia: Indonesia,” *Bulletin of Indonesian Economic Studies*, 2014, Vol. 50, No. 3, p. 506.

② Evi Fitriani, “Indonesian Perceptions of the Rise of China: Dare you, Dare you not,” *The Pacific Review*, 2018, p. 1.

③ Hermaputi Roosmayri Lovina, Gong Jiajia and Hua Chen, “Review of ‘The Chinese Belt and Road Initiative’: Indonesia - China Cooperation and Future Opportunities for Indonesia's Port Cities Development,” *Journal of Regional and City Planning*, 2017, Vol. 28, No. 3, p. 162.

④ John Lee, “China's Economic Engagement With Southeast Asia: Indonesia,” *Trends in Southeast Asia*, 2013, p. 3.

⑤ 许利平：《新时期中国与印尼的人文交流及前景》，《东南亚研究》2015 年第 6 期，第 37 页。

地国，越来越多的印尼青年人到中国学习、工作和创业。[①] 2017年，中国赴印尼旅游人数增长达34.4%，游客人数突破200万，占印尼国际游客总数的14.95%，为印尼旅游业带来超过20亿美元的外汇收入。[②] 中印尼人文交流的民众参与是普通民众以非公务目的开展的行为，可以表现在多个方面，比如民众旅游、个体经济活动和留学。另外，印尼民众对中国文化兴趣增加，参加汉语学习和考试的学生人数逐年上升[③]，印尼在华留学规模屡创新高。2017年，印尼在华留学生人数超过1.4万，居来华留学人数国家的第7位。中印尼青年和社会民众相互了解的深入，对于提升两国民众认知将发挥更直接和有效的作用。

表6 近年来中印尼人文交流合作八大领域成果情况一览

合作领域	合作成果
教育领域	成立中国—印尼高校智库联盟、中国—东盟大学智库联盟等智库合作平台
	中方设立“中印尼交流专项奖学金”项目
	印尼大学生来华参加“汉语桥”夏令营
	签署《中印尼高等教育合作协议》和《中印尼高等教育学历互认协议》
科技领域	成立中国—印尼生物技术联合实验室
	成立中印尼技术转移中心
	合作成立高温气冷堆联合实验室
	签署《中国科学院和印尼科学研究院科技合作谅解备忘录》
	联合申请中国—印尼海上合作基金项目，共同打造“印尼海洋生态牧场”
	签署《中印尼科技创新合作三年行动计划（2018—2020年）（草案）》
文化领域	大型舞剧《丝海梦寻》在印尼成功演出
	中国爱乐交响乐团在印尼成功演出

① “Embarking on New Voyage of China-Indonesia Friendly Cooperation,” *The Jakarta Post*, May 5, 2018.

② 《中国连续两年成为印尼最大国际游客来源地》，中国—印尼经贸合作网，http://www.cic.mofcom.gov.cn/article/doublestate/201802/397941.html。

③ 《专访：印尼和中国人文交流方兴未艾——访印尼新任驻华大使乔哈里》，中华人民共和国中央人民政府网站，http://www.gov.cn/xinwen/2018-05/06/content_5288421.htm。

续表

合作领域	合作成果
卫生领域	“中华文化东南亚行——中医中药行”活动成功走进印尼
媒体领域	央视中文国际频道、英语新闻频道、记录国际频道3个频道在印尼播出
	中国中央广播电视总台与印尼国家电视台签署“中国剧场”播出合作协议
体育领域	选派中国羽毛球队、橄榄球队、国家青年女子篮球队、武术队赴印尼参赛
旅游领域	印尼方应邀来华参加2015中国—东盟博览会旅游展
	印尼方应邀来华参加丝绸之旅旅游部部长会议
	成立福建（印尼）海外旅游合作推广中心
青年领域	举办中印尼青年代表团互访活动

资料来源：中华人民共和国教育部《中国—印尼副总理级人文交流机制第二次会议：第二届中国—东盟教育部长圆桌会议新闻发布会上的讲话》，http：//www.moe.gov.cn/jyb_xwfb/moe_2082/zl_2016n/2016_zl42/201607/t20160727_273096.html。

结　语

通过对精英主义的分析路径可以看出，基于中印尼双边关系特定历史发展时期的现实需要，智库精英对当前阶段中印尼两国人文交流发挥着重要作用，智库精英的网络平台和信息流通对政治精英的政治决策过程产生了重要影响。当前，中印尼人文交流合作虽不断得到发展，但出于历史的原因和现实的文化差异，广泛的民众正面认知可能需要较长时期才能形成。如何通过强化中印尼智库精英的互动，开展更紧密、宽领域的合作，继续发挥智库精英和政治精英等精英群体在人文交流中的作用，成为中印尼两国精英群体未来努力的方向。

中国与印度尼西亚媒体交流报告

张　弦　王　鹏*

一　前言

媒体交流作为对外交往的窗口和纽带，一向是国家间人文交流的重要领域和组成部分，在推动国与国相互认知、增进民众彼此了解、塑造国家形象和提升国家软实力方面发挥着重要作用。尤其是进入互联网时代后，国际传播变得更加便捷和高效，表现出传播渠道多元化、方式多样化、范围扩大化、互动即时化等特点①，新媒体时代的受众更渴望获得传播的主动权以及更强的参与感。② 媒体报道是周边国家人民获得中国认知的主要渠道，增进中国与目标国家间的媒体交流是减少双方认知差异、增强彼此互信的重要方式，也是提升人文交流水平的关键抓手。③

中国与印度尼西亚同为 G20 成员和区域内有重要影响力的大国，印尼也是“21 世纪海上丝绸之路”的重要节点国家。自 2013 年建立全面战略伙伴关系以来，两国关系持续发展，成为中国东盟战略伙伴关系的重要支柱，也是发展中国家南南合作的重要组成部分。作为中印尼副总理级人文交流机制确定优先发展的八大领域之一，两国媒体交流持续深入，互动愈加频繁，合作成果不断涌现。媒体交流为中印尼人文交流注入了新的动能，开拓了新的局面。尽管如此，应该看到，相较于两国在其他领域的人文交流合作，中

* 张弦，华中师范大学政治与国际关系学院讲师；王鹏，华中师范大学政治与国际关系学院硕士研究生。

① 宋媛媛、王雪野：《“一带一路”背景下媒体推动文化交流的作用》，《国际传播》2019 年第 5 期。

② 虞向军：《新媒体时代外宣影像传播策略思考》，《对外传播》2019 年第 7 期。

③ 许利平：《中国与周边国家的人文交流：路径与机制》，《新视野》2014 年第 5 期。

印尼媒体交流仍然存在短板和不足，合作机制不完善、媒体间协调性不强、对新媒体合作重视程度不够等问题亟须在未来加以解决和完善。

二 中印尼媒体交流持续升温

过去几年，中印尼媒体交流围绕着“一带一路”倡议全面展开，报道形式不断丰富，交流频次愈加频繁，活动主体日趋多样。通过媒体交流，两国增进了彼此之间的文化了解、政治互信与民心相通，媒体交流成为促进中印尼关系健康发展的重要推手。

（一）围绕“一带一路”倡议开展媒体交流活动

“一带一路”作为我国近年来最重要的国际倡议，引起全世界的广泛关注。这其中，媒体肩负着传播“一带一路”倡议并使其在世界范围内获得广泛理解和认同的重要任务。自“一带一路”倡议于2013年提出以来，中国围绕着“政策沟通、设施联通、贸易畅通、资金融通、民心相通”五个方面与世界各国共同行动，取得了一系列的成果。中印尼两国媒体在“民心相通”上共同发力，经常性地举办媒体座谈会、交流会等活动。2015年6月，新华社、《人民日报》和中央电视台等10家中方主流媒体同印尼安塔拉通讯社巴厘省分社和以《雅加达邮报》为代表的印尼主流新闻媒体代表团举办了“中国—印尼‘一带一路’媒体座谈会”，双方围绕着中国“一带一路”倡议和两国关系发展进行了广泛而深入的交流[①]；2016年10月，首届“丝绸之路”媒体合作论坛召开，包括印尼在内的15家海外媒体与中国新闻、中国日报社等，探讨“丝路”背景下的媒体合作，共同讲述“丝路故事”。[②] 通过此类座谈活动，印尼媒体对“一带一路”倡议有了更客观、

---

① 《中国—印尼“一带一路”座谈会举办成功》，新华社，2015年6月3日，http://www.xinhuanet.com/zgjx/2015-06/03/c_134294501.htm。

② 《“丝绸之路”媒体合作论坛在南京召开》，中国新闻网，2016年10月24日，http://www.chinanews.com/gn/2016/10-24/8042030.shtml。

真实和全面的理解与认识；2017 年 5 月 14～15 日，首届“‘一带一路’国际合作高峰论坛”在北京召开，习近平主席在开幕式上富有创见地提出了“打造新闻合作联盟”的重要倡议，号召发挥媒体社会功能、彰显传播独特优势、搭建开放合作平台，为“一带一路”区域经济繁荣与世界和平发展做出贡献。包括印尼在内的“一带一路”共建国家新闻媒体对此倡议积极响应。[①]

（二）举办媒体对话交流论坛

机制性的媒体交流论坛为中印尼双方的媒体交流与合作创造了一个很好的平台，两国媒体可以围绕双方共同感兴趣的话题进行对话。2013 年 4 月 22～23 日，由印尼驻华大使馆和印尼安塔拉通讯社共同主办的“中国·印尼媒体交流论坛”在北京举办，论坛主题为“机遇与挑战：媒体在促进印尼与中国民间交流中发挥的作用”。[②] 新华社副社长周锡生、印尼通讯与信息技术部副部长弗兰迪、印尼驻华大使易慕龙、安塔拉通讯社社长扎伊姆以及两国近 20 家主流媒体的代表共 40 多人参加了该论坛；2016 年 9 月 28 日，由国务院新闻办公室和中国驻印尼大使馆联合主办、中国外文局承办的首届“中印尼媒体论坛”在印尼首都雅加达举行，主题为“对话与合作”。《人民日报》、新华社、中央电视台等中方主流媒体以及《罗盘报》、安塔拉通讯社等印尼当地主流媒体的代表齐聚一堂，围绕“媒体的社会责任”“媒体融合发展的创新与实践”等议题展开热烈讨论。[③]

（三）加大“请进来”和“走出去”活动力度

媒体既是对外宣传的主渠道，也是进行文化互动的载体。通过邀请走

---

① 《习近平在“一带一路”国际合作高峰论坛开幕式上的演讲》，新华网，2017 年 5 月 14 日，http：//www.xinhuanet.com/politics/2017-05/14/c_1120969677.htm。

② 《中国印尼媒体交流论坛在京举办》，凤凰网，2013 年 4 月 23 日，http：//news.ifeng.com/gundong/detail_2013_04/23/24546751_0.shtml。

③ 《中印尼媒体论坛达成合作共识》，环球网，2016 年 9 月 30 日，https：//world.huanqiu.com/article/9CaKrnJXTeK。

访、影视剧活动、文化艺术节等形式，中方媒体可以很好地向印尼民众介绍中国的社会、经济和文化发展状况。2014 年 11 月 18 日，应国新办邀请访华的印度尼西亚媒体智库代表团一行访问了国家民委，了解中国的民族政策特别是信仰伊斯兰教民族的有关情况[①]；2015 年和 2016 年，中国驻印尼棉兰总领馆两次举办“印尼媒体走进中资企业”活动，邀请北苏门答腊电视台和当地五家印尼报社记者参观中资投资并承建的棉兰工业园 2×150MW 电站、棉兰—瓜拉纳姆机场高速公路项目、民丹工业园区等项目[②]；2016 年 10 月，第二届泉州“海上丝绸之路国际艺术节——中外戏剧展演暨第六届中国木偶皮影中青年技艺传承展演”吸引了包括印尼在内的六个国家的艺术院团前来交流，印尼最大华人媒体《国际日报》等进行了相关报道，受到印尼普通民众的广泛关注[③]；2017 年 4 月，由印尼阿拉扎大学孔子学院主办的“青春微映丝路情暨 2017 印尼青年微电影节”在雅加达登场，融合中印尼两国文化的影片在电影节上展映，增进了印尼人民对中国的了解。[④]

（四）积极推动地方层面的媒体交流

近年来，福建、广西、云南等中国省份，凭借地理相近、文化相通、亲缘相连的优势，加大对印尼媒体的交流和宣传力度，让印尼民众认识到中国“与邻为善、以邻为伴”的理念，提升了中国在印尼人民心中的好感度。2013 年，《云南日报》与印尼《国际日报》联合推出《国际日报 · 美丽云南》专刊，介绍云南的自然地理、风土人情和历史习俗，积极宣传云南与印尼人民广泛而悠久的联系，吸引大批印尼民众赴滇旅游；2014 年，广西

---

① 《印尼媒体智库代表团来国家民委拜会》，人民网，2014 年 11 月 21 日，http://politics.people.com.cn/n/2014/1121/c70731-26067122.html。

② 《驻棉兰总领馆举办“印尼媒体走进中资企业”活动》，外交部官网，2016 年 11 月 12 日，http://www.mofcom.gov.cn/article/i/jyjl/j/201611/20161101726624.shtml。

③ 《第二届海上丝绸之路国际艺术节，境外 6 个艺术院团齐聚泉州献艺》，闽南网，2016 年 10 月 11 日，http://www.mnw.cn/quanzhou/news/1398602.html。

④ 《印尼微电影节推动中国印尼人文交流》，新华网，2017 年 4 月 12 日，http://www.xinhuanet.com//zgjx/2017-04/02/c_136178112.htm。

在印尼开展“一带一路”图书展销暨版权贸易洽谈会，吸引了印尼媒体的注意和报道；2016 年 9 月，广西启动“文化中国·海外媒体聚焦广西”活动，邀请印尼媒体记者探寻“一带一路”下的“广西故事”，密切了广西与印尼的交流①；2018 年 5 月 2~6 日，印尼巴厘省媒体记者团一行 10 人应邀到福建省厦门、泉州、福州等地采访拍摄，先后访问了厦门远海自动化码头、华侨大学厦门校区、泉州洛江区南山岧厘社区、福州永泰县嵩口镇，增进了印尼对福建社会经济发展的了解。②

（五）启动中印尼媒体影视合作项目

中印尼两国合作制播影视节目，有利于克服彼此语言和思维上的差异，以当地民众喜闻乐见的方式将“中国故事”和“印尼故事”分别介绍给两国人民。借助印尼媒体平台，中国优秀的影视剧得以在印尼播出，也可以让印尼民众更多了解中国的文化和社会生活。2016 年 3 月，由中国驻印尼大使馆与印尼国家电影局、印尼创意经济局、印尼中国友好协会联合主办的“2016 中国电影周”在雅加达成功举办，广大印尼观众在家门口就看到了精彩的中国电影；2017 年 11 月 27 日，讲述中国救援队参与 2004 年底印度洋海啸救援行动的中印尼首部合拍影片——《大海啸》在雅加达正式开拍。该片是中印尼两国政府电影合作协议的启动项目，也是中印尼两国人文领域合作的重点项目③；2018 年 10 月 25 日，印尼国家电视台在雅加达举行“中国剧场”开播仪式，由中央广播电视总台译制的印尼语版中国电视剧《鸡毛飞上天》和动画片《中国熊猫》首次在印尼国

① 《海外媒体聚焦广西“一带一路”建设》，《广西日报》2016 年 9 月 17 日，http：//www.gxzf.gov.cn/mlgx/gxjj/gxydyljs/20160917-545698.shtml。

② 《一次联通心灵的采访旅程——印尼巴厘省主流媒体记者团访闽记》，福建省外办官网，2019 年 4 月 16 日，http：//wb.fujian.gov.cn/ztzl/fjysj/wgrkhx/201904/t20190416_4851455.htm。

③ 《中印尼首部合拍影片〈大海啸〉在雅加达启动》，新华网，2017 年 11 月 27 日，http：//www.xinhuanet.com//overseas/2017-11/27/c_1122019648.htm。

家电视台的黄金时段播出。[①]

三　中印尼媒体交流现况

2019 年是中印尼媒体交流朝着更全面方向发展的一年。在这一年，借“中国-东盟媒体交流年”的东风，中印尼媒体全面深化交流，合作成果不断涌现。媒体交流不仅进一步引领其他人文领域的交流合作，更推动中印尼两国关系向前发展。

（一）继续围绕“一带一路”倡议讲好“丝路故事”

2019 年 4 月 26 日，中国国家主席习近平在第二届“‘一带一路’国际合作高峰论坛”开幕式上发表了题为“齐心开创共建‘一带一路’美好未来”的主旨演讲，指出“我们要积极架设不同文明互学互鉴的桥梁，深入开展……各领域人文合作……形成多元互动的人文交流格局”。[②] 这其中，媒体交流是向印尼民众宣传“一带一路”的重要渠道，有利于双方消除误解、增进友谊、携手合作。2019 年 4 月 23 日，“一带一路”新闻合作联盟首届理事会议在人民日报社成功召开，习近平主席特地向会议发来贺信。理事会由包括印度尼西亚《雅加达邮报》在内的 25 个国家的 40 家媒体共同组成，标志着“一带一路”新闻合作联盟建设已经取得了实质性进展。[③] 2019 年 4 月 25 ~ 27 日，作为“一带一路”新闻合作联盟理事单位，印尼《雅加达邮报》参加了第二届“‘一带一路’国际合作高峰论坛”及附设的“智库交流”分论坛。中印尼两国媒体代表围绕“共商：‘一带一路’与各国发展战略与规划对接”“共建：公平、开放、透明的‘一带一路’国际规

① 《“中国剧场”栏目正式亮相印尼国家电视台》，新华网，2018 年 10 月 25 日，http://www.xinhuanet.com/ent/2018-10/26/c_1123615811.htm。

② 习近平：《齐心开创共建“一带一路”美好未来——在第二届“一带一路”国际合作高峰论坛开幕式上的主旨演讲》，《人民日报》2019 年 4 月 27 日。

③ 《“一带一路”新闻合作联盟首届理事会议开幕》，新华网，2019 年 4 月 24 日，http://www.xinhuanet.com/mrdx/2019-04/24/c_138003961.htm。

则体系”“共享：‘一带一路’与全球经济包容普惠共享发展”等议题在论坛中进行了面对面的交流讨论，从媒体角度探讨如何高质量地推进“一带一路”建设及促进中印尼两国合作。《雅加达邮报》副总编陶菲克拉赫曼·穆罕默德在受访时表示，“新闻合作联盟是媒体实践‘一带一路’倡议的大平台，大家集思广益讲好‘一带一路’故事，让相关倡议更好地为世界各国民众所了解”。[①] 2019年7月23~30日，农民日报社唐园结社长率中国新闻媒体代表团一行5人访问印度尼西亚，先后走访了印尼旅游部、记者协会和跨媒体集团（PT TRANS MEDIA）。访问中，围绕“‘一带一路’倡议下加强新闻界合作”这一主题，中方介绍了中国改革开放和中国新闻界的发展状况，印尼方则介绍了“一带一路”项目的落地进展以及为当地群众生活带来的变化。双方还积极商讨了如何在“一带一路”框架下推进两国媒体的务实合作。[②] 2019年9月28日，由中华全国新闻工作者协会主办的2019“一带一路”记者组织论坛在北京举行，产生了首届平台主席团和秘书处，主席团由包括中国、印度尼西亚在内的六国记者组织负责人组成，任期五年。此次论坛的成功举办使包括中印尼媒体在内各国媒体间的合作更加组织化，为报道“一带一路”提供便利条件，共同弘扬“丝路精神”，传递“丝路”能量，讲好“丝路”故事。[③]

（二）依托东盟平台推出新的媒体合作成果

印度尼西亚作为东盟创始成员国和最大经济体，一向将东盟视作其对外交往的重要平台；而中国在进一步推进与东盟间经贸合作的基础上，也愈加重视双方在媒体领域的交流。习近平指出，“希望双方媒体做友好交往的传播者、务实合作的推动者、和谐共处的守望者，讲好共促和平、共谋发展的

① 《“一带一路”媒体、智库交流合作成果丰硕》，新华网，2019年4月28日，http：//www.xinhuanet.com/zgjx/2019v/2019-04/28/c_138017342.htm。

② 《中国新闻代表团结束访问印度尼西亚和马来西亚》，中国记协网，2019年8月5日，http：//www.zgjx.cn/2019-08/05/c_138285443.htm。

③ 《2019“一带一路”记者组织论坛在北京举行》，新华网，2019年9月28日，http：//www.xinhuanet.com/politics/2019-09/28/c_1125053346.htm。

故事，为共建更为紧密的中国—东盟命运共同体做出更大贡献”。[①] 借助2019“中国—东盟媒体交流年”的契机，中国和东盟通过媒体交流合作加深彼此间的关系[②]，双方共同发表了《深化中国—东盟媒体交流合作的联合声明》，探讨制定《中国—东盟视听传播合作五年行动计划》。[③] 在此背景下，中印尼之间的媒体交流在各个层面持续深化，结出累累硕果。2019 年 1 月 14 日，中国驻东盟使团与东盟秘书处在印尼首都雅加达联合举办“中国—东盟大型人文纪录片《丹行线》（印尼篇）发布仪式”。该纪录片由中国和印尼媒体共同制作，从中国著名主持人朱丹的视角展示印尼美丽的自然风光，以朴素、真实的美让两国人文交流的魅力植根于普罗大众，促进两国人民之间的沟通和理解。这是中印尼媒体在彼此合作上取得的重要成果。[④] 2019 年 7 月 8 日，首届“中国-东盟传媒与新闻传播教育国际研讨会暨中国—东盟新闻与传播学院院长论坛”在南宁举行，包括印尼在内的 8 个东盟国家的 14 位新闻传播院系的院长（系主任）与广西大学、复旦大学、华中科技大学、厦门大学、暨南大学等中方高校共 30 余位专家齐聚一堂，分享研究成果，探讨互联网形势下各国新闻媒体及新闻教育所面对的共同问题。[⑤] 2019 年 7 月 24 日，以“数字时代：加强媒体联结，共创美好未来”为主题的“中国—东盟媒体高峰论坛”在雅加达举行，来自中国与东盟国家的政府官员、媒体机构负责人及专家学者共 300 余人与会。论坛发布了一批合作成果，汇集共同智慧、形成重要共识，为推动中国东盟关系发展及应

① 《人民日报钟声：讲好共促和平、共谋发展的故事》，人民网，2019 年 2 月 21 日，http://opinion.people.com.cn/n1/2019/0221/c1003-30851881.html。

② 《中国-东盟媒体高峰论坛达成重要共识》，新华网，2019 年 7 月 25 日，http://www.xinhuanet.com/2019-07/25/c_1124797546.htm。

③ 虞雪：《跨文化交流视野下中国与东盟的媒体合作》，《传媒论坛》2019 年第 8 期。

④ 《庆中国-东盟媒体交流年，人文交流大型纪录片〈丹行线〉发布》，澎湃新闻，2019 年 1 月 17 日，https://www.thepaper.cn/newsDetail_forward_2865790。

⑤ 《首届 2019 中国-东盟传媒与新闻传播教育国际研讨会暨中国-东盟新闻与传播学院院长（系主任）论坛在广西大学举行》，搜狐网，2019 年 7 月 8 日，https://www.sohu.com/a/325433001_114731。

对本地区面临的共同挑战出谋划策。① 2019年8月，第三届“中国媒体东盟行”活动走进印度尼西亚。来自央视、《环球时报》、《大众日报》、《广西日报》、《海南日报》、江西广播电视台等中国央地媒体的记者走访（雅加达）东盟秘书处及印尼各地，深入考察印尼经济、社会、旅游和文化产业等领域的发展现状，实地采访报道中国与印尼在各领域取得的丰硕成果。② 2019年9月15~25日“2019中国东盟电视周”期间，中国和东盟国家的22个电视频道和2个网络平台，一共展播了30余部纪录片、电视剧、电影和综艺节目，广西电视台与印尼创意经济局等进行了合作签约。③

（三）“走出去”和“请进来”活动热度不减

2019年7月22日，“中印尼旅游合作媒体对话会”在印尼巴厘省首府登巴萨举行，此次活动由中国公共外交协会、中国驻登巴萨总领事馆及印尼巴厘旅游理事会共同主办。中国公共外交协会胡正跃副会长、中国驻登巴萨总领事荀皓东、印尼巴厘省副省长佐科达、巴厘旅游理事会主席阿贡等政要及环球网、安塔拉通讯社、《千岛日报》等双方媒体代表共100余人出席活动。与会嘉宾就如何进一步加强两国在旅游领域的合作以及媒体在促进旅游合作中的作用进行了深入讨论。④ 2019年8月26日，印尼媒体代表团一行11人应中国公共外交协会邀请访华。协会副会长胡正跃、协会常务理事及中国外文出版发行事业局原局长周明伟与来自印度尼西亚巴厘、东努、西努三省的媒体记者在北京东岳庙会面，双方就如何进一步加强人文交流和媒体合作等话题进行了深入讨论。周明伟特别感谢印尼媒体团“带着印度尼西亚的眼睛和耳朵”向中国民众介绍印尼三省，同时对他们给印尼民众带回

① 《中国—东盟媒体高峰论坛达成重要共识》，中国记协网，2019年7月26日，http://www.zgjx.cn/2019-07/26/c_138259404.htm。

② 《第三届“中国媒体东盟行”活动成功举行》，《中国报道》2017年第8期。

③ 《2019年中国-东盟电视周举办》，国家广播电视总局网站，2019年9月29日，http://www.nrta.gov.cn/art/2019/9/29/art_112_47599.html。

④ 《中印尼旅游合作媒体对话会在登巴萨举行》，环球网，2019年7月22日，https://world.huanqiu.com/article/9CaKrnKIHDb。

有关中国情况的最新消息表示期待。[①] 高校作为重要的智库平台，既为开展中印尼人文交流提供政策建议和智力支持，也通过自身活动切实推进了两国的媒体交流。2019 年 10 月 30 日，印度尼西亚智库媒体代表团一行 8 人到访华中师范大学中印尼人文交流研究中心。包括《雅加达邮报》、《独立人民报》、印尼第一电视台及印尼最大在线网站——点滴网在内的代表团成员，与中方专家学者就如何通过媒体合作促进双方人文交流进行了深入探讨。代表团一行还实地参访了湖北电视台等新闻媒体，与中国同行就节目制作及媒体营销分享经验。[②] 2019 年 11 月 14～16 日，包括印尼美都电视台、《印尼媒体报》、《千岛日报》等在内的印尼媒体主编团一行 18 人，应中方邀请访问新疆。通过在新疆各地实地走访，印尼媒体充分认识到新疆文化的多样性以及中国政府为促进社会和谐而采取的多种举措。美都电视台在《中国新疆的多样性管理》报道中称赞，在新疆“亲眼见证了令人惊叹的美好场景”，同时赞扬当地政府为确保到访游客安全所做出的巨大努力。《印尼媒体报》则以“新疆伊斯兰经学院预防激进主义”“新疆通过展览教育恐怖主义的危险”等为题连续刊文，客观报道在新疆的所见所闻，驳斥了某些西方媒体的偏见。[③]

四　中印尼媒体交流发展前瞻

媒体是人文交流的主要载体，也是见证两国关系的晴雨表，对于促进民心相通意义重大。过去几年，中印尼媒体交流持续深入，无论在交流的广度还是合作的层次上，都有了长足的进步。展望未来，可以在如下几个方面进

① 《人文交流：增进了解的钥匙——中国公共外交协会会见印度尼西亚媒体访华团》，《人民画报》2019 年 8 月 27 日，http://www.rmhb.com.cn/wh/201908/t20190827_800176886.html。

② 《印尼智库媒体代表团到华师访问》，《湖北日报》2019 年 10 月 31 日，http://hbrbshare.hubeidaily.net/hbshare/news/detail_index.html。

③ 《印尼主流媒体客观报道中国新疆现状》，《千岛日报》2019 年 11 月 19 日，https://www.qiandaoribao.com/2019/11/19/。

一步促进两国媒体交流。

（一）积极借重东盟平台推动两国媒体合作

如前文所述，中国和印度尼西亚都重视与东盟的关系，两国均在各领域积极发展与东盟的交往，这其中也包括媒体间的交流合作。近年来，中国和东盟的媒体交流蓬勃开展，包括“中国—东盟媒体交流年”“中国—东盟电视周”在内的一系列活动显著加强了双方在新闻领域的合作。东盟秘书长林玉辉曾表示，“东盟—中国媒体交流年将促进加强双方媒体合作，促进人民更好地相互了解。东盟愿同中国充分利用现代技术进一步加强传播能力建设，推动媒体服务于各领域合作，增进双方民众相互理解，助力东盟共同体建设和东盟—中国关系发展”。[①] 中国和东盟的媒体交流存在诸多固定合作机制，而与之相对，中国和印尼的媒体交流缺少相应的机制保障，难以形成常态化的交流态势。因此，中印尼媒体可以借助中国—东盟媒体合作平台扩大两国媒体的受众面和发声空间，这样可以在降低资源使用成本的同时，赋予中印尼双边媒体合作以多边交流意义。东盟作为合作平台，能为中印尼媒体间的互动创造机会，既可以加强彼此间的关系，也能推动东盟其他成员国乃至整个东盟与中国的交往。不过要注意的是，在借助东盟平台进行中印尼两国媒体交流时，一是不能走向“多边压倒双边”从而淡化原有的双边交流关系，避免在讲好“东盟故事”的同时忽视了“印尼故事”；二是要注意到东盟十国情况各不相同，在与各方保持沟通时应注重“求同存异”；三是要保证新闻的准确性，注意防范假新闻和假消息。中国驻东盟大使黄希廉表示，在假信息和假新闻在互联网上迅速传播的背景下，东盟和中国需要寻求新的媒体合作方式来加以应对。[②]

① 《中国-东盟媒体高峰论坛达成重要共识》，新华网，2019 年 7 月 25 日，http：//www.xinhuanet.com/2019-07/25/c_1124797546.htm。

② “ASEAN, China to Cooperate in Engaging with New Media,” *The Jakarta Post*, July 24, 2019.

（二）加强两国在新媒体领域的合作

随着互联网技术的发展，新媒体的出现给传统媒体带来了巨大冲击。智能手机的广泛持有意味着更多民众可以通过移动终端接发信息，社交媒体的普遍应用则出现了“人人是记者、个个发新闻”的新情况。国外的脸书（Facebook）、推特（Twitter）和国内的QQ、微信、微博就是社交媒体的典型代表。近年来，印尼新媒体行业发展非常快，用户数量不断增多。根据雨果网2017年对印尼社交媒体使用数据的统计，印度尼西亚的社交媒体渗透率（总社交媒体用户数/人口数）为33.4%，而移动社交媒体渗透率（移动社交媒体用户数/总社交媒体用户数）为84.9%。[①] 据预测，印尼将在2025年成为智能手机超级大国，拥有4.1亿个用户，仅次于中国（14.69亿）和印度（9.83亿），成为全球第三大智能手机市场。摩根大通（JP Morgan Investment Bank）估计，印尼是全球增长最快的手机交易市场之一，总价值为71亿美元。[②] 根据《东南亚数码经济报告》，印尼数码经济规模名列区域榜首，2019年达到400亿美元，预计在2025年达到1300亿美元。截至2019年，东南亚地区的10家独角兽初创公司中，印尼独占4家。[③] 与之相应，中国互联网络信息中心发布的第42次《中国互联网络发展状况统计报告》数据显示，截至2018年6月，中国网民规模达到惊人的8.02亿人，互联网普及率为57.7%，手机网民规模则达到8亿人。[④] 由此可见，两国新媒体行业的迅猛发展和庞大的新媒体使用人数为彼此加强在新媒体领域的合作奠定了良好基础。不仅如此，全球网络指数（Global Web Index）还显示，

---

① 《2017年东南亚社交媒体使用数据概览》，雨果网，2017年11月24日，https：//www.cifnews.com/article/30717。

② 《印尼2025年或将是最大移动设备市场》，《千岛日报》2019年12月15日，https：//www.qiandaoribao.com/2019/12/15/。

③ 《2025年数码经济预计达1300亿美元 科技翻转印尼生活景观》，《千岛日报》2020年3月31日，https：//www.qiandaoribao.com/2020/03/31/。

④ 《CNNIC发布第42次〈中国互联网络发展状况统计报告〉》，中华人民共和国国家互联网信息办公室，2018年12月25日，http：//www.cac.gov.cn/2018-12/25/c_1123900964.htm。

印尼近97%的用户使用智能手机连接互联网。与其他国家相比，印尼消费者明显愿意花更多时间使用手机。据统计，印尼92%的互联网用户平均每天使用3小时26分在社交媒体上互动。2020年新冠疫情暴发后，许多国外民众通过社交媒体向中国表达支持和祝福，这其中也包括印尼民众。占碑省的一名印尼警官就通过唱歌的形式鼓励新冠疫情暴发后的武汉人，这在印尼和中国的社交媒体上都激起强烈反响并被中国传统媒体采访报道。[①] 基于此，在新媒体这一领域，中印尼双方有必要推动彼此间的交流合作。一方面，传统媒体行业从业者应加强学习，增强自身应对媒体技术、跨国传播、多文化交流发展所要求的能力，无论在外国语言、风俗历史，还是在国际传播理论和实务上都应有所掌握；另一方面，社交媒体走向海外，务必要遵守所在国的法律法规和人文习俗，对当地的宗教文化和民族禁忌保持尊重，避免引起当地民众反感。

（三）推动双方媒体交流的规范化和制度化

相较于中国与东盟之间定期举办年度媒体论坛，中印尼间缺乏机制性的媒体活动。虽然两国之间的媒体交流可以借助中国—东盟平台进行，但一方面这会使中印尼双边交流在时间、规划以及侧重点上必须迁就中国—东盟相关机制；另一方面，中印尼间的交流具有不同于其他成员国的特殊性，借助东盟平台则会不可避免地受到东盟其他国家的影响。真正的合作机制是指在双方或多边的合作系统中，合作各方的相互关系以及行为过程所必须遵循的制度化的方式和方法，包括为保证这些方式方法发挥作用的必要的机构设置。[②] 虽然中印尼曾在2016年前举办过双边性的媒体论坛，但是自那以后时断时续，缺乏机制性的交流论坛势必会对两国媒体关系的深入发展带来消极影响。此外，两国间的媒体交流存在一些不容忽视的问题，譬如，以官办主流媒体为主，民间声音参与较少；官方主导安排的多，社会自发内生的

① "There's Warmth in Humanity: China Reacts to Indonesian Policeman Singing 'Jiayou Wuhan'," *The Jakarta Post*, February 8, 2020.

② 李庆林：《中国—东盟传媒合作的问题与对策研究》，《东南亚纵横》2019年第2期。

少；短期交流的多，长期规划的少；传统媒体交流的多，新媒体交流的少；交流内容比较浅，缺乏深度合作；等等。因此，建议未来在推动两国媒体交流时，应积极签订合作协议，涵盖媒体交流的中长期规划；筹划建立中印尼媒体机制以及与其他领域合作的平台，以多元机制来巩固中印尼媒体关系；恢复举办中印尼媒体论坛并强化相应的制度规范；重视新媒体发展，推动两国新媒体合作。总之，要避免媒体交流的随机性、任意性和短期性，合理规划并真正发挥好中印尼媒体交流的功用。

五　结语

中国与印尼同为发展中大国和区域内有影响力的国家，整体利益契合，各领域合作方兴未艾。近年来，在两国副总理级人文交流机制指引下，中印尼媒体交流从多方面展开：围绕“一带一路”倡议讲好“丝路故事”，依托东盟平台推出新的合作成果，积极“请进来”和“走出去”，推动地方层面的媒体交流，启动两国影视合作等具体项目，等等。一系列成果的不断涌现，证明两国媒体间的交流合作是能够产生积极成效的。

尽管取得了不小的成绩，但应该看到，两国间的媒体交流仍然处于起步阶段，合作成果距离理想状态还有不小差距。相较于中国与东盟间的媒体交流，甚至与中国和某些东盟成员国的媒体合作相比，中国与印尼这个东盟最重要成员国之间的媒体交流还存在明显不足：在互动机制上，中印尼媒体交流长期依赖东盟相关平台，既造成双边合作动力不足，也容易受到东盟其他成员国的影响，“受制于人”的负面影响较为明显；在合作规划上，中印尼媒体交流缺乏中长期规划，短线操作情况较为明显，容易受到时、地、人、事变化的干扰，媒体间合作项目的对接也有很大改善空间；在交流载体上，中印尼媒体交流以传统媒体为主，对新媒体重视不够，很大程度上滞后于互联网时代的高速发展和媒体生态的巨大变迁。这些都需要在未来加以改善，以更好地推动中印尼两国媒体交流，进而促进中印尼两国关系发展。

实　例　篇

华社架起中国与印度尼西亚人文交流的桥梁

——试析印尼华裔总会驻中国办事处的使命担当

张美云　车慧玲　张　璐*

摘　要：“国之交在于民相亲，民相亲在于心相通”，民间的交流融合、友好往来是中印尼两国邦交的稳定基石。印尼华裔总会为促进中印尼两国“民相亲”，于 2019 年 11 月成立驻中国办事处。在运用大数据技术对双方合作需求开展调查、对匹配性进行分析的基础上，本文有针对性地概括了印尼华裔总会驻中国办事处的使命担当：有效促进人文交流，助力专业人才培养，精准搭建合作平台，倾力推进民心相通。

关键词：印度尼西亚　印尼华裔总会　人文交流　合作平台

* 张美云，三亚学院印尼研究中心教授，河北大学、吉林大学校外硕士生导师；车慧玲，印尼华裔总会驻中国办事处干事；张璐，三亚学院印尼研究中心助理。

印度尼西亚是“21 世纪海上丝绸之路”的首倡国家之一，中国和印尼于 2015 年正式建立副总理级人文交流机制。两国在 2015 年 3 月发布联合声明：“中印尼两国一致认为习近平主席提出的建设‘21 世纪海上丝绸之路’重大倡议和佐科总统倡导的‘全球海洋支点’战略构想高度契合。”[①] 作为海外华人数量最多的国家，印尼华人华侨是“一带一路”倡议在印尼实施的重要参与者。华人华侨拥有巨大的人才、资本优势及成熟的商业网络，熟悉所在国的历史、民俗、语言、文化、社会和法律，具有融通中外的独特优势。由华人华侨组建的印尼华人社团（以下简称华社），在两国人文交流和经贸合作中发挥着重要作用。印尼华社近 20 年来发展迅速，具有一定规模的华社已超过 500 家，影响力也不断增强。

“国之交在于民相亲，民相亲在于心相通”，民间的交流融合、友好往来是中印尼两国邦交的稳定基石。印尼华人及其社团不仅为促进印尼与中国两国政府间的关系牵线搭桥，也努力创造条件，大力推动“民相亲”，从而赢得了印尼与中国关系中的“民间大使”美誉。

一　印尼华社在中印尼人文交流中的重要作用

印尼的华人社团按性质划分，大致有以下几种类型：综合性团体（不分籍贯、方言、年龄、地域和信仰的团体）、宗亲团体（以血缘、地缘和文缘为联系纽带的团体）、原华文学校的校友会、文化团体、姓氏团体、文艺团体（如合唱团、书画协会、舞蹈团等）、青年团体、妇女团体、宗教团体、行业团体等。[②] 在众多团体中，作为印尼全国性最大综合团体之一的印尼华裔总会经过 20 年的发展，目前已经在印尼全国建立了 88 家分会。

印尼华社通过日常开展联谊、慈善福利、文娱体育、庆祝华人节日等普遍性的活动在印尼宣传和保留中华传统文化，通过创办华文媒体、开展

① 《中华人民共和国和印度尼西亚共和国关于加强两国全面战略伙伴关系的联合声明》，《人民日报》2015 年 3 月 27 日第 2 版。

② 黄昆章：《印度尼西亚华人社团的现状和前景》，《世界民族》2003 年第 6 期，第 58 页。

华文教育、搭建经贸合作平台、促进两国文化交流活动等形式在中印尼人文交流中发挥着重要作用。在印尼诸多华社所做贡献中，比较突出的有以下几点。

一是华社组织及其成员通过自身努力反对种族歧视，特别是在初创时期，这些主张都写在社团的章程中。如《印尼华裔总会章程及细则》第五章中规定了该会要力争实现全体华裔公民的基本权利，要求政府撤销一切歧视华人的法规。印尼百家姓协会的章程中也强调了印尼华人是印尼民族的组成部分，拥有一切应该享有的权利，同时履行应尽的义务。[①] 近年来，在中国快速发展的时代背景下，经过诸多华社的共同努力，印尼政府和民众对华人的看法有了很大改观。

二是创办华文媒体，积极弘扬华人文化。印尼华社创办的华文报纸比较有影响力的有《国际日报》《印度尼西亚日报》《世界日报》《印度尼西亚商报》《千岛日报》等，这些媒体不仅在印尼华人社区印刷发行，而且大多拥有了自己的网站和电子版。有声媒体包括雅加达加科哇拉第一华语广播电台、雅加达美都新闻台“华语新闻”栏目等。这些华文媒体不仅宣传中华传统文化，而且与新华社、《人民日报》等主流媒体建立密切联系，转发中国主流媒体稿件，宣传真实的中国，在华人中树立积极正面的中国形象。

三是复苏华文教育，培养华文师资。华文教育在印尼经历过“萌芽—发展—中兴—封杀—中断—复苏”的复杂过程。无论在任何阶段，印尼各华社都能够凝心聚力，为了华文教育“留根工程”一直奋斗。特别是20世纪90年代以来，在几乎中断30年之后，许多老一代华社领导、华人企业家捐资助学，从开办补习班到兴办三语学校（印尼语、汉语、英语），从引进教师到培养本土教师，从单一的语言学习到汉语水平考试（HSK）热度激增再到商务汉语的培训，在两国教育部的大力支持下，华人社团出资出力支撑印尼的华文教育事业，努力弥补30年断层带来的影响。

四是扶危济困，维护民族团结。近年来，在某些地区水灾、火灾、地

① 黄昆章：《印度尼西亚华人社团的现状和前景》，《世界民族》2003年第6期，第60页。

震、疾病或种族冲突事件发生时，华社都发动会员或其他华人捐款捐物、捐建房屋、赈济灾民、治病救人，与印尼人民共渡难关。有些社团还在偏远地区捐建校舍，资助留学，支援孤儿院和养老院、医疗机构。这些活动有助于密切华人与印尼各族人民的关系，获得社会普遍称赞和肯定，也提高了华人社团的声望和凝聚力。

五是为中印尼两国人文交流、经贸合作搭建桥梁。在全球化、区域化浪潮的推动下，华人经济越发活跃，华人认同与文化同源关系表现出其独有的优势。由于华人社团基于各种内外需要组建，因适应全球化、区域化需要而频繁进行跨国交流，它们所共有的文化基因便成了相互之间联系的纽带，也被认为在社会交流中呈现共同性。在文化认同的凝聚下，印尼华人商业活动中的区域化与网络化，多是通过社团与社团领袖开展，他们在其间扮演了主导角色。社团本身具备诸如维护华人权益、为华社提供服务以及沟通主流社会等实用性功能，且社团领袖在华社以及所在国又有相当大的实力与影响力，使得社团在维护华人权益、促进华人融合于当地、推动区域华社文化与经济的跨国互动以及发展印尼与中国的关系等方面发挥着重要的作用。①

印尼华裔总会作为印尼最大的综合性华社之一，成立20年来每年都要接待大量到访印尼寻求交流或经贸合作的中国企事业单位和团体。同时，通过在世界各地举办姓氏或同乡恳亲会、体育比赛、文艺演出、参观交流等活动，促进印尼华人与全世界华人甚至各国人民的交流与合作。

二　印尼华裔总会概况及其成立中国办事处的背景分析

印尼华裔总会（印尼文名称为 PERHIMPUNAN INDONESIA TIONGHOA，简称INTI）成立于1999年，现有88家分会，遍布印尼各省市县镇。印尼华

① 杨宏云：《当代印度尼西亚棉兰华社发展的新态势——基于华人社团与社团领袖的考察》，《东南亚纵横》2015年第4期，第64页。

裔总会的宗旨是，在印尼华人华侨与中国、印尼政府之间搭建沟通桥梁，服务于印尼华人华侨，造福于印尼广大民众，与社会各界共同推动印尼社会发展。

自成立以来，印尼华裔总会积极为印尼与中国邦交奔波，贡献卓著；为印尼社会各界的发展而努力工作，成绩突出；为印尼的救危扶贫事业而甘于奉献，救死扶伤。印尼华裔总会曾协助中国各级各类民间组织与印尼各社团、各级政府、各商务团体建立联系，为中国到印尼投资的企业提供咨询和帮助。特别是近年来，印尼华裔总会及各分会定期到灾区、贫困地区发放救济物资，提供衣食补助和医疗帮助；为扶贫助困设立的彩虹基金会每年资助大批印尼贫困学生接受教育，并选拔优秀学生送往中国高校深造。印尼华裔总会以传播中华传统文化为己任，每年接待相当数量的中国企事业团体到访印尼。

经过 20 年努力，印尼华裔总会的社会影响力和组织规模堪称华社表率，为印尼所做贡献得到近几届总统的肯定，印尼民众对其的认可度也越来越高。2018 年，在龙目岛、巴鲁以及万登省赈灾过程中，印尼华裔总会接受众多组织、社团的委托款项，这充分表明了它的社会影响力。在印尼总统接待会上，总统对印尼华裔总会做的社会贡献给予充分肯定和赞誉。中国驻印尼大使参访总会时，对总会所做贡献也给予高度赞扬，给予奖学金名额数倍增长。印尼华裔总会总主席黄德新先生为中国、印尼邦交正常化所做贡献的历史资料，至今依然保存在中国驻印尼大使馆档案库中。中国一些地方政府部门、企业投资者慕名前往印尼华裔总会咨询文化教育、投资合作等事项，每年接待国内到访者超过 1000 人次。为促进两国交流与合作，保证服务质量，搭建服务平台，提供更便捷、更有价值的服务，印尼华裔总会在充分酝酿和筹备下，于 2019 年 11 月在北京成立驻中国办事处。

印尼华裔总会驻中国办事处（以下简称驻中国办事处）的设立得到了印尼总统的大力支持，也得到了中国驻印尼大使馆的高度赞扬。驻中国办事处成立之初确定的主要职能包括：为中印尼两国政府、企业合作搭建桥梁；为两国人民友谊建立联系纽带；为促进两国文化教育合作与艺术交流贡献力量；为中国到印尼投资的企业和个人提供投资信息，为企业投资提供安全保障和信息咨询；为印尼到中国投资的企业提供咨询和对接服务；为印尼在中国的工作人员、留学生提供帮助。

2019 年 11 月 19 日和 22 日，驻中国办事处分别在北京和广州举办启动仪式，得到社会各界广泛关注。本文将通过对参会嘉宾的行业背景分析以及对印尼华裔总会部分会员问卷调查的分析，结合中国和印尼国家层面的往来现状，探讨其未来的使命担当。

三　基于大数据技术的驻中国办事处成立大会中方企业分析

驻中国办事处在召开成立大会之前，曾在全国范围内尤其是北京市和广东省开展宣传，吸引有志于中印尼合作的企业家参会。近 600 家企事业单位和社会团体参加“首届中国-印尼文化教育与企业发展合作论坛暨华裔总会驻中国办事处启动仪式”，总参会人数约 800 人。其中北京主会场为 400 家单位 500 人参会，广州分会场约 200 家单位 300 人参会。

从参会人数以及参会人员表现出来的热情看，中国企业非常希望通过驻中国办事处搭建的平台，获得与印尼合作的机会。为了科学系统分析国内企业的合作需求，做到“知己知彼”理性开展合作，本文通过大数据自然语言处理技术对上述参会单位的基本状况和行业分布等情况进行分析。具体结果如下。

（一）所属行业分布

通过“天眼查”“百度信誉—企业信用”等平台对所有参会单位的行业归属进行精确核对，筛选出可以明确其行业归属的企事业单位 444 家（其中北京 282 家、广州 162 家），包括各地侨务、招商引资等部门在内的政府机构 38 家（北京 31 家、广州 7 家），教育研究机构 31 个（北京 29 家、广东 2 家），各类侨商、公益性社团有 53 家（北京 38 家、广州 15 家），参会人数最多的是来自各行各业的企业单位，涉及数十个行业的 322 家（北京 184 家、广州 138 家）。具体数据及行业、领域分布如图 1 所示。

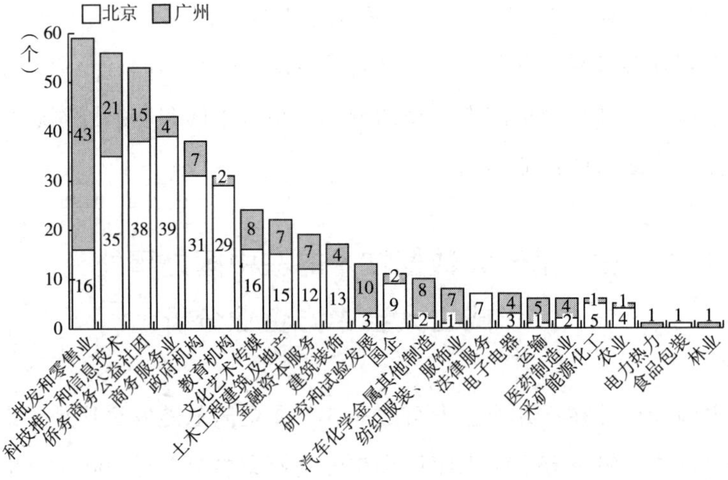

图 1　北京和广州参会单位所属行业分布情况

在此需要说明两点：一是在进行数据统计过程中，为了便于表述，也便于与印尼的合作需求进行对比，我们对个别行业名称进行了归类合并。比如，在行业领域中，批发业、零售业、批发零售业是分列的，统计时将这三个合并成了“批发和零售业”；对侨会、商会、社团、协会等与侨务相关的经营性团体也进行了合并。二是鉴于印尼投资环境的特殊性，将国企单列出来；将高校、培训、研究院所等合并为教育机构。

从两个会场参会人员的行业分布看，数量最多的为批发零售业（59），其次为科技开发推广服务相关的行业（56）。排在第三位的是各种社会团体，这些团体涉及的行业比较广泛且分散。第四则是包含经营范围广泛的商务服务业（42）。涉及比较少的行业有林业、食品包装、电力等行业，数量均为 1。而农业、采矿、运输、纺织、医药制造业等均不足 10 家。国企共有 11 家，多集中于建筑建材等行业。

（二）经营范围词频分析

由于各企业经营范围非常广泛，仅讨论其行业分布情况很难实现与印尼合作交流领域的精准有效对接，有必要对参会的政府机构以外的企业和商务社团的经营范围进行深入挖掘。具体方法是通过“天眼查”和“百度信誉—企业信用”平台查找梳理研究对象的经营范围，并对其进行词频分析。从词频统计的结果看，北京和广州同样排在前十位的词语有 6 个，具体为：“技术”（北京排第一，词频 298；广州排第二，词频 230）、“工程”（北京排第二，词频 182；广州排第九，词频 97）、“销售”（北京排第四，词频 127；广州排第六，词频 114）、“开发”（北京排第五，词频 125；广州排第八，词频 106）、“设备”（北京排第六，词频 123；广州排第四，词频 166）、“咨询”（北京排第九，词频 82；广州排第七，词频 111）。对两个会场所有参会企业的经营范围词频进行可视化呈现后，云图如图 2 所示。

图 2　北京、广州两地全部参会单位经营范围词云图

从图 2 也可以明显看出，“技术”“销售”“零售”“工程”“设备”“开发”等词比较明显，同时通过具体的词频数据还发现两个会场参会企业的经营范围高频词有所不同。从北京会场参会企业的经营范围词云图中可知，“技术”“工程”“设计”“开发”等词比较明显，这个结果说明北京参会者多为科技推广与信息技术服务行业（如图 3 所示）。

图 3　北京参会单位经营范围词云图

从广州参会者经营范围词云图中看出，除了“技术”“设备”“工程”与北京相同以外，比较明显的是“批发”“零售”“商品”“销售”等词，可见广东参会企业更多来自批发零售行业（如图 4 所示）。

图 4　广州参会单位经营范围词云图

两地各自排名靠前的除了共同的几个词以外，还有一部分词的排名差距比较大。如北京排名第三的“设计”在广州的排名为第18，排名第七的“文化”在广州的排名为第39，排名第八的“投资”在广州的排名为第17；广州排名第一的“零售”在北京的排名为第23，广州排名第三的“批发”在北京的排名为第33，广州排名第五的“商品”在北京的排名为第29。由此说明在经营范围上，两地参会者有一定的相似性，也各有不同。

综上所述，通过对行业分布和经营范围的分析，我们可以得出国内参会企业多为批发零售和科技开发与咨询等领域，且北京与广州两个会场的与会企业有一定差异性的结论。

（三）地域分布

两个会场参加会议的444家单位约800名代表，来自北京和广东的为355家，来自河北、四川、天津、山东、江苏、辽宁、江西等21个省市自治区的为89家代表。地域分布达到全国34个省市自治区的68%，除北京和广东外，河北和四川均超过十家。另外，还有来自菲律宾、泰国、日本、俄罗斯等国家的参会嘉宾。从参会的总规模之大和地域分布之广可以看出国内企事业单位和社会团体对与印尼合作比较感兴趣。

四　印尼方合作需求调查

对双方的实际需求进行充分的调查是合作的前提和基础。为此，本文针对印尼方特别是印尼华人的合作需求设计了一份调查问卷。问卷共10个问题，涉及受访人基本情况的问题有3个，受访者对中印尼合作领域和环境的分析与研判等有5个问题，有关中印尼人文交流的具体内容有1个问题，对驻中国办事处的使命建议有1个问题。问卷通过微信和互联网在印尼华裔总会成员及部分印尼当地人群中进行发放，共收到有效问卷132份。同时，对一部分年龄较大或者不便使用网络填写问卷的人进行了访谈，作为调查问卷的补充信息。具体调查结果如下。

（一）受访者自然情况

从参与问卷调查的人员结构来看，男女比例为 6∶4。男性多从事建筑、科技、贸易和制造业，女性多从事教育和食品保健产业。年龄结构也比较合理，40 岁以下的占 39%，40~60 岁的占 47%，60~70 岁的占 8%，70~80 岁的占 6%。其中 40~60 岁为中坚力量，40 岁以下新生力量占比也较高。从受访者所在的行业来看，教育领域参与比例最多（28%），其次为科技、旅游、酒店等服务业（14%），土木工程及建筑业、制造业、食品保健等行业参与比例也较高。

（二）受访者对中印尼经贸合作领域和环境的分析与研判

问卷涉及相关问题共 5 个，通过这些问题了解受访者对中印尼合作领域的期待以及对投资合作环境的分析与研判。

1. 受访者希望合作的行业领域及合作模式

调查中有 2 个问题是在了解受访者自身从事的行业基础上，调查其对中印尼合作领域的期待。两个问题分别为受访者自身从事的行业、希望中国和印尼在哪些行业或领域开展合作，题目为多选题。从调查结果看，希望在科技、旅游、酒店等服务业（48%）以及教育领域（45%）合作的受访比例较高；希望在金融、矿业和农林牧渔等领域合作的比例较小（如图 5 所示）。

但是从图 5 中也可以看出，由于各行各业参与人数并不十分平衡，因此可以通过在现有选项比例的基础上减去其本人所在行业所占比例数的形式，减少自身行业或领域的倾斜对调查结果所带来的影响。经过减法计算后，得出的比例数排序结果如图 6 所示：最高的是科技、旅游、酒店等服务业，接下来是医药，文化、艺术、传媒，教育，商品贸易、批发零售等行业。两种计算结果显示，科技、旅游、酒店等服务业的需求均排在第一位，金融，食品、保健，矿业排名靠后。

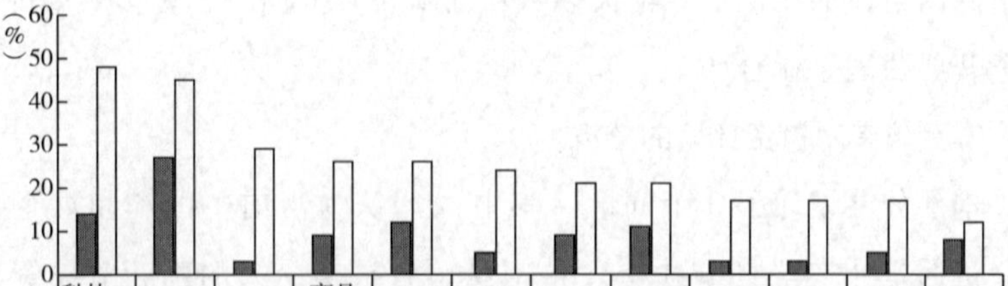

	科技、旅游、酒店等服务业	教育	医药	商品贸易、批发零售业	土木工程及建筑业	文化、艺术、传媒	制造业	食品、保健	农林牧渔	交通运输业	矿业	金融
■本人行业	14	27	3	9	12	5	9	11	3	3	5	8
□合作愿望	48	45	29	26	26	24	21	21	17	17	17	12

图 5　受访者本人所在及其希望合作行业所占比例

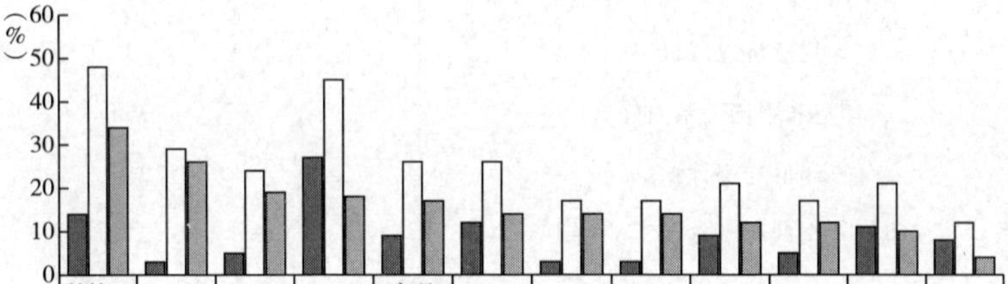

	科技、旅游、酒店等服务业	医药	文化、艺术、传媒	教育	商品贸易、批发零售业	土木工程及建筑业	农林牧渔	交通运输业	制造业	矿业	食品、保健	金融
■本人行业	14	3	5	27	9	12	3	3	9	5	11	8
□合作愿望	48	29	24	45	26	26	17	17	21	17	21	12
■比例落差	34	26	19	18	17	14	14	14	12	12	10	4

图 6　受访者本人所在行业与建议合作行业所占比例对比

综合上述两种计算结果，受访者较多希望中国和印尼可以在科技、旅游、酒店等服务业进行合作，医药，文化、艺术、传媒，教育，商品贸易、批发零售，土木工程及建筑业也比较受欢迎。教育领域除自身从事者以外，其他领域参与调查者也有相当比例表达了希望两国合作的愿望。

关于合作模式设计了三个选项，分别为：中国企业到印尼投资、印尼企业到中国投资、两国企业合作，受访者填写的比例分别为 22%、4%、74%，希望两国合作的比例占了绝大多数；而从投资方向看，更多希望中国到印尼投资开展两国企业合作。

2. 受访者对投资环境的分析

本部分共设计了3个问题。其中“您认为当前中国和印尼企业合作的利好机遇是什么？”（多选题）希望受访者根据个人的判断对投资环境中的政策机遇进行概括。根据选项所占比例按照从高到低的顺序排列后可知，认为中国“一带一路”倡议为投资环境带来机遇的比例高达76%（见表1）。

表1 对“中印尼企业合作利好机遇”的调查结果

单位：%

选项	比例
中国“一带一路”倡议	76
印尼经济发展机遇	38
印尼和中国关系向好	35
印尼迁都计划	26
印尼“全球海上支点”战略	21
中国对外投资政策	20

同时，印尼的经济发展速度近几年来不断提升以及中印尼之间的战略合作伙伴关系保持稳定，也是调查对象充分肯定的机遇。2019年印尼政府提出的迁都计划一般被认为是吸引外资尤其是基础设施投资的一个较好机遇，但是从调查结果来看，受访者由于对未来形势多变性的判断，似乎对迁都所带来的合作机遇没有太高期望值。同样占比靠后的选项是“中国对外投资政策”，通过与占比最高的“中国‘一带一路’倡议”进行比较可知，受访者并非对中国的投资政策没有信心，而是近年来特别是“一带一路”倡议提出以来，中国对外开放力度不断加大，投资政策相对稳定，因此这一选项并未引起受访者的过多关注。与此相反，从后面的调查可以看出印尼吸引投资的政策则让受访者比较担心。

在投资吸引力方面主要调查“印尼吸引中国企业家投资的原因”（见

表2）。从受访者的选项来看，认为“印尼拥有丰富的旅游资源”和“印尼拥有丰富的石油、镍等矿产资源”的比例高达51%和50%；认为“印尼拥有丰富的咖啡、燕窝等农林渔产品资源”和“印尼的基础设施建设需要外资支持”的也分别占到了47%和45%。上述吸引投资的原因可以概括为“资源丰富”“基础设施有待改善”。同时，受访者对印尼消费市场的潜力以及劳动力资源也持乐观态度。占比最低的则是“印尼吸引外资的政策力度大”（17%），这是因为虽然近年来印尼政府加大了对外开放力度，不断优化外资投资环境，但是具体执行过程中还有很多障碍。

表2　印尼吸引中国企业家投资的原因

单位：%

选项	比例
印尼拥有丰富的旅游资源	51
印尼拥有丰富的石油、镍等矿产资源	50
印尼拥有丰富的咖啡、燕窝等农林渔产品资源	47
印尼的基础设施建设需要外资支持	45
印尼的消费市场潜力巨大	33
印尼的劳动力资源丰富	29
中国和印尼的教育文化交流促动	27
印尼吸引外资投资政策力度大	17

在上一个问题基础上，对中国企业到印尼投资存在哪些障碍进行调查。从调查结果看，“印尼吸引外资政策执行力度不到位”占比高达54%（见表3）。对这一投资障碍的选项如此集中，与上一题吸引投资原因中“印尼吸引外资投资政策力度大”占比最低也是契合的。从而可以看出，中资企业到印尼投资面临的最大障碍是印尼虽然有较为开放的吸引投资政策，但是在政策执行力度上存在较大差距。受访者认为“印尼政府对中资企业限制过多”的占比达到43%也证明了这一点。

表3　中国企业到印尼投资存在的障碍

单位：%

选项	比例
印尼吸引外资政策执行力度不到位	54
中国企业家对印尼政策了解不多	52
印尼政府对中资企业限制过多	43
中国企业对印尼文化了解不多，不能融入本土文化	41
印尼本地人对华人依然不太友好	27
中国企业对预期收益不乐观	19
印尼的投资市场不够大	15

同时，数据显示，“印尼本地人对华人依然不太友好”选项比例只占27%，说明传统意义上人们所认为的印尼人“排华”的态度，在受访者看来并非影响中印尼商贸合作的主要原因。受访者还普遍认为“中国企业家对印尼政策了解不多”（52%），“中国企业对印尼文化了解不多，不能融入本土文化”的观点有高达41%的人认同。由此可见，中国企业到印尼投资或者在与印尼企业合作过程中，普遍存在对印尼政策了解不透彻、理解不深入、对印尼本土文化融入不到位等情况。这些调查结果说明两国商贸合作中特别是在中国企业到印尼投资问题上，合作双方存在一定的文化和政策方面的障碍。

而从对投资回报的角度分析“中国企业对预期收益不乐观”“印尼的投资市场不够大”两个选项的比例不足20%，可见受访者对印尼投资市场和企业收益比较乐观，印尼投资有足够的吸引力。

3. 人文交流对中印尼经贸合作的促进作用

人文交流是两国经贸合作的保障和前提。本次调查专门针对中印尼两国人文交流设计了一个问题：“您认为中国和印尼开展哪些人文交流有助于促进两国经贸合作（多选题）？”受访者对教育合作（75.76%）、文化交流（71.21%）、科学技术（59.09%）都给予很强烈的期待。而在传统的体育文艺（19.70%）等方面则期望值较低。也有受访者在“可开展的人文交流具体项目”中建议开展有利于两国人民长期利益的合作项目，如科技人才的培养，特别是旅游专业人才、农业开发人才的培养等。

（三）受访者对驻中国办事处的期待

根据驻中国办事处成立的初衷，本次调查也专门询问了受访者对办事处当前主要任务的理解，调查结果如图 7 所示。

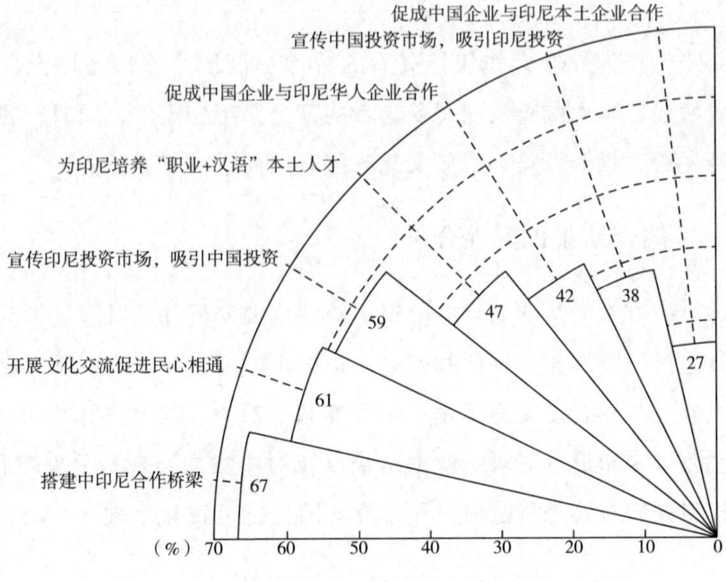

图 7　受访者建议驻中国办事处主要任务所占比例

从图 7 可知，受访者最希望驻中国办事处完成的使命是“搭建中印尼合作桥梁”（67%），这既是办事处成立的初衷，也是其今后所肩负的重要使命。具体而言，受访者非常希望办事处可以开展中印尼两国的文化交流活动以促进民心相通，这也是两国开展合作的前提和基础；受访者还希望在教育合作领域为印尼培养更多的“职业+汉语”本土人才（47%）。在宣传投资合作的方向上，受访者更希望宣传印尼市场，吸引中国投资（59%）；而对于印尼到中国投资的宣传工作并未寄予更高期待（38%）。在投资合作对象上，受访者希望办事处更多地促进中国企业与印尼华人企业的合作（42%），而对中国企业与印尼本土企业合作的期望不高（27%）。

一方面，由于调查对象的局限性，结果比较集中于对中国企业与印尼华人的合作；另一方面，由于民族不同、文化差异、语言不通、交流不畅等，中国企业与印尼本土企业的合作的确难度较大。

五　中印尼双方合作匹配性对照

近年来，作为战略合作伙伴关系的中印尼两国合作领域广泛，层次多样，成效明显。本次调查反映了受访者的部分愿望和需求，同时，我们还应该从经济发展、投资政策、民族文化等国家层面进行对比分析。

（一）调查结果匹配性分析

通过对中方参会企业的行业分布、经营范围分析以及对印尼华裔总会的部分成员进行问卷调查，在此基础上，将中印尼双方涉及的主要行业概括为科技等服务业、建筑、交通运输、批发零售、教育、文化艺术等几大领域。根据这些领域在印尼方需求的调查结果以及对中方参会数量分别进行排序，并根据排序先后对其进行赋值，导入桑基图进行可视化呈现，其结果如图8所示。

根据桑基图的绘制原理，图8中从左侧行业的流量分支延伸至印尼和中国两个国家，其宽度对应数据流量的大小，其始末端的分支宽度总和相等。从图8的可视化结果可知，科技等服务业、教育、文化艺术、批发零售、建筑、制造业等从左侧流向右侧的两个分支比较均衡且流量较大，说明双方对这些行业的需求是比较明确且均衡的。而矿业则与之相反，两个分支流量都不高。另外单一流向印尼的有食品、金融，单一流向中国的有纺织服装、电子电器，说明这些行业的需求仅表现在流向国，而在另一个国家受访者或者参会企业的需求中排名比较靠后，这与两国在纺织业存在竞争关系，电子电器行业中国在印尼还面临其他国家（比如日本、韩国等）的竞争有关。这

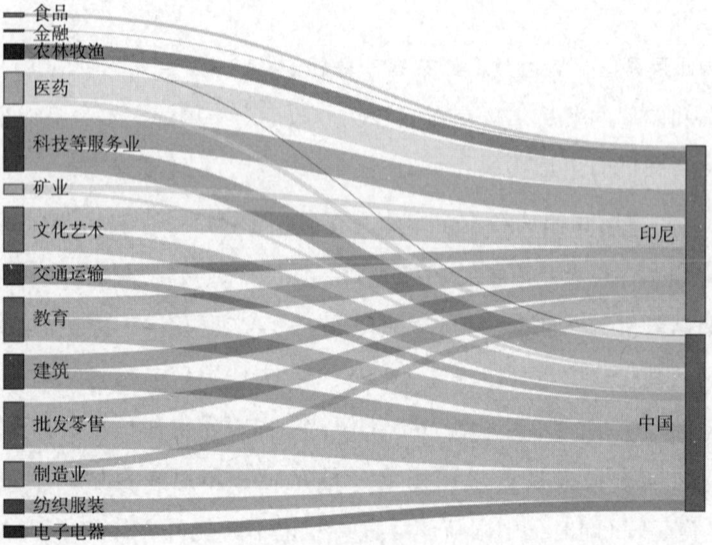

图 8　调查结果匹配分析

里特别值得一提的是，批发零售虽然两个流量分支都比较大，但是差距比较明显，中方比印尼方的流量大很多，说明中国参会企业中批发零售寻求合作的需求过剩，而印尼的需求不是特别高；医药则与之相反，代表印尼方需求的流量非常大，排名第二，而中方参会企业合作需求则排名比较靠后；农林牧渔业存在类似的问题。

综上所述，调查结果显示，双方在科技等服务行业、教育、文化艺术、批发零售、建筑、制造业等领域基本是匹配的，医药、农林牧渔等个别领域还存在一定的不对称现象，矿业的合作期望值较低。这一结果客观反映了双方合作需求现状，也是中印尼国家层面合作匹配性的具体呈现。

（二）国家层面匹配性分析

印尼是“海上丝绸之路”的首倡国之一，中国和印尼互为重要近邻，两国之间人文交流历史悠久，是拥有广泛共同利益的天然合作伙伴，中国已连续多年是印尼第一大贸易伙伴。两国在诸多方面拥有很好的合作基础，但也受到各自历史、文化、政策、资源等多方面影响，在某些领域中存在合作困境。

1. 中印尼两国拥有互利合作共赢的基础

中国和印尼的贸易结构存在互补性。印尼对中国的出口产品以资源型为主，中国对印尼的出口产品以工业半成品为主，双方贸易存在一定的互补性。[①] 因此，中国和印尼经贸合作建立在坚实的基础上，具有互惠互利、合作共赢的特点，符合各自利益，具有必然性。中国与印尼经贸合作成效显著得益于两国政府的共同推动和各界的积极参与。近几年中印尼双边贸易投资自由化和便利化程度进一步提高，2019 年，中印尼贸易额达 796.8 亿美元，中国已连续 9 年成为印尼最大贸易伙伴；中国对印尼直接投资额达 47.4 亿美元，保持印尼最大投资来源国之一的地位；印尼来自中国的进口额达 445.8 亿美元。[②] 同时，中国从印尼进口额也不断提升，2019 年底，在“印尼-中国商业论坛和中国煤炭进口峰会”上，两国企业签订了价值 25 亿美元的进口协议。进口协议中煤炭占了大头，同时还包括电子产品、农产品、食品饮料、塑料和矿产等。曾经主要出口目的地是美国、欧盟和日本的印尼渔业，2020 年出口目标为 60 亿美元，这其中包括将致力于开拓更大的中国市场的份额。

2. 双向投资快速上升

中国在印尼对外经贸关系中占有比较重要的地位，近年来双边投资贸易合作呈快速上升的趋势。从中印尼双方相互投资方面看，印尼对中国的直接投资始于 1984 年。1992 年以后，印尼对中国的直接投资有较快的增长。在中国批准的印尼来华投资项目日益增加的同时，到印尼寻求投资合作的中国企业也不断增多，涉及领域日益广泛，涵盖矿业、农业、电力、地产、家

---

① 赵国华、陈岩：《“一带一路”倡议下中国制造业企业对印尼直接投资的策略和展望》，《对外经贸实务》2018 年第 10 期，第 81 页。

② 驻泗水总领馆经商室：《中华人民共和国驻泗水总领事馆经贸之窗》，2020 年 1 月 22 日，http：//surabaya.mofcom.gov.cn/article/jmxw/202001/20200102932722.shtml。

电、电子和数字经济等领域。[①]

2019 年，中国对印尼已落实的投资额达 47.4 亿美元，占比为 16.8%，仅次于新加坡，居印尼外资五大来源地第二，比 2018 年的 23.7 亿美元增加了一倍，在印尼外资份额占比也上升了 8.6%。[②] 另外，中国在印尼已落实的投资不只在数额上有所增加，在建设项目方面也不断拓展。据统计，2019 年中国投资于印尼的多达 2130 个项目，比 2018 年的 1562 个项目增加了近三分之一。[③]

近年来中国不断加强对印尼基础建设的投资，桥梁、电站、采矿业、产业园等大型投资项目不断涌现。尤其在中国“一带一路”倡议的带动下，大批中国企业、中国资本、中国品牌到达印尼，广泛参与了印尼的经济建设活动。例如，以雅万高铁为代表的基础设施建设，以及小米、OPPO 手机等数码产品成为印尼最受欢迎的中国品牌，还有 Lazada、京东等互联网公司在印尼蓬勃发展，都为印尼消费者提供了更加轻松、便利、有趣的消费体验。

3. 双方合作的新增长点不断涌现

除在商品贸易、基建、能源、工程承包等传统领域不断取得成果外，中国企业对印尼的投资还流向工业制造、科技培训与咨询、金融创新、数字经济等新兴领域，合作新增长点不断涌现。2018 年，中国在印尼设立第一个国家级境外经贸合作区——中国·印尼经贸合作区，产业范围包括建材、电力、汽车、钢铁等。2019 年 9 月，五菱印尼工厂生产的多功能家用车正式向泰国、文莱和斐济出口。蒙牛乳业投资 5000 万美元的乳制品工厂已正式建成投产，为当地提供 1000 余个就业机会，产品将辐射整个东南亚。另外，科技培训与咨询成为中印尼两国合作新亮点。自 2000 年以来，华为已向印尼超过 1.2 万名工程师与 3000 多名学生提供各类技能培训。[④] 印尼政府也出

---

① 刘旭：《花开并蒂，中国印尼共赢路》，《国际商报》2020 年 1 月 13 日第 4 版。

② 驻泗水总领馆经商室：《中华人民共和国驻泗水总领事馆经贸之窗》，2020 年 2 月 24 日，http：//surabaya.mofcom.gov.cn/article/jmxw/202002/20200202938396.shtml。

③ 《去年中国在印尼获 2130 个建设项目，投资 64 万亿盾超过日本排名第二位》，《国际日报》2020 年 1 月 31 日第 A2 版，http：//www.guojiribao.com/shtml/gjrb/20200131/1516073.shtml。

④ 刘旭：《花开并蒂，中国印尼共赢路》，《国际商报》2020 年 1 月 13 日第 4 版。

台了一系列吸引外资的政策，特别是有关跨境电商的商品进口税起征数额和进口税率大幅降低的政策，将有力推进新兴的电商业进入印尼。

4. 印尼资源出口收紧，投资政策落地困扰重重

据印尼《千岛日报》2019 年 7 月 15 日报道，印尼能源矿务部曾表示，随着 41 家冶炼厂即将完成建设并在短期内投入运营，预计印尼将在 2022 年不再出口原矿石。在诸多矿产资源中，镍矿开采是中国投资合作的重要项目之一。根据目前的开采量，印尼的镍矿石存储量仅剩 8 年开采时间。据印尼《国际日报》2019 年 9 月 3 日报道，印尼政府决定于 2019 年 12 月 31 日起停止出口镍矿石。然而实际上，还未到 10 月底印尼投资协调委员会则通报了印尼政府和镍矿商协会同意立即停止出口的决定。矿产资源开采及出口政策收紧，对已经在印尼投资或计划合作的企业会产生一定的影响。印尼希望通过限制原材料出口吸引外资到印尼投产，从而增加国内就业，减少附加值及利润流向国外，促进自身的发展。

近年来印尼虽然出台了诸多吸引外资的政策，但是有些政策执行力度不够，或是变化比较频繁，审核速度慢、频次高，有的甚至无端终止。比如，渔业合作协定在谈判数年后，印尼单方面突然取消，导致中国企业损失很大。印尼征地问题难以解决，也是严重困扰之一，即便是雅万高铁这种大项目也曾被征地问题掣肘。

5. 人文交流历史悠久，新阶段交流领域不断深入

中印尼人文交流历史悠久，宗教、语言交流是早期中印尼人文交流的主要形式。1950 年建交后，中印尼在体育、文化、宗教、语言、旅游、艺术等各领域交流蓬勃发展。在中国广为流传的印尼民歌《哎哟，妈妈》《梭罗河》《星星索》，深受中国人民喜爱。冷战结束以来，中印尼两国的人文交流不断拓展，两国在旅游、卫生、体育等领域签署了合作谅解备忘录和文化合作协定。中国连续多年成为印尼最大旅游客源地、印尼第二大留学目的地。

在印尼国内 6 所孔子学院的带动下，越来越多的印尼民众对中国文化产生了兴趣，参加汉语学习和考试的印尼学生人数也逐年上升。近年来两国留

学生的人数规模不断扩大，两国媒体间的对话交流不断推进。自 2015 年中印尼副总理级人文交流机制建立以来，中印尼人文交流进入新的阶段，即由过去“碎片状”的民间交流上升为由“顶层设计”规划的专业领域间交流，科技、文化、教育、传媒、体育、卫生、青年和旅游等领域的交流不断深入。①

六 驻中国办事处促进中印尼人文交流的使命及建议

在对两国历史文化传统、当前外交关系及未来发展合作空间客观判断的基础上，根据驻中国办事处章程中确定的主要职能，结合成立大会参会者行业分布及合作需求以及对本次调查结果的分析，驻中国办事处成立具有重要意义，搭建两国合作桥梁成为其最重要的使命。从前述分析可知，搭建这个合作桥梁和平台，首要任务是促进文化交流和民心相通，培养急需的专业人才，保障合作机制有效运行，避免交流合作“通而不畅”现象。

（一）有效促进人文交流是基础

“国之交在于民相亲”，推进中印尼人文交流领域的合作，塑造中国良好的国家形象，减少印尼对中国发展的敌意和阻隔，从而保障两国间关系的顺畅、健康发展。② 作为拥有战略伙伴关系的中国和印尼，人文交流更具重要意义。两国在人文交流方面取得许多重要成果，表现在文化、教育和旅游等方面。中印尼在电影、出版、体育、文艺表演等方面，都开展了官方和民间的交流。

中国和印尼的文化交流覆盖面广，内涵十分丰富。它既包含如绘画、书

① 王勇辉：《精英引领促进中国与印尼人文交流》，《中国社会科学报》2019 年 4 月 11 日第 4 版。

② 宋秀琚：《21 世纪海上丝绸之路与中国—印尼战略合作研究》，华中师范大学出版社，2017，第 70 页。

法、电影等一般性的单项文化艺术交流活动，也包含综合性的文化艺术交流活动。在教育方面，中国与印尼在教育领域的交流与合作蓬勃发展。高等院校教育合作成为双方教育交流与合作的主渠道，两国在语言教学、互派留学生、合作办学等方面取得了长足的进步，在加强高校交流、建立孔子学院并建设中国文化研究中心等方面开展了大量合作。中国和印尼在体育方面都有自己的传统和优势项目，武术、乒乓球、羽毛球、体操等各有所长，民间的交流与比赛也比较频繁，印尼华裔总会总主席黄德新先生、执行主席黄印华先生都曾多次组织印尼体育团队到中国参加民间的友谊比赛，增进双方感情交流。在旅游方面，中印尼互为对方的游客来源国。中印尼联合开展旅游推介活动，促进旅游便利化，提高能力建设，鼓励扩大对旅游产业的投资。科技交流是中国和印尼人文交流新的增长点，具有很强的活力。[①] 实用技术合作成为亮点，双方就农业、中医药和新能源等领域的先进适用技术及产品开展了探讨与合作。在海上科技合作方面也取得了突出成效。黄印华先生充分发挥个人专业及宗族企业优势，多次率印尼代表团到中国进行科技考察交流。

本次调查中，在“印尼投资吸引力”问题上，大多数受访者认同印尼的各种资源优势，而对于“中国和印尼的教育文化交流”这一优势的认可比例仅为27%，可见目前为止中印尼人文交流虽然取得了巨大成就，但限于其深度和广度，还无法成为吸引企业投资的重要因素。因此在本次调查中，有61%的人认为“开展文化交流，促进民心相通”是驻中国办事处的重要任务之一。具体而言，关于中印尼人文交流，受访者更期待教育（75.76%）、文化交流（71.21%）、科学技术（59.09%）等领域的合作，而在传统的体育文艺（19.7%）等具体方面则期望值较低。因此，驻中国办事处可以参考受访者建议，以促进教育合作为突破，在文化、科技交流方面提供更多的合作平台。有的受访者在关于人文交流的具体建议中还提到，

① 许利平：《新时期中国与印尼的人文交流及前景》，《东南亚研究》2015年第6期，第38页。

希望驻中国办事处可以更多地开展有利于两国人民长期利益的合作项目，如科技人才的培养，特别是旅游专业人才、医药（尤其是中医）人才以及农林渔业开发人才的培养等。

（二）助力专业人才培养是前提

本次调查除了问卷之外，还选择一些年长者进行了面对面的访谈。走访中，印尼华裔总会的元老、年近八旬的许世经先生提出：印尼目前对中文教育的需求已经不是初始阶段，即华文教育复苏时期的样子，而是需要更加专业化的中文学习，不仅要会听会说简单的句子，还可以用中文来工作，印尼需要的是更加职业化的中文培训。作为发挥着重要桥梁和纽带作用的驻中国办事处，已经将促进中印尼教育合作与交流列入工作章程，此前也曾依托环创教育联盟公司（印尼）为印尼旅游部开设了专门的中文培训课程。

专业汉语人才培养不仅要培养针对目前旅游、金融、科技、医药、食品等行业急需的“职业+汉语”人才，更重要的是深入了解需求市场，推进高校之间的合作，打造印尼急需的专业人才培养通道，特别是要注重印尼本土人才的培养。在这方面印尼华裔总会一直在努力，每年都会在中国驻印尼使馆的帮助下选拔并资助一批印尼本土学生到中国留学。驻中国办事处成立后，则将发挥其在中国的教育资源优势，在推荐更多的印尼本土学生到中国进行专业学习的同时，引荐中国相关专业人士到印尼开展职业技能或专业知识的培训。

当下中国和印尼都在进行工业化建设，两国需要大量的熟练技术工人，在此背景下，双方职业教育的合作显得十分重要。驻中国办事处的成立，将为两国科技人才的培养搭建合作桥梁。

（三）精准搭建合作平台是关键

从国家层面看，中国和印尼双方产业互补性强，有增进合作的共同需求；同时，双方经贸合作基础稳固，政和商通。印尼总统佐科表示，印尼经济发展的重大举措之一是继续加速建设高速公路、铁路、港口和机场等大型基础设施。印尼对石油和天然气、石化、有机和无机化学品、医药、半导体、电信、医疗设备、机器、机器人、航运、飞机、铁路、电力和基础设施等领域的投资实施优惠政策，有利于中国企业开展投资合作。2020年是中国—东盟数字经济合作年。印尼数字经济发展速度在东盟国家名列前茅，与中国企业合作已展现良好势头。另外，作为印尼制造业中重要行业的纺织业、鞋业、制药业等的原材料供应，主要靠从中国进口。虽然两国在纺织业和鞋业之间竞争比较激烈，但是印尼对原材料的需求也是中国企业的机会所在，印尼制药原料的60%来自中国。

从本次调查的结果看，来自印尼华裔总会的受访者普遍认为，科技、旅游、酒店等服务业亟待与中国企业合作（48%），其次是教育（45%）、医药（29%）。特别是与中医相关的人才和产品在印尼备受青睐，华人在印尼开设的中医诊所也很受当地人欢迎，加强两国中医合作与交流前景看好。特别是印尼拥有丰富的中草药资源，而中国则有历史悠久的中医技术。促进双方在针灸、中草药生产、中医门诊等方面开展务实合作与交流，必将使中医技术惠及两国人民。虽然金融（12%）、矿业（17%）等领域对投资的期望值不高，但是目前在印尼的金融及矿业领域的企业精通汉语的本土专业人才依然奇缺，说明这些行业的投资吸引力减小并不影响印尼对专业人才培养的需求。另外，从中方参加驻中国办事处成立大会的参会者所属行业和经营范围分析结果来看，批发零售业占比最高（59%），其中广州占43%，北京占16%，而印尼受访者对批发零售业投资的热情并不高，因此在这个领域还要区分具体合作内容。

调查受访者对驻中国办事处主要任务的判断与其在章程中所述非常一致：为中印尼企业合作搭建桥梁（67%）。关键要做到在深入分析印尼需求和中国企业投资愿望的同时，精准构建双方的匹配度，有针对性地搭桥引线。

驻中国办事处作为志在增进中印尼沟通与交流的民间组织，也充分认识到地方交流是人文交流的重要渠道。它涉及地方经贸合作、城市管理、生态环境保护和医疗建设等内容，具有强大的合作潜力。截至2019年底，在成立一个月左右的时间内，办事处已经为北京怀柔科学城、密云开发区等中国企业和社会、科技团体与印尼的雅加达、棉兰、邦加勿里洞等地方机构搭建了十余个合作平台，双方就科技、教育、文化、旅游、基础设施建设、矿业、农业、房地产等方面加强务实合作开始洽谈，一条高速公路、两个机场、两个码头的建设项目已经达成合作意向，两部电影、一个影视文化基地已进入实质性的运作阶段。办事处促成并接待了昆明市公安局、陕西广播电视台、河北省政协等代表团访问印尼，推动了中国相关省份与印尼的深度合作。印尼华裔总会总主席黄德新先生带领印尼足球队到广东梅县“约球”比赛，并邀请梅县足球运动员回访印尼，进一步促进了两地人民之间的人文交流。

（四）倾力推进民心相通是保障

中国提出的“21 世纪海上丝绸之路”倡议与印尼的“全球海洋支点”战略具有高度的契合度。在“一带一路”建设的大背景下，如何实现中国和印尼的战略对接，让中国企业真正“走进”印尼，与印尼企业实现合作共赢，让两国人民往来友好，对于中国企业而言，深刻了解和认识印尼国情和民情显得十分重要；反之，如果了解不够深入，则会成为双方合作的障碍，甚至增加社会人文风险。社会人文风险主要表现为中国企业对印尼当地多元部族社会缺乏深入了解，对印尼复杂人际关系缺乏全面研究，对印尼人社会心理缺乏细致观察，结果造成一些投资受损、合作障碍。[①]

关于中国企业在印尼投资的障碍，本文所做的调查问卷结果显示，认为“印尼吸引外资政策执行力度不到位”的占比最高（54%），认为“中国企业家对印尼政策了解不多”的占 52%，认为“中国企业对印尼文化了解不多，不能融入本土文化”的占 41%。从而可以看出，受访者除了对印尼吸引外资政策执行力度感到压力大以外，中国企业对印尼政府、政策以及人民

① 许利平：《“一带一路”背景下印尼国民性研究》，《云南社会科学》2018 年第 5 期，第 52 页。

的认知程度低成为合作的主要障碍。另外，受访者赞同“印尼本土人对华人依然不太友好”的仅占27%，这一较低的比例数给未来的合作注入了信心和希望。

具体而言，政策执行方面的障碍主要体现在印尼的征地问题艰难，行政审批程序繁复，政府的协调能力有限，用工问题突出。另外，虽然印尼华人对“一带一路”倡议非常认可（本次调查结果中认为当前中国和印尼企业合作的利好机遇是“一带一路”倡议的比例为76%），但印尼本地人对“一带一路”倡议认知度较低，各界的态度与反应两极化比较严重。[①] 因此，驻中国办事处在“讲好中国故事”的同时，也应该承担起“印尼故事讲述者”的使命，对合作平台上的中国企业需在合作前进行必要且有针对性的培训或提醒；协助中企在投资印尼前建立评估、投保、退出、本土化和多元化机制，做好风险预警、防范和化解的评估和细化工作，根据印尼市场的实际情况制定投资策略，避免一哄而上和主观臆测，规避风险，提高投资回报率。[②] 合作过程中通过印尼华裔总会在印尼的影响力协助解决本土文化习俗的融入问题以及商业证照手续、关税减免、仓储运输、合同执行等经营过程中的具体问题；提示中国企业树立本地化经营的观念，深入了解和研究印尼本土文化，重视合法用工等问题，重视包括印尼员工在内的人力资源培训，充分利用印尼本地资源，将企业文化、人力资源、产品、品牌等一系列环节在印尼实现本地化，促进企业健康发展。这样不仅可以化解在印尼投资合作企业与本土文化的矛盾，还可以降低社会人文风险，减少不必要的投资和处理纠纷的成本，提高投资效益。同时，还将进一步促进中国与印尼双方的人员交流和民心相通，宣传“一带一路”正能量，为在印尼全面推进“一带一路”打下良好的社会基础和民意基础。

---

① 潘玥、常小竹：《印尼对“一带一路”的认知、反应及中国的应对建议》，《现代国际关系》2017年第5期，第53页。

② 潘玥：《“一带一路”背景下中印尼合作：成果、问题与对策》，《战略决策研究》2018年第1期，第75页。

天津市东丽区职业教育中心学校与印尼东爪哇省波诺罗戈市第二职业技术学校的合作及经验总结

许　倩　刘凤宁*

摘　要： 中国具有世界上规模最大的职业教育体系，印尼是拥有极大人口红利的国家，研究两国在职业教育领域的广泛合作具有重要的战略意义和现实意义。本文以中国天津市东丽区职业教育中心学校与印尼东爪哇省波诺罗戈市第二职业技术学校合作的“鲁班工坊”为例，介绍了中印尼职业教育合作的基本情况、面临的挑战和前景展望。

关键词： 中国　印尼　职业教育　“一带一路”　“鲁班工坊”

“鲁班工坊”是天津率先主导推动实施的职业教育国际知名品牌。鲁班是“大国工匠”的形象代表，2016 年，位于泰国大城府的天津渤海职业技术学院海外“鲁班工坊”正式成立，这是中国在海外推广的第一个职业教育品牌。为更好地服务于“一带一路”沿线企业的发展，2016 年天津市东丽区职业教育中心学校与印尼东爪哇省波诺罗戈市第二职业技术学校签署了共建“鲁班工坊”的合作协议。该项目以学历教育与职业培训相结合的方式，通过与印尼有影响力的职业院校进行合作，对外传播中国职业教育的优质技能和教育经验。

---

* 许倩，法学博士，河北师范大学印度尼西亚研究中心助理研究员，主要研究方向为东南亚教育文化；刘凤宁，河北师范大学国别和区域研究中心硕士研究生，主要研究方向为东南亚政治。

一　印度尼西亚职业教育的基本情况

按照学校教育的层次，印尼的职业教育分为五种类型，分别是：（1）高中职业教育（sekolah menengah kejuruan，SMK）以及伊斯兰高中职业教育（madrasah aliyah kejuruan，MAK）；（2）社区学校（akademi komunitas，AK）；（3）理工学院；（4）大学；（5）职业培训中心（balai latihan kerja，BLK）。前四种归教育和文化部管理，职业培训中心归人力资源部管理。中等教育阶段的职业教育分为初级职业中学和高级职业中学。初级职业中学的学制为三年，主要招收小学毕业生，毕业后可以直接参加工作，也可以进入高级职业中学。高级职业中学则招收普通初中的毕业生或初级技术中学的毕业生，学制三至四年。三年制的学生毕业后可以选择直接工作，也可以选择进入技术教师培训学院；四年制的学生毕业后可以直接工作，也可以进入高等技术学校继续学习。

（一）印尼职业教育的基本情况

2018年，印尼全国共有各类职业学校14064所，其中公立学校3578所，占学校总体数量的25.44%，私立学校10486所，占学校总体数量的74.56%；各类职业教育学校共有在校生5009265人，其中公立学校学生2185796人，占学生总数的43.64%，私立学校学生2823469人，占学生总数的56.36%，男生2876118人，女生2133147人；各级学校教师总数为312688，公立学校教师146630人，私立学校教师166038人；男教师数量为86719人，占教师总数的27.73%，女教师数量为225949人，占教师总数的72.27%；本科以上学历教师为232586人，占教师总数的74.38%。[①] 印尼的职业教育资源在全国分配极不均衡，城市化程度较高的省份（如雅加达）

① 数据来源：印尼教育和文化部，“INDONESIA, EDUCATIONAL STATISTICS IN BRIEF, 2018/2019,” http://repositori.kemdikbud.go.id/。

学生数量比较多，师资也比较充裕，而更多的农村省份（如巴布亚）不仅学校的数量较少，师资匮乏也是一种普遍现象。

印尼是世界第四人口大国，拥有2.6亿多人，其中一半人口在30岁以下，具有小学教育水平的人口占全国总数的42%，初中教育水平人口占66%，高中学历水平的人口约占88%，但只有12%的人接受过高等教育，教育水平较为落后。近年来，印尼国内劳动力市场需求旺盛，但职业学校毕业生的失业率仍居高不下，主要原因是大多数印尼职业学校培养出来的毕业生所掌握的技能不能满足就业市场的要求。2011年，印尼颁布了《2011~2025年加速与扩大印尼经济发展中长期总体规划（MP3EI）》的国家经济发展蓝图。该规划预计，到2030年，印尼将需要1.13亿名技术工人（未来18年平均每年增加320万人），这对印尼的职业教育来说是一个巨大的挑战。

佐科政府高度重视人力资源的开发，认为利用好印尼的人口红利、提高劳动力的教育水平是实现“印尼梦”愿景的关键。2019年10月，佐科总统在连任的就职演讲中提出“印尼要在独立100周年时成为世界前五大经济体”的宏伟发展目标。在佐科宣布的执政纲领“印尼愿景”中，提高人力资源素质被作为优先发展的国家计划。

常规通识教育的发展往往要经过数十年的努力，但是职业教育和职业培训是短期内提高人力资源发展水平的重要手段，因此如何改革现有的职业教育体系、扩大职业教育规模是印尼政府非常关注的问题。通过鼓励企业设立奖学金、提供资金设施援助以及聘任行业专家担任兼职教师、鼓励企业聘请行业专家到职业学校担任学生职业能力的测评师等方式，引导企业深度参与技术技能人才培养培训。此外，印尼政府还规定了职业学校学生在校学习期间必须要参加3~6个月的实习实践活动和教育文化部组织的年度招聘会。

除此之外，佐科政府重视从经济发展较快的国家汲取职业教育经验。2016年4月，佐科总统访问德国时强调“印尼的职业教育需要德国的帮助，尤其是在电气行业等工业部门，如电厂、纺织工业、海事工业等”。[①] 印尼国家发展规划部和德国经济合作与发展部于 2017 年 5 月签署了《印度尼西亚和德国关于加强与深化技术和职业教育及培训领域伙伴关系的意向声明》。双方同意在职业教育与培训领域加强印尼-德伙伴关系，由德国政府提供资金，开展以下三个方面的职业教育合作：一是发展工业职业教育；二是提高职业教育师资水平；三是加强校企合作。目前，印尼的中爪哇、西爪哇、日惹、南苏拉威西、东加里曼丹和北加里曼丹的 22 个职业学校已经获得了此项目的资助，亚齐等地的 10 个职业学校的管理机构也得到了相关的指导和帮助。师资学历提升问题也是两国政府合作的内容。德国高等教育部向印尼相关理工学院青年教师提供全额奖学金到德国攻读相关行业硕士或博士学位，奖学金获得者在毕业后需要在印尼原单位服务五年才能“跳槽”。

（二）印尼职业教育的历史

印度尼西亚的职业教育可以追溯到荷兰殖民统治时期。当时的荷兰殖民者出于殖民利益的考虑，为印尼的荷兰籍平民引入了各种类型的职业学校。在 1945 年荷兰结束殖民统治之前，印度尼西亚已有 88 所职业学校，招收了 13230 名学生。后来尽管学校的名称和课程有所变化，但职业学校的发展雏形仍然得以留存并发展下来。苏哈托时代，政府意识到职业教育对培养学生的重要性，开始大力发展职业教育事业，职业学校和高等职业学校的数量由此迅速增加。1973 年，印尼第一所职业教育高等院校——万隆技术学院（The Swiss Mechanical Polytechnic - Bandung Technological Institute）成立，这是印尼第一家提供大专文凭的职业技术学校，前身是殖民时期的瑞士机械职业技术学校。1982～1994 年，在世界银行和亚洲开发银行的资金援助以及澳大利亚、德国、日本、新西兰和瑞士等国的技术支持下，印尼建立了 25 所职业高等院校；到 1995 年，该国已经建立了 700 个公立职业高中和 3000 个

① “Indonesia, Germany team up on vocational education,” https://www.thejakartapost.com/news/2016/04/19/indonesia-germany-team-up-on-vocational-education.html.

私立职业高中，学生人数总计达到157万人。

2005年开始，印尼教育和文化部制订计划，大力提高职业教育服务产业升级的水平。2007年政府颁布了《技术和职业教育公约》，旨在完善印尼的职业教育体系，将其转变为以需求为导向、以实践为导向的计划系统，从而提高毕业生的就业能力和参与终身学习的能力。2014年佐科就任总统后，希望通过职业教育提高熟练劳动力的比例。政府设立了许多有关农业、渔业的职业学校，并为每所职业学校拨付7亿印尼盾的资金。

为了提高职业教育的质量，印尼教育和文化部计划将普通高中与职业高中学生的比例从2009年的60：40提高到2015年的50：50，预计到2025年职业高中和普通高中学历的毕业生将分别占印尼劳动力的30%和20%。2015年，印尼政府新建了200个专门服务于农业、旅游业、基础设施和制造业的职业高中。2014年佐科就任印尼总统后，始终将大力提高人口素质作为政府的重点工作。在2019年10月佐科连任印尼总统后，其所领导的“前进内阁”更是将人力资源建设作为首要施政纲领。佐科总统在多次公开讲话中都强调，人力资本的发展将是印度尼西亚未来的关键。

（三）印尼职业教育的管理体系

印尼的职业教育体系包括学校职业教育和职业培训两部分。前者根据《国家教育制度法》，归教育和文化部管理；后者是“国家职业培训”的一部分。人们既可以通过正规的职业教育学校也可以通过职业培训方式接受职业教育。

印尼劳动部是进行国家职业教育培训政策的主要实施者，它下面设有两个部门：一个是“职业教育培训与国内雇佣总局”，其管理的有工业职业教育培训所、农业职业教育培训所等6个国家级的职业教育培训所，主要传达中央政府的各种职业教育培训政策。但地方分权制的发展使得绝大多数的职业教育培训所还是由地方管辖。职业教育培训与国内雇佣总局下设五个分局，即职业教育培训基准与能力评价局、职业教育培训开发局、劳动者能力开发局、雇佣开发局以及劳动力就业促进局。另一个是“职业教育培训与能力促进委员会”，该委员会下面设有海外劳动者培训开发中心、制造业与服务业培训开发中心以及劳动者能力发展中心等组织。这些组织主要对职业教育培训教师、高级技术人才、公务员等人员等进行培训。

国家职业培训主要以失业者、青年、在职工作人员以及从事职业教育的教师为培训对象，最主要的是对青年进行培训。帮助青年提高专业技能水平、引导青年建立正确的择业观、为青年更好地就业搭建平台等，有助于降低印尼的高失业率、促进印尼社会的和谐稳定。印尼在教育体系方面做了详细的划分，这有利于不同水平的学员进行学习。同时，政府对各类职业技能进行了细化，并且严格规定了考核的标准与级别。2006 年，印尼政府出台了《关于国内职业教育培训体系 2006 年政令第 31 号》。该法令在职业教育方面做出了更加明确且严格的规定，保证了印尼职业教育的质量。

2003 年，印尼教育和文化部颁布了《印度尼西亚共和国教育法》，成为国家教育的基本大法。《印度尼西亚共和国教育法》规定了包括技术和职业教育与培训在内的印度尼西亚教育体系的总体法律结构。它规定，印尼各级教育和各附属机构均由教育和文化部负责，并对教师应该具备的专业素质进行了明确规定。根据教育和文化部《2018 年第 34 号关于职业高中/职业高中宗教学校教育国家标准》的最新规定，在技术和职业教育与培训系统的质量保证方面，印尼对技术和职业教育与培训认证机构进行了标准的统一。

（四）印尼职业教育面临的挑战

1. 政策因素

自 2005 年以来，印度尼西亚重视加强职业教育水平的提高。教育和文化部、研究、技术和高等教育部都致力于增加职业高中和职业高等院校的数量，同时确保课程质量、学习效果与行业发展要求相适应。除此之外，印尼政府还通过各种方式引进高水平的职业教师。尽管如此，职业学校的学生辍学率仍然居高不下。2012 年，印尼职业教育的辍学率是 3.3%，而同年普通高中的辍学率是 1.5%。经济原因是影响学生辍学的主要因素。学生入学后第一个学期的辍学率最高，这表明学生的期望值和学校的实际教育水平之间有明显的差距。目前，印尼职业教育相关课程设置是由教育和文化部、劳动部负责，没有与人力资源部相协调，也没有对接企业的真正需求。职业学校很难提供某一专业实际操作的学习机会，毕业生获得就业信息的渠道少。职业学校教师缺乏实际的行业操作经验，对学生知识的传授只停留在理论层面。

2. 社会歧视

尽管印尼政府在增加职业教育学校数量上做了很多努力，但是职业教育对于学生的吸引力仍然不足。1997~2007 年，职业中学学生数量仅是高中学生数量的五分之一。造成这种情况的原因是社会仍然对职业教育带有偏见。家长们普遍认为职业教育的含金量不如高等教育，毕业后的社会地位也远低于大学毕业生，因此更愿意支持孩子去考大学接受高等教育。职业教育遇冷的另一个原因是学生在学校所学的技能与就业市场的要求差距很大。目前印尼经济正在从农业向制造业、服务业转型，在职业中学中“企业管理”这样的专业仍然是许多学校和学生热衷选修的课程。世界银行的数据显示，2010 年，约有 49%的职业中学学生选择了类似专业。事实上，以出口为导向的制造业缺乏大量具有熟练技术的工人，但是在职业教育学校中这样的毕业生少之又少，远远不能满足经济社会的需求。

3. 资金短缺

目前，印尼教育经费从中央到社区由各个级别部门共同承担。尽管国家财政部一直将年度预算的 20%以上用于教育，但各地区并没有严格执行中央政府的财政规定。例如，2012 年，雅加达特区将年度预算的 22.51%用于教育，中加里曼丹省的预算约为 20%，但同年北马鲁古省的教育预算仅有 4.7%。另外，由于职业教育班级规模较小，并且教育所需的专用实验室、设施和教学材料成本较高，因此职业教育的成本要比普通教育的费用高。一般说来，职业高中的教育成本是常规学校的两倍，因此，相对于其他教育类型，职业教育的发展需要更多的资金投入。

4. 硬件设施不足

印尼职业中学体系普遍面临的问题是缺乏足够的硬件设施以及具有职业教育培训经验的优质师资。目前，许多职业中学仍然用 40 多年前的技术和设备进行教学，还有的学校根本没有专业的配套设施。根据教育和文化部职业教育司最近的一项统计，目前职业中学教师缺口超过了20万人，现有的师资水平情况也不容乐观。大部分的教师缺乏行业经验，入职后也没有受过相应的培训，所传授的知识只停留在理论层面。

5.优质师资匮乏

随着职业中学和职业培训机构数量的迅速增加，印度尼西亚面临着职业教师严重短缺的危机。为缓解这些危机，政府往往从高校毕业生中招聘教师，在相关职业教育机构任教。据2012年印尼教育和文化部统计，有14.23%的职业教师没有本科学历。这些应届高校毕业生既没有教学经验，也没有经过行业培训，缺乏教学和实践经验。一些新入职的教师根本不了解职业教育的目标，仅仅采用高度理论化的教学方法，这使得职业学校的学生所获得的知识与行业实际需求严重脱节。

6.专业化程度不高

引导工业企业深入参与技术和技能型人才的培养，是印尼政府提高职业教育水平的重要举措。政府鼓励企业设立奖学金，提供金融和社会设施援助，聘请行业专家担任兼职教师。然而由于缺乏相应的激励措施，许多企业不愿参与政府扶持职业教育的计划。例如，政府倡导"企业社会责任计划"，鼓励中小企业参与职业教育相关活动。但对于中小型企业而言，在缴纳营业税的基础上提供"企业社会责任"捐赠被视为额外的负担。国家财政部对出资捐赠给职业教育的企业仍然征收相同额度的税费，没有减税的优惠政策，这也造成行业内部对于职业教育投入的兴趣不高。

7.学生辍学比例高

辍学率居高不下是困扰印尼职业教育发展的一个重要原因。2015年职业教育辍学率为1.85%，2016年为1.68%，2017年为1.57%。[①] 2018年，各类职业学校的辍学人数为25357人，辍学率为0.5%；男生辍学总数

① 数据来源：印尼教育和文化部，"Statistik persekolahan SMK 2018/2019，" http：//repositori.kemdikbud.go.id/13773/。

为 16839 人，占辍学总数的 66.4%，女生辍学人数为 8518 人，占辍学总数的 33.6%。[①] 学生入学后第一个学期的辍学率最高。这表明学生的期望值和学校的实际教育水平之间有明显的差距。根据印尼中央统计局（BPS）的调查，父母的教育背景、家庭经济状况、学生学习兴趣、社会风气的影响是造成辍学率升高的因素。[②] 此外，落后的课程体系使职业教育的效果大打折扣。职业教育的课程设置是由教育和文化部来制定的，课程的设置标准并没有整合工业部等其他部委的标准，导致课程设计严重脱离行业实际。学生很难掌握行业所需的实际技能，也不了解劳动力市场对人才的具体需求。教育质量与人才培养和社会需求方面是脱节的。

8. 政府职能重叠

国家技术和职业教育与培训分为正规教育和非正规教育两部分。在正规教育部分，教育和文化部负责职业教育各种类型的监督和管理。在非正规教育部分，印尼政府在 2003 年颁布了《人力资源法（13/2003）》，其中明确了人力资源部具有职业教育政策制定和监管的职能。由于职业教育被纳入国民教育体系，根据《印度尼西亚共和国教育法》规定，职业教育的课程设置是由教育和文化部来制定的，并没有整合人力资源部等其他部委的标准。部门的繁多尽管可以促进职业教育的发展，但往往会出现政策重叠甚至互相冲突的现象。

二 中国天津市东丽区职业教育中心学校与印尼东爪哇省波诺罗戈市第二职业技术学校合作项目——“鲁班工坊”

“一带一路”倡议为世界经济注入了新的活力。印尼是第一个对接

① 数据来源：印尼教育和文化部，“Statistik persekolahan SMK 2018/2019，” http：//repositori.kemdikbud.go.id/13773/。

② 《图表：辍学的孩子》，Lokadata 网，2019 年 11 月 20 日，https：//lokadata.id/artikel/infografik-anak-anak-yang-putus-sekolah。

“21世纪海上丝绸之路”的东南亚国家。佐科政府的“海洋强国”战略与“一带一路”倡议对接成效显著。两国在经济、政治、人文交流领域的合作成果丰富，职业教育领域的合作和交流也在不断深化。

（一）中国-印尼职业教育的合作背景

职业教育主要是为了培养熟练掌握一定技术技能的人才，它对国家的经济发展、社会的持续稳定以及人民幸福指数的提升发挥着重要作用。中国职业教育的发展主要是从新中国成立后开始的。为了适应成立初期工业的发展，中国政府在教育方面颁布了一系列政策措施，如1952年《关于整顿和发展中等技术教育的指示》、1963年《关于调整初级中学和加强农业、工业技术教育的初步意见（草稿）》、1991年《国务院关于大力发展职业技术教育的决定》、2005年《国务院关于大力发展职业技术教育的决定》等，建立了现代化的职业教育体系。根据《2018年全国高等职业院校适应社会需求能力评估报告》和《2018年全国中等职业学校办学能力评估报告》，上海教育科学研究院对中国职业学校创办的基础条件、学生发展的情况、师资队伍的建立、人才培养的方向、学校与企业的合作以及对社会的服务能力等方面进行了详细分析。调查结果显示，中国职业学校的办学能力与社会需求能力都得到了不同程度的提升。进入21世纪后，中国政府积极鼓励企业走出国门，出台一系列相关政策支持企业发展，鼓励中国企业在国外投资，这些都极大拉动了对象国技术和劳动力需求。在雇佣的过程中，工人需要了解中资公司的运行模式和行业标准，所生产出的产品必须符合中国的技术标准。从某种意义上说，以上种种都为中国国际职业教育交流和合作提供了广阔的空间。

印尼是中国“一带一路”倡议的重要对接国家。根据印尼中央统计局（BPS）2020年2月5日公布的数据，印尼2019年经济增长5.02%。近年来，印尼的经济增长速度始终保持在5%以上。世界知名会计师事务所德勤（Deloitte）发布的《人口结构促进亚洲经济模式转变》（Population Structure Promote the Transformation of Asian Economic Pattern）报告显示，未来几十年，印度尼西亚的劳动力规模将继续保持稳定，印尼将成为全球经济增长的重要来源。2018 年，印度尼西亚的总劳动人口数约为 1.3 亿人。2017 年，受过高等教育的就业人口（定义为完成高中和高等教育的人）约有 4830 万人，占总就业人口的 38%。虽然劳动力供应充足，但技术型的熟练劳动力仍然十分短缺。2016 年，佐科颁布第 9 号总统令《关于在提高印度尼西亚人力资源的质量和竞争力的框架内振兴职业教育的法令》，旨在通过改进职业培训学校和政府的人力培训计划来提高劳动力的质量。佐科政府认为，通识教育的提高需要一代人甚至几代人的努力，职业培训如果顺利进行，可以在短时间内见效，这是佐科务实执政作风的体现，也是佐科连任后的首要执政愿景。

（二）“鲁班工坊”项目的建立

随着参与共建“一带一路”企业的进一步发展，中国职业教育“走出去”的项目也越来越多，吸引了许多国家的加入。其中较有影响力的是天津高校开展的“鲁班工坊”项目。

1. 项目的缘起

“鲁班工坊”缘起于中国职业教育“走出去”的需求。近年来，随着中国职业教育的不断发展，中国的职业教育逐渐得到了许多国家的认可，从“引进来”逐渐向“走出去”发展。随着“一带一路”倡议向纵深发展以及国际产能合作不断深入，中国的职业教育走出国门，为“一带一路”相关国家提供技术技能人才，这都促进了进口国对中国技术技能和企业标准的认可、理解和接受。通过培养中国技术、产品方面的当地熟练工人，中国企业国际竞争力得到增强。

“鲁班工坊”是职业教育国际化的新模式。天津率先推行这一职业教育国际知名品牌，该项目采取学历教育和职业培训的方式进行职业教育领域的国际合作。截至 2019 年 2 月，中国分别与泰国、英国、印度、印尼、巴基斯坦、柬埔寨、葡萄牙 7 个国家合作建立了“鲁班工坊”，到 2020 年天津市还将与吉布提、埃塞俄比亚、尼日利亚、埃及、南非等国合作建立“鲁班工坊”。

2. 合作模式

发展高等教育和职业教育是促进经济社会又好又快发展的迫切需要。天津是紧临中国首都北京的沿海大都市，也是国家职业教育改革和创新的示范区。天津海河教育园区规划在海河中游，距离天津市中心仅有半个小时的车程。园区内有 10 所中专和高中职业学校。以中国职业教育的“孔子学院”著称的鲁班工坊就发起于这些学校。2017 年，天津市东丽区职业教育中心学校和印尼东爪哇省波诺罗戈市第二职业技术学校联合共建的中国—印尼“鲁班工坊”是天津在海外建设的第四个“鲁班工坊”。中国—印尼“鲁班工坊”建设面积为 360 平方米，它以汽车维修技术为主线，以工程实践创新项目为特色，大力发展智能制造、新能源技术、工程实践创新项目等，分为汽车维修应用智能教学区、新能源汽车教学区、工程实践创新教学区、无人机技术教学区和“空中课堂”五个部分，分别开展教学研究和技能培训，提升当地的教学质量以及相关专业技术水平，为当地的经济发展服务。在电动汽车试验方面，通过从天津带来的货物或练习材料，印尼学生和老师进行合作组装，修复损坏的部分。2018 年，印尼总统佐科对此项目给予了高度评价。除了“鲁班工坊”，中国还向印尼提供了机器人、大屏幕电视、行走机械、无人机、电动巴士和电炉等实物形式的资助，所有这些物资估价为 60 亿印尼盾。

“鲁班工坊”的合作模式分为以下几种：一是通过校际合作建设“鲁班工坊”，以天津职业学校为主，选择海外相关职业院校共同建立“鲁班工坊”；二是学校与承揽国外工程项目的企业合作建立“鲁班工坊”；三是与政府合作建设“鲁班工坊”，主要是结合国家外交和地方政府间合作的战略规划，通过融入对外人文交流机制共同建设“鲁班工坊”。

（三）中国其他职业院校与印尼职业院校的合作项目

随着“鲁班工坊”项目的大力发展，中国多所职业院校与印尼职业院校开展了相关合作。

1. 中国-印尼服务企业“走出去”校企群合作项目

江苏经贸职业技术学院为服务企业“走出去”需求、搭建中印尼技术院校合作平台、输出中国教学标准，联合海外中资企业与印尼泗水国际工商学院，设计四个模块进行组合式的服务企业“走出去”校企群合作，创新特色明显；培养“爱中国、懂汉语、会技术”的印尼本土员工，服务中资企业本土化战略，支撑作用突出；立足电商专业特色，打造电商品牌项目，建设专业平台，教学输出很有成效。

2. 中国-印尼“丝路人才”产教融合的联合培养项目

扬州工业职业技术学院和印尼普禾加多维迪亚第一信息管理学院项目坚持中国-印尼“丝路人才”产教融合的联合培养理念，在“平台共建、人才共育”等领域拓展新途径，携手印尼学校、多家印尼中资企业打造“三位一体”的人才培养体系；通过联合培养具备国际化能力水平的师资队伍、合作办学输出优质教学标准和规则、校企深度融合，重点培养具备信息化管理能力、适应“走出去”企业对本土高技能人才需求、熟悉当地的风俗习惯、通晓国际规则、具有国际视野的创新型高素质技术技能人才，塑造“扬工方案”的“丝路人才”教育品牌。

3. 中国-印尼职业教育创新人才培养项目

陕西工业职业技术学院和印尼 Kopertip 高等教育联盟项目充分利用学院在电气、建筑、信息技术、汽车工程、旅游、电子商务等领域的专业优势，搭建集汉语学习、文化体验、来华留学、实习实训、职业资格认定为一体的应用型人才培训培养体系，并通过向印尼职业院校领导、教师开展教育教学能力的培训，对相关企业员工进行短期培训，解决印尼职业院校师生的国际化培养和中方在印尼企业的人才需求。该项目职教特色鲜明，文化元素突出，陕西工业职业技术学院因此被东南亚教育部长组织正式接收为该组织的学校成员单位。

三 中国-印尼职业教育合作的未来展望

中国-印尼“鲁班工坊”成立以来，通过输出技术技能，既为中国企业创造了“一带一路”所需的相关人才，又缓解了印尼的就业压力。印尼作为“21世纪海上丝绸之路”的重要示范地，对中国走向世界十分重要。在经过了两年的运营后，印尼“鲁班工坊”为当地相关技术人才的培养以及两国的人文交流做出了重要贡献。中国-印尼职业教育的合作不仅对中国职业教育走出国门有一定的借鉴作用，也让我们进一步思考其深层意义。

（一）中国-印尼职业教育项目的合作优势

1. 两国政府的大力支持

2015年中国政府提出了《中国制造2025》战略，这是中国政府实施“制造强国”战略的首个十年纲领。党的十九大报告明确指出，“办好继续教育，加快建设学习型社会，大力提高国民素质”。2019年初，中国政府出台了《职业教育改革实施方案》，明确了深化职业教育改革的主要制度设计和政策措施，职业教育将更深入地参与国家“一带一路”倡议和生产能力方面的国际合作，职业教育的发展赢来了新机遇。2018年4月，佐科政府启动“印尼工业4.0”战略，旨在减少对原材料出口的依赖和增加高价值产品的出口来解决经济多样化和贸易不平衡的问题。在“印尼工业4.0”战略中，十项国家优先发展的计划之一是“提升人力资本”。佐科在2019年连任后更是将提升人力资源素质作为执政愿景。印尼政府也在多个场合表达借鉴别国经验、开展职业教育交流合作的意愿。中印尼两国政府的高度重视为开创双边职业教育互联互通合作新机制打下了良好的基础。

2. 中国的职业教育已经积累了较为丰富的国际合作经验

经过数十年发展，中国的职业教育已经构建起区域特色明显的国际交流合作新格局，能更好地适应不同经济发展水平和不同行业的需要。在职业教育国际化的进程中，中国各地区丰富的职业教育实践构成了一个国际化的样本库和智囊库，可以为印尼等“一带一路”共建国家和地区提供一定的借鉴和参考价值。

3. 两国职业教育合作特色明显、载体多样

中国-印尼职业教育国际合作主要聚焦于“一带一路”技术技能型人才培养。“鲁班工坊”项目由外方提供场地，中国企业提供培训设备，中国的职业学校提供课程和教学标准。中国教师不是直接教学生，而是用中资企业的标准来培养印尼当地教师，然后由当地教师来教学。学生可以掌握中、英、印尼语三种语言，培养独立工作能力，并具有先进的技术操作经验，实现全面发展，这是他们今后走向社会的优势。在合作实践过程中，项目重视企业参与，校企多层次合作，涵盖语言、文化、技术等多种形式；在合作载体方面，努力打造多样化项目平台，通过师资培训、企业实习、短期游学、学生交换打造一批职业教育合作交流的品牌。

（二）中国-印尼职业教育合作面临的挑战

1. 两国职业教育交流机制仍需细化

职业教育国际交流的顶层设计直接决定了交流的效果。目前两国职业教育合作交流有关国家层面的政策文件大多基于“普遍适用”的宏观指导原则，缺乏操作性较强的配套实施细则。因此，多数院校在进行实践探索时摸不着“石头”，不敢“过河”。职业教育国际合作交流本身是一项涉及教育、人力资源管理等多部门协作的系统工程。目前在中印尼两国政府层面，参与国际化政策的部委不多，在省一级，充分合作的部门和机构也不多，缺乏系统的顶层机制设计。

2. “双师型”专业师资缺口较大

职业学校学生的培养离不开“双师型”教师。“双师型”师资要求既有扎实的理论知识，又有丰富的实践经验。到目前为止，中国职业院校有专职教师 133.2 万人，其中中等职业教师 83.4 万人，高等职业教师 49.8 万人。

中国教育部等四部委联合印发了《深化新时代职业教育“双师型”教师队伍建设改革实施方案》，其中明确表示，“到 2022 年，职业院校‘双师型’教师占专业课教师的比例超过一半”。[①] 中国的职业教育缺乏国际化的人才，缺乏对中国职业教育既有深入了解，又有良好外语水平的职业教育实践者和研究者，这是制约两国职业教育合作交流的重要因素。在强化师资上，印尼教育部在 2020 年前在全国增设 400 所高等职业学校，招收新生 85 万人，这就造成了总计约 9 万名新教师的缺口。

3. 职业教育国际合作中社会投入还存在瓶颈

职业教育优质资源的国际化输出必须要牢牢树立以培养技能型人才为目标的导向。目前，对于大部分的中印尼职业教育合作交流项目来说，经费来源渠道比较单一，主要靠政府的支持。中方院校的参与方主要集中在公立学校，社会资本参与职业教育合作还不够积极。职业教育的国际化办学既需要政府大量的财政投入，也需要强化项目合作的“造血”功能，双方的职业教育合作项目可以尝试由“走出去”企业单独或联合经营，也可以由学校与企业联合经营。

（三）中国-印尼职业教育的前景展望

1. “一带一路”国际产能合作带来两国职业教育合作的新机遇

国际产能合作是“一带一路”倡议的主要支撑点。2013 年，中国政府提出“一带一路”倡议，中国良好的制造业基础、强大的基础设施供给能力和强大的要素保障为中国企业“走出去”创造了有利条件，促进了“一带一路”共建国家制造业的升级。随着“一带一路”的高质量发展，能精通两国语言，熟知对象国政治、经济、文化等领域的专业型人才成为中资企业精准对接相关合作项目的宝贵财富。就印尼方面来说，佐科政府正在大力推进“印尼工业 4.0”计划。“印尼工业 4.0”是印尼第四次工业革命的本

① 《教育部：到 2022 年，职业院校“双师型”教师占专业课教师的比例超过一半》，http：//www. moe. gov. cn/fbh/live/2019/51475/mtbd/201910/t20191022_404718. html。

土化发展方案。它由物联网、大数据、云计算等数字技术组成，以带动食品加工、纺织服装、汽车、电子、化工五大主导产业。佐科政府认为，“印尼工业 4.0”是实现工业改造和产业升级、提高国际竞争力和地位、在 2030 年前跻身世界十大经济体的必由之路。作为该战略的配套政策，印尼政府制订了“工业人才 4.0”计划，旨在充分发挥印尼的人口红利优势，为“印尼工业 4.0”培养一大批具有国际竞争力的高素质工业人才。在此基础上，两国职业教育交流合作变得尤其重要。许多中资企业对与印尼方开展产能和人才合作积极性非常高。据印尼影响力最大的华文报纸《国际日报》报道，OPPO 手机已率先在印尼设厂进行本地化生产，这既有利于降低制造和物流等企业成本，又能为当地培养一大批手机产业工人和工程师。不只是 OPPO，格力电器、百度、小米、华为、中国电建等一批“出海”印尼的中资公司在职业人才本土化发展方面都有所创新，定向培养了一批专业型人才。未来，两国将继续依靠教育国际合作机制，通过结合国际和国内标准，优先考虑与国际标准接轨，努力将“鲁班工坊”升级为职业教育孔子学院，结合中国企业的发展和地方工业经济的发展，面向印尼开展培训和职业教育，培养熟练工人，将海外输出的技术本土化，形成中国产业和技术可持续发展的长效保障机制，形成中国企业与当地社会发展共赢的局面。

2. 新一届印尼政府对提高人力资源素质的迫切期望为两国职业教育合作带来更大的空间

世界银行 2018 年人力资源指数报告显示，印尼在 157 个国家和地区的人力资源指数中排在第 87 位。在东南亚国家中，它仍然落后于新加坡、越南、马来西亚、泰国和菲律宾。作为在人口方面排名世界第四、东南亚第一，拥有 2.6 亿人口的大国，印尼 60%的人口在 30 岁以下，是一个拥有绝对人口红利的国家。该国有大量的年轻工人，但他们的技能不高，这严重影响了外商投资。佐科政府为失业者提供了技术培训，同时推动了一项教育援助计划，为大学里的贫困学生支付学费。尽管政府在不断加大教育经费的投入，特别是自 2009 年以来，教育经费的预算始终稳定在政府年度预算的 20%左右，然而到目前为止，该国基础教育水平还是不高，特别是在巴布亚等偏远地区。印度尼西亚媒体将人力资源的质量解释为导致该国发展效率低下的主要因素。

印尼现任总统佐科自2014年起的第一个任期内，专注于基础设施建设，修建了高速公路、机场、港口和发电站，政府总计投入约3500亿美元。2019年10月，佐科击败竞争对手普拉博沃后获得连任，印尼进入“佐科2.0时代”。在第一个任期内，佐科政府基础设施建设和当地制造业的大力推动确保了印尼的经济发展和社会稳定，而务实外交帮助印尼增强了国际影响力，并在打击极端分子的斗争中取得了重要成果。与第一个任期不同的是，佐科在第二个任期内更加关注民生的发展。2019年7月14日，佐科总统在西爪哇茂物Sentul国际会议中心发表就职演说，提到“我们希望将人力资本发展放在首位，人力资本发展将是印度尼西亚未来的关键”。[①] 世界银行2018年发布的“人力资源指数”[②] 显示，印尼在157个国家和地区中得分为0.53，排在第87名。这一得分意味着平均而言，下一代印尼工人的劳动生产率只可以发挥53%的水平。这就要求印尼政府要大力发展职业教育，提高工人的职业技能和知识水平，使印度尼西亚的青年毕业生掌握正确的“工业4.0”技能，并有更好的技能去竞争好工作，这将是印度尼西亚未来发展的关键。此外，新一届印尼政府的目标是到2020年让印尼成为东南亚最大的数字经济体，并使数字经济成为该国经济的主要组成部分。为了促进电子商务的发展，印尼政府已制定了一张“电子商务发展路线图”，将支持在以下八个方面实现该计划，即电子商务、税收、消费者保护、教育和人力资源、电信基础设施、物流、网络安全和管理。其中在教育和人力资源方面，政府计划实施职业人才孵化计划和电子商务人才职业计划。为大力发展人力资源，印尼教育和文化部、工业部、劳工部都推出了职业教育培训专项

① 《佐科第二任期 将注重提升人力资源质量》，新加坡《联合早报》2019年7月15日，https：//www.zaobao.com/realtime/world/story20190715-972586。

② 世界银行“人力资源指数”是对各成员国新生儿未来的生产潜力所进行的评估，该指数计算需参考三个重要指标，分别为新生儿存活率、健康程度及预期的教育程度，计算后的分值介乎于0和1之间。若一个国家得分为0.5，则意味着个人乃至国家将在未来可能会损失一半的经济潜力，对GDP构成直接影响。

计划，这也为中国-印尼两国职业教育合作创造了更大的机会，通过中国-印尼职业学校之间的合作，促使印尼职业教育的发展，印尼职业学校学生毕业后能有更多的就业机会。

3. 经贸密切交流提升产教融合的合作动力

作为东盟最大的经济体，印尼与中国的经贸合作正面临历史性机遇。印尼中央统计局（BPS）的数据显示，2019年中印尼非油气产品贸易额为704.3亿美元，同比增长1.14%；其中印尼出口中国258.52亿美元，同比增长5.98%，占印尼非油气对外出口总额的16.68%，居印尼出口目的地首位；印尼自中国进口额为445.78亿美元，同比下降1.47%，占印尼进口总额的29.95%，在印尼进口来源地中居首。① 两国经贸合作不断加深，中国已连续8年成为印尼最大贸易伙伴，连续3年成为印尼第三大外资来源国。② 在中国"一带一路"倡议和印尼"海洋支点战略"成功对接的背景下，两国关系处于历史上的最好时期，雅万高速铁路是两国发展战略第一阶段的标志性工程，已进入全面加速发展的新阶段。目前，两国合作的又一项里程碑式的项目"区域综合经济走廊"也在深入推进当中。在中国"一带一路"倡议的推动下，大量中国企业和知名品牌来到印尼，参与印尼的经济建设活动。小米、OPPO、华为、中兴等产品成为印尼最受欢迎的中国品牌，Lazada、京东等互联网公司成为备受印尼人民喜爱的跨境电商平台。自2000年以来，华为在印度尼西亚为12000多名工程师和3000多名学生提供了技能培训。人员培训、人力资源合作已经成为两国合作新的增长点。为了提高工人的职业素质，充分利用人口红利，印度尼西亚正在全国范围内推行企业与职业高中合作的"衔接与匹配职业教育计划"。除华为外，浙江岩土、中铁等中国企业与印尼职业高中合作开展学生职业教育培训，多渠道和多层次提高人才本土化运营和管理能力，得到印尼政府的大力支持和欢迎。

① 《2019年中印尼贸易情况概述》，中国-印尼经贸合作网，2020年1月20日，http://www.cic.mofcom.gov.cn/article/economicandtrade/staticaldata/202001/415978.html。

② 《金融合作助益中国印尼经贸发展》，中华人民共和国中央人民政府网站，2019年7月25日，http://www.gov.cn/xinwen/2019-07/25/content_5415243.htm。

这种产教融合、校企合作的新模式为“一带一路”建设贡献了大量本土化人才储备，培育了一批高水平的技术人才。

4. 新兴产业成为职业教育合作发展的蓝海

“工业 4.0”迫切需要以一门学科为核心的专业化人才培养和涵盖多个学科如机械、电子、通信、软件、控制、管理等跨学科的人才培养。新兴产业的发展期望两国职业教育突破专业设置的界限，重新布局专业结构，开展跨学科的专业能力培养，整合和改革计算机与网络技术、通信技术、电子信息技术、机械制造技术、企业经营管理等专业和课程，满足“工业 4.0”战略对人才跨学科专业能力特别是创新能力和综合能力的培养要求。未来，新兴产业尤其是信息化与工业化深度融合领域，将出现大量的人才短缺，这将为两国职业教育合作的专业设置、人才培养和校企合作提供引领方向。

5. 终身教育将是两国职业教育合作的新增长点

随着第四次工业革命的到来，社会发展越来越快、知识结构的快速转型迫切需要人们学习新的知识和技能。以灌输方式为代表的传统方式学习知识已经不能满足于当前世界发展的要求，尤其是在“一带一路”背景下进行经济、政治等方面的合作，更多新的、复杂的情况需要解决，这就要求人们不断更新知识，职业教育作为教育内容的一部分，在终身学习的时代更加不可或缺。笔者认为，未来中印尼职业教育合作的发展应体现终身教育的理念，在项目设计上突出学校教育与职业培训并举、政府投入和社会投入并行的特点，既涵盖学龄青年又包括专业劳动者，从发展阶段上既有学校阶段又有工作阶段，满足多样化、差异化需求，以适应新技术革命引领人才的需求。

参考文献：

［1］唐慧、陈扬、张燕、王辉编著《印度尼西亚概论》，世界图书出版公司，2012。

［2］孙帅帅、祁占勇：《新中国成立 70 年来我国职业教育地位变革的审视——基于政策文本分析的视角》，《职业技术教育》2019 年第 10 期，第 15~23 页。

［3］王琪：《高职教育“走出去”的类型分析》，《宁波日报》2019 年 12 月 12 日。

[4] 阳松谷：《中国职教走向世界：鲁班工坊模式研究》，《哈尔滨职业技术学院学报》2019 年第 5 期，第 11~13 页。

[5] 侯晓静、郭庆、刘媛媛、王志伟：《“一带一路”背景下高职校企合作的探析》，《天津职业院校联合学报》2018 年第 9 期，第 9~13 页。

[6] 雷剑强：《基于文化产业和教育合作视角下广西与印尼高校合作模式研究——以广西外国语学院为例》，《沿海企业与科技》2016 年第 3 期，第 10~13 页。

[7] 郑阳梅：《印度尼西亚国家教育概况及其教育特色研究》，《广西青年干部学院学报》2015 年第 6 期，第 56~63 页。

[8] 维奥拉（Viola Illeana Rachmani）：《印度尼西亚开展职业教育促进人力资源管理的研究》，哈尔滨工业大学硕士学位论文，2019。

[9] 张晓昭、孙忠宝：《印尼的职业教育》，《教育与职业》1994 年第 5 期，第 42~43 页。

[10] 谢成锁、刘磊：《〈印尼工业 4.0 路线图〉综述》，《全球科技经济瞭望》2018 年第 4 期，第 1~7 页。

[11] 李漪：《“中国制造 2025”背景下职业教育产教融合途径的思考》，《江苏理工学院学报》2018 年第 6 期，第 140~143 页。

[12] 聂家林：《中国制造 2025 背景下职业教育人才培养的思考》，《管理观察》2019 年第 24 期，第 147~149 页。

[13] H Liu; M Liu and D Hariyanto, “The Current State of the TVET Teachers' Workplace Learning in China,” *Journal of Physics: Conference Series*, Vol. 1446, 2020.

[14] Moch Bruri Triyono, Kirya Mateeke Moses, “Technical and Vocational Education and Training and Training in Indonesia,” Vocational Education and Training in ASEAN Member States.

[15] Nor Fadila Amin, Muhammad Sukri Saud, Yusri Kamin, Azian Latib, Nurul Ida Azmi, “International Teaching Practice in Technical and Vocational Education,” *Advanced Science Letters*, Vol. 23, 2007.

[16]《关于推进我市职业院校在海外设立“鲁班工坊”试点方案政策解读》，天津政务网，https://www.baidu.com/link? url = BU6ccwPiRN _ c6zwhmP6mKPfvGtfZL _ HNuNNkdNlaRaHxFy2GksC7Z3vqldk27pWCGs1HSJjpDD6Oz743JmOJZXZIFTgw69yiWSuUxhF2VXa&wd=&eqid=8a812aec0000b908000000065e86f9fd。

[17] https://www.worldbank.org/en/country/indonesia.

[18] 国务院发展研究中心“国际经济格局变化和中国战略选择”课题组：《中国应对国际经济格局变化的战略选择》，中国网，http://www.china.com.cn/opinion/theory/node_7219759.htm。

[19] “Industry 4.0 in Indonesia: Challenges and Opportunities,” https://www.cekindo.com/blog/industry-4-0-indonesia-challenges-opportunities.

[20] “Jokowi Pledges ‘Interconnectivity’ as his Infrastructure Vision for 2019-2024,” https://www.thejakartapost.com/amp/news/2019/07/15/jokowi-pledges-interconnectivity-as-his-infrastructure-vision-for-2019-2024.html.

[21] Muchlas Samani, “Vocational Education in the Era of Industry 4.0: An Indonesian Case,” https://m.e-works.net.cn/articles/article122514.htm.

印尼巴厘岛乌达亚娜大学旅游学院旅游汉语培训中心的发展与成就

〔印尼〕I Made Sendra，I Nyoman Udayana；王　玥 译*

摘　要： 近年来，随着中国经济的快速发展，中国赴印尼旅游人数逐年递增，到2017年，中国一跃成为印尼巴厘岛第一大游客来源国。中印尼民间联系随之不断加深，印尼尤其是巴厘岛人民对汉语的学习和使用需求也呈不断增长之势。因此，在民众的强烈要求下，2017年乌达亚娜大学与哈桑努丁大学合作，成立了旅游汉语培训中心。该机构旨在为印尼社会各界人士提供汉语及中国文化教学，以满足其日常学习和工作需求。旅游汉语培训中心在促进中印尼人文交流方面做出了杰出贡献。此外，为进一步加强旅游教育培训，推进“一带一路”特殊人才培养，乌达亚娜大学还计划与南昌大学合作，在登巴萨市共建孔子学院。目前，孔子学院的申报审批工作正在稳步推进之中。这将进一步加强两国间的联系，促进两国民心相通。

关键词： 乌达亚娜大学　旅游汉语培训中心　孔子学院　人文交流

一　乌达亚娜大学简介

乌达亚娜大学成立于1962年9月29日，是巴厘岛排名第一且历史最悠

---

* I Made Sendra，印尼巴厘岛乌达亚娜大学旅游学院旅游汉语培训中心主任；I Nyoman Udayana，印尼巴厘岛乌达亚娜大学语言中心主任；王玥，华中师范大学政治与国际关系学院硕士研究生，中印尼人文交流研究中心助理。

久的大学。该大学有两个校区，一个位于巴厘省登巴萨市的中心地带，另一个位于巴厘旅游商业区——金巴兰。乌达亚娜大学共有13个学院，其中包括58个本科专业、43个硕士专业/特色课程和11个博士专业。这112个专业有各种教育服务中心的支持，配备了高质量的硬件设施和专业的师资队伍。

在开展高等教育的过程中，乌达亚娜大学在国家支持下，根据印尼研究技术与高等教育部2016年第30号《关于乌达亚娜大学组织和工作程序的部长级条例》开展教学工作。此外，根据印尼财政部2011年5月发布的第441号法令，乌达亚娜大学是一家公共服务机构，这使其能够以更加有效的方式组织和开展优质的高等教育服务。

乌达亚娜大学由于地处印尼旅游商业中心，具有独特的文化和学术环境，这是世界上其他大学所无法比拟的。乌达亚娜大学将当地文化融于教育当中，学科、院系、专业课程以及教学方法等都独树一帜。这也使乌达亚娜大学成为巴厘优秀、独立和文明的中心。目前，大约有来自印尼不同地区的28353名学生和来自世界各地（如欧洲、美洲、亚洲和澳大利亚）1500名的留学生在此学习；大学现有教职工3022名，其中包括1474名学术人员/讲师、1548名行政人员。

除了专业课程，乌达亚娜大学还提供职业课程、短期课程实习和其他技术教育。乌达亚娜大学无论是校园基础设施、院系设置、人力资源还是公共服务机构的地位，在印尼都名列前茅。乌达亚娜大学更致力于成为印尼、亚洲乃至全球顶尖的大学。学校的多数毕业生目前就职于印尼以及其他国家的各种政府部门和非政府机构、私营部门以及高等教育机构。

二　巴厘岛的汉语市场需求

（一）印尼巴厘岛的汉语学习需求

巴厘岛是中国游客境外旅游的首选目的地之一。近年来，巴厘岛的中国游客数量与日俱增，从 2008 年的 129121 人次增至 2012 年的 310904 人次。大体而言，2008~2015 年，巴厘岛的中国游客数年增长率为 35.2%。从表 1 可以看出，2008 年，中国是巴厘岛第五大客源国，到了 2012 年，中国一跃成为仅次于澳大利亚的第二大游客来源国。2017 年，中国超越澳大利亚成为巴厘岛第一大游客来源国。

表 1　2013~2018 年巴厘岛旅游的五大客源国

年份	第一大客源国	第二大客源国	第三大客源国	第四大客源国	第五大客源国
2013	澳大利亚 826385	中国 387533	日本 208115	马来西亚 199223	新加坡 138397
2014	澳大利亚 991923	中国 586300	马来西亚 225572	日本 217402	新加坡 179719
2015	澳大利亚 966869	中国 688469	日本 228185	马来西亚 190381	英国 167628
2016	澳大利亚 1143157	中国 990771	日本 235009	英国 221521	印度 187351
2017	中国 1385850	澳大利亚 1094974	印度 272761	日本 252998	英国 243827
2018	中国 1361512	澳大利亚 1169215	印度 353894	英国 270789	日本 261666

资料来源：印尼中央统计局，https：//www. bps. go. id。

数据显示，在巴厘岛境外游客的总人次中，中国游客所占比例如下：2013 年，巴厘岛境外游客总计 3278598 人次，其中中国游客占 11.82%；2014 年，境外游客达 3766638 人次，中国游客占比 15.57%；2015 年，这一比例达到 17.20%，当年游客总数为 4001835 人次；2016 年，游客总数为 4927937 人次，中国游客占比为 20.11%；2017 年，中国游客增幅达到最大，占总人次 5345421 的 25.93%。总的看来，2014~2017 年，中国游客数平均每年增长 19.3%。

中国已经成为到巴厘岛旅游的新兴客源市场，印尼有必要加大力度吸引中国游客。作为世界上主要的旅游目的地，巴厘岛以其独特的文化遗产、美丽的热带风景、丰富的自然资源、友好的民风民俗闻名于世。因此，巴厘岛被誉为世界上最受欢迎的旅游目的地之一。目前，旅游业已成为巴厘省经济发展的推动力和主导力量，经济重心已从农业转向服务业。

巴厘岛是最受中国游客欢迎的旅游目的地之一，因此，巴厘岛当地人对学习汉语充满兴趣，这也成为他们学习中国语言和文化的内在动力。他们意识到，掌握汉语将是全球人力资源竞争的一大优势。因此，巴厘岛人民强烈要求在乌达亚娜大学建立孔子学院。他们认为，这可以使那些追求上进的人掌握中国文化和语言，使他们更容易在旅游部门找到工作。由于巴厘岛的学生和旅游业从业者对中国文化和语言的学习需求与日俱增，南昌大学和乌达亚娜大学于2017年12月12日签署谅解备忘录并达成合作协议。2018年4月18日，南昌大学旅游学院院长又与乌达亚娜大学旅游学院院长签署了合作意向书。

此外，从历史的角度来看，巴厘岛与中国的关系可以追溯到12世纪，当时巴厘岛由斯里·阿吉·贾亚·庞古斯（Sri Aji Jaya Pangus）国王统治。相传，国王迎娶了中国公主康清薇，公主将中国硬币作为嫁妆带到了印尼，因此，直到现在，中国硬币仍被巴厘岛的印度教用作宗教祭司的神器。国王和公主的塑像也一直保存至今，有些巴厘岛神庙中供奉的两座巨人神像巴龙兰东（Barong Landung）就是以国王和公主为原型的。此外，在巴厘岛港口附近的一些寺庙里，一定有一座供奉着港口大师拉图·西阿班达（Ratu Syahbandar）的神龛，他的前身就是巴厘国王任命来管理海关事务的中国人。总之，大约在一千年前，巴厘国王就通过通婚建立起了两国间的文化外交，中国和巴厘岛之间开始出现文化交流，如中国武士舞（Tari Baris China）和宫别里（Gong Beri）的音乐编曲等。

（二）在乌达亚娜大学建立旅游汉语培训中心

2017年7月10日，哈桑努丁大学（Hasanuddin University）的汉语中心

与乌达亚娜大学的旅游及语言教育、培训与服务学院签署合作协定，成立旅游汉语培训中心。此项合作旨在通过执行高等教育三原则，以联合的方式加强、促进和发展学术交流活动，如在旅游、导游和酒店领域提供汉语培训等。

值得强调的是，自 2017 年 12 月以来，乌达亚娜大学与南昌大学一直在开展互惠合作。2017 年 12 月 18 日，乌达亚娜大学校长和南昌大学校长在中国江西省签署了谅解备忘录。随后，乌达亚娜大学旅游学院院长与南昌大学旅游学院院长签署了合作意向书。为了落实合作计划，在中国汉办的赞助下，双方又于 2018 年 7 月 1~14 日在南昌大学举行了夏令营活动，共有 32 人参与，其中包括来自乌达亚娜大学 13 个院系的教职工和学生。

旅游汉语培训中心是首个以旅游专业的汉语能力培训为特色的汉语学习中心。它的成立标志着巴厘岛高等教育学府正式引入汉语教学，填补了专业汉语培训机构的缺失。自成立以来，该中心组织了多种汉语教学活动和文化交流活动。在汉语教学方面，中心除了定期为乌达亚娜大学学生开设汉语兴趣班和汉语水平考试培训课程外，还与巴厘岛旅游管理服务机构合作，开设汉语导游培训课程、酒店在职人员汉语培训课程和外事接待员汉语培训课程等，提升了旅行社、酒店等旅游管理与服务部门的服务水平，满足了从业人员学习汉语的迫切需求。

在文化交流方面，旅游汉语培训中心与中国驻登巴萨总领事馆合作，举办了一系列大型活动，如“中国艺术走进印尼校园”主题活动、春节招待会和中国语言培训等，尤其是针对旅游从业人员。这种高等院校间的文化交流活动对国际文化交流起到了积极的促进作用，受到了当地政府、中国驻登巴萨领事馆、当地学生、旅游业从业人员和普通民众的高度赞赏与欢迎。

（三）旅游汉语培训中心的具体方案

1. 中文教学

旅游汉语培训中心自 2017 年 10 月 23 日成立以来，一直在乌达亚娜大学提供语言和文化课程。主要课程类型包括汉语兴趣班、汉语水平考试培训课程、海关职员汉语培训课程、成人汉语课程、汉语教学技巧培训课程、旅游业从业者汉语培训课程等。目前，已有超过300名学生在中心学习汉语及文化课程，并且学生人数仍在快速增长。旅游汉语培训中心采用简体中文书写系统（拼音）进行教学。此外，为加强学生的沟通能力，中心还采用交互式交流的培训方式。汉语课程的设置不仅有选修课、兴趣班，还有为参加汉语水平考试的学生专门开设的强化课程。此外，中心还为旅游部门的从业人员，如导游、酒店工作人员等提供根据客户需求而定制的专门中文培训课程（详见表2）。

表2　旅游汉语培训中心课程（2018~2019年）

课程类别	年份	上课人数（人）	开班数（个）
汉语兴趣班	2018	16	2
	2019	35	4
海关职员汉语培训课	2018	40	1
	2019	18	3
汉语选修课程	2018	22	1
	2019	50	2
汉语水平考试培训课程	2018	32	4
	2019	65	9
旅游业汉语培训课程	2018	0	0
	2019	45	1
总计	2018	94	8
	2019	275	19

2. 2018~2019年中文班的增长数量

（1）面向旅游学院学生的中文选修课

在2017年旅游汉语培训中心的开幕式上，中心举办了一场国际论坛，主题为“巴厘岛中国旅游的前景与挑战”。该论坛吸引了巴厘岛各界人士近500余人参加，他们来自旅游、文化和教育等多个行业。此后，从2018年新学期开始，旅游汉语培训中心为旅游学院的学生提供汉语课程。

（2）面向其他学院学生的中文选修课

随着越来越多的中国游客来到巴厘岛，当地人对汉语和中国文化产生了浓厚的兴趣。不仅是乌达亚娜大学旅游学院的学生，其他学院的师生也对此表现出学习的强烈愿望和需求。为此，自2018年9月以来，汉语教学正式作为选修课和学分课程在乌达亚娜大学开设。在第一学期，汉语课共接收50名选修学生。现在，汉语选修课已经开设到第三学期，学生人数达100人，占外语选修课总人数的80%以上。

（3）面向公众的汉语兴趣班

印尼是东南亚华人最多的国家。随着中国经济的增长，越来越多的印尼人开始学习中国语言和文化。在这些人中，不仅包括华侨，还有很多印尼当地人。在旅游汉语培训中心建立之前，巴厘岛没有一所大学把汉语作为必修或选修科目，乌达亚娜大学也没有汉语系。在中国稳居巴厘岛境外游客来源国第一名的情况下，这种汉语学习资源的匮乏是十分不合理的。此外，巴厘岛越来越多的小学、初中和高中将汉语作为英语以外的必修课，从小培养双外语人才。在这种背景下，乌达亚娜大学孔子学院为那些对汉语感兴趣的人开设“汉语兴趣班”。根据学生的选择，课程每周安排两到三次，课时为每周8小时（总课时64小时）或每周9小时（总课时108小时）。

（4）面向教师的汉语培训班

自从旅游汉语培训中心成立以来，越来越多的学生和教职员工开始热衷于学习中国语言和文化。2018年2月，中国驻东盟大使黄溪连、乌达亚娜大学校长及副校长、哈桑努丁大学校长以及乌达亚娜大学师生参加了中国驻登巴萨总领事馆主办、旅游汉语培训中心协办的春节庆祝活动。2018年3月，乌达亚娜大学还举办了海南民间艺术展。精彩的中国传统艺术和巴厘歌舞不仅带给观众真实的体验，也促进了两国艺术家之间的文化交流。此外，此次活动使乌达亚娜大学许多从事语言及文化研究的学者对汉语及中国文化产生兴趣。在与会者的强烈要求下，旅游汉语培训中心开始为在校教师开设汉语课，以满足他们的学习需求。课程为每周4小时（总课时48小时）或每周8小时（总课时152小时）。

（5）面向巴厘岛国际机场海关人员的培训课程

为更好地服务日益增长的中国游客，中国驻登巴萨领事馆与巴厘省出入境管理局合作，开设了海关内部人员培训项目，旨在提升海关人员的汉语水平。

巴厘岛的旅游服务机构以及政府部门，如涉外酒店、餐馆、旅行社、度假村、警察局和旅游局等，都有学习汉语的需求。因此，旅游汉语培训中心提供汉语培训课程，旨在提高其工作人员的汉语能力。

（6）面向印尼旅游发展公司员工的中文培训

印尼旅游发展公司（Indonesia Tourism Development Corporation，ITDC）是印尼一家较为成功的国有企业，它有权管理巴厘岛国际旅游区内的所有酒店、餐厅、购物中心和娱乐设施。随着中国游客的不断增加，公司的管理者越来越深刻地意识到员工存在的语言障碍，因此强烈要求他们学习一些基本的旅游汉语来辅助其商务活动。通过与旅游汉语培训中心的合作，员工的普通话水平得到加强。这不仅有助于提升对中国游客的服务水平，也将更好地承担企业的社会责任，造福百姓。

（7）汉语水平考试培训班

随着中国经济的持续增长，越来越多的印尼学生对学习汉语产生了浓厚兴趣。汉语水平考试作为反映汉语水平的标准化考试，其强化培训课程和考前培训课程受到了当地人民的欢迎。参加汉语水平考试的人数也从2018年的34人增加到2019年的64人。汉语水平考试辅导课程的课时安排为每周8小时（总课时64小时）或每周9小时（总课时108小时）。

（8）文化活动

旅游汉语培训中心不仅重视语言教学，也重视文化交流项目。2018年2月23日，在中国春节之际，中心举办了新年茶话会和图片展。中国驻东盟大使黄溪连、中国驻登巴萨总领事陈巍、哈桑努丁大学校长苏黛薇（Deweiya）博士和乌达亚娜大学校长拉卡·苏德维（Raka Sudewi）博士等嘉宾出席了活动。这也是茶话会首次与中国春节庆祝活动同时举行。2019年3月7日，旅游汉语培训中心举办了元宵庆典活动之“中国艺术走进印尼校园”。该活动由中国驻登巴萨总领事馆主办。海南省琼中黎族苗族自治县民歌展演团的年轻艺术家为印尼观众带去了中国少数民族的歌舞表演，活动现场气氛热烈，观众在欢呼声和掌声中欣赏着中国与印尼的民间艺术。此次活动共有1700名观众参与，受到了当地媒体的广泛关注，印度尼西亚电视台、安塔拉通讯社、《巴厘邮报》、《巴厘雷达报》、《巴厘论坛报》、《国际日报》和《千岛日报》等都报道了这一事件（详见表3）。

表3　2018~2019年旅游汉语培训中心活动清单

序号	时间	活动主题	备注
1	2018年2月12日	春节文化活动	由旅游汉语培训中心与中华人民共和国驻登巴萨总领事馆合作举办
2	2018年2月21日	摄影展	由旅游汉语培训中心与中华人民共和国驻登巴萨总领事馆合作举办
3	2018年2月23日	中国茶话会	由旅游汉语培训中心与中华人民共和国驻登巴萨总领事馆合作举办
4	2018年3月9日	中国文化进校园活动	由旅游汉语培训中心与中华人民共和国驻登巴萨总领事馆合作举办
5	2018年4月25日	国际学生日	国际学生交流中心与旅游汉语培训中心合作举办
6	2018年6月8日	端午文化体验节	由旅游汉语培训中心与中华人民共和国驻登巴萨总领事馆合作举办
7	2018年6月22日	中印尼艺术交流活动	由旅游汉语培训中心与中华人民共和国驻登巴萨总领事馆合作举办
8	2018年7月1~15日	夏令营	由南昌大学主办，汉办赞助
9	2018年10月14日	东南亚华人与“一带一路”青年论坛	由旅游汉语培训中心与中华人民共和国驻登巴萨总领事馆合作举办
10	2018年12月7日	“江菁薇图书角”捐赠仪式	由旅游汉语培训中心主办

续表

序号	时间	活动主题	备注
11	2019 年 1 月 22 日	印尼跨文化交流论坛	由旅游汉语培训中心主办
12	2019 年 3 月 5 日	春节表演活动	由旅游汉语培训中心与中华人民共和国驻登巴萨总领事馆合作举办
13	2019 年 3 月 19 日	中国驻登巴萨总领事馆访问乌达亚娜大学	由中华人民共和国驻登巴萨总领事馆和乌达亚娜大学合作举办
14	2019 年 4 月 11 日	“中印尼青年交流访问学习小组”访问乌达亚娜大学	由乌达亚娜大学主办
15	2019 年 5 月 9 日	文化讲座活动	由旅游汉语培训中心主办
16	2019 年 5 月 10 日	国际日活动	应巴厘国际旅游学院邀请举办
17	2019 年 5 月 22 日	乌达亚娜大学代表参观哈桑努丁大学孔子学院总部	由乌达亚娜大学主办
18	2019 年 5 月 31 日	端午节——“印象巴厘”摄影展	由旅游汉语培训中心主办
19	2019 年 6 月 19 日	海关课结业仪式	由巴厘岛国际机场海关和旅游汉语培训中心合作举办
20	2019 年 8 月 15 日	中国夏令营	由大连大学主办，汉办协办

（9）合作和交流项目

自成立以来，旅游汉语培训中心已成为中印尼间语言、教育和文化交流的桥梁和纽带。在中心不懈的努力与协调下，乌达亚娜大学与中国驻登巴萨总领事馆以及中国多所大学开展了密切的科研合作和学术交流活动。快速发展中的旅游汉语培训中心已经成为巴厘岛汉语学习和文化交流的重要平台。在中心的协助下，乌达亚娜大学与以下大学建立了合作关系，并开展了具体的合作项目（详见表 4）。

表 4 2018~2019 年旅游汉语培训中心合作清单

年份	学校/机构	合作事宜	具体项目
2018	南昌大学	签署合作协议	学生、学者互访；开办夏令营
	南昌师范学院	签署合作协议	合办摄影展；交换留学生
	台湾“国立”大学 暨南大学	访问	代表团访问
	广西国际商务职业技术学院	访问	访问社会科学学院和文学学院
	暨南大学	访问	代表团访问
	三明学院	签署合作协议	交换留学生；举办青年嘉宾论坛
	中国驻登巴萨总领事馆	签署合作框架协议和中文培训协议	开设海关职员汉语培训课程
2019	北京大学	举办跨文化论坛	首届中国-印度尼西亚跨文化论坛
	大连外国语大学	签署合作协议	举办 2019 年夏令营
	南昌大学、南昌师范学院、三明学院	交换生项目	交换留学生

2017 年 11 月，乌达亚娜大学校长访问南昌大学，两所大学签署谅解备忘录。2018 年 3 月，南昌大学旅游学院院长访问乌达亚娜大学，双方就两所大学之间的学生交流、暑期项目和教师交流等具体合作达成共识。2018 年 7 月，乌达亚娜大学副校长带领 32 名师生到南昌大学参加为期两周的中国文化夏令营。此外，南昌大学旅游学院 18 名师生也赴印尼泗水参加了为期两周的印度尼西亚文化夏令营。

2018 年 9 月，南昌大学旅游学院 5 名学生来到乌达亚娜大学进行为期一年的交流学习，其中两人由中国国家留学基金委员会“优秀本科生国际交流项目”资助。2019 年 6 月，乌达亚娜大学国际项目中心主任斯里·哈特·明巴（Sri Harta Mimba）博士访问南昌大学旅游学院并进行学术交流。2019 年 9 月，来自南昌大学旅游学院的 5 名学生前往乌达亚娜大学进行为期一年的交流学习，其中 3 人由中国国家留学基金委员会“优秀本科生国际交流项目”资助。2019 年 9 月，乌达亚娜大学派出了旅游学院的 5 名学生到南昌大学参加交流项目。

三　乌达亚娜大学孔子学院的筹备工作

（一）孔子学院的定位

在印尼乌达亚娜大学建立孔子学院是根据孔子学院总部理念采取的措施，旨在促进中国文化和汉语的综合教学，促进旅游业发展和文化间交流，满足巴厘岛当地人民的需求。旅游职业教育、“一带一路”特殊人才培养、汉语教育普及和提升印尼民众汉语学习兴趣等多个目标定位，展现出巴厘岛孔子学院突出的地理优势、鲜明的旅游特色和显著的存在价值。此外，孔子学院还将为巴厘岛乃至整个印尼培养语言人才，成为巴厘岛旅游业高质量人才的培养摇篮，有助于更好地服务巴厘岛旅游经济的发展，培养支持“一带一路”倡议的地方急需人才。

（二）孔子学院的特点和优势

乌达亚娜大学孔子学院侧重于旅游业中高级人才的培养以及旅游业和涉外旅游业从业人员的培训，并综合考量印尼人民尤其是巴厘人民日益高涨的学习兴趣和学习能力，积极开展中印尼旅游研究和旅游职业教育。出于以下原因，在巴厘岛建立旅游孔子学院具有较大优势：一是地理位置独特，巴厘岛是世界旅游胜地；二是巴厘岛是印尼参与“一带一路”倡议建设项目的重要地区；三是每年有大量的中国游客到此旅游；四是乌达亚娜大学是印尼岛最有名的国立大学，其旅游学院成立30多年以来，教学设施先进，教学资源和旅游教育管理经验丰富，旅游院校特色鲜明；五是乌达亚娜大学与南昌大学旅游学院合作，南昌大学旅游学院教学资源丰富，旅游专业教育水平高，专业学术人员多，旅游研究成果丰富；六是孔子学院将聘请一批拥有“双证书”的旅游教育专家，师资力量丰富。

（三）孔子学院的预期发展及目标

乌达亚娜大学将大力推进旅游专业教学，培养高素质、懂语言、跨文化的旅游专业人才。

该孔子学院将尽可能加强当地旅游从业者（旅行社导游、酒店员工等）的业务能力，使其更好地了解中国市场的特点，提升服务水平与质量，从而达到增加巴厘岛中国游客数量的目的。此外，中国旅游市场的健康和可持续发展，将进一步促进中印尼在巴厘岛文化旅游的融合、交流与合作。具体做法是：第一，积极利用巴厘岛作为国际旅游胜地的优势，加强与当地政府、教育和文化机构、企业和公共部门的交流与合作，促进两国政府间的友好交流，支持“一带一路”倡议；第二，培养精通汉语、了解中国文化与习俗的高素质旅游管理人才，为巴厘岛旅游业提供高质量的汉语培训，为中国游客营造良好的旅游氛围；第三，加强与乌达亚娜大学及巴厘岛其他开设旅游管理专业的大学和机构间的交流与合作，积极推进师生交流、合作研究、海外学校等实质性项目，促进中印尼合作。

（四）场馆、教师和沟通机制的准备

1. 孔子学院选址

乌达亚娜大学所在的登巴萨市是巴厘岛的首府。它位于巴厘岛的中心，交通便利，是通往巴厘岛东南部和西南部的门户。登巴萨作为巴厘岛的教育、商业、行政和文化中心，是建立孔子学院的理想地点。乌达亚娜大学有许多校区，如登巴萨校区和金巴兰校区。其中，与孔子学院相关的国际办公室、旅游汉语培训中心、旅游学院和人文学院等也都位于登巴萨校区。

现有的旅游汉语培训中心及其办公空间拥有先进的教学设备，如电子白板、笔记本电脑及其配套设施，以及用于图像显示的投影仪和屏幕。教室还配备了空调系统、全覆盖的无线网络，教师和学生可以轻松便捷地上网。如果获准建立孔子学院，乌达亚娜大学将为孔子学院提供更多的办公空间和专用教学设备。

孔子学院的选址主要位于乌达亚娜大学登巴萨校区的农业综合大楼。乌达亚娜大学国际办公室也位于该所大楼之内，这将方便学校国际部与孔子学院更好地协调开展教学和文化活动。大楼内还有一个宽敞的电梯，可以快速到达所有楼层；此外，还配备了一个可容纳 1000 人的大礼堂。礼堂配有表演台、空调系统、大厅和记者室等，可供研讨会、文化表演和教育博览会使用。此外，乌达亚娜大学还计划在金巴兰校区的人文实验楼为孔子学院提供总面积超过 1000 平方米的教学空间。

2. 师资

目前，旅游汉语培训中心共有 7 名汉语教师志愿者，基本能够满足日常教学和活动。如果孔子学院成功获批，南昌大学将积极为其储备和输送高质量的汉语培训及商务培训人才。南昌大学的主修科目有对外汉语、国际汉语教育和旅游管理，学科优势明显，教师储备来源充足。此外，也可从印尼当地招募汉语教师，如从中国大学毕业的印尼学生等，都可以参加到孔子学院的教学活动之中。

3. 沟通与合作机制

目前，旅游汉语培训中心已与乌达亚娜大学、国际办公室和旅游学院建立了良好的沟通与合作机制。南昌大学和乌达亚娜大学在师生交换和学术交流方面也建立了密切的联系。高效顺畅的沟通、关系良好的合作，将为巴厘岛孔子学院的建立奠定良好的基础。

4. 根据总部规定完成的具体申报工作计划（详见表5）

表 5　乌达亚娜大学孔子学院申报工作计划

时间	已完成项目
2018 年 8 月	乌达亚娜大学向印度尼西亚教育部申报孔子学院建设计划
2018 年 12 月	印度尼西亚教育部批准了乌达亚娜大学孔子学院建设计划
2019 年 1 月	乌达亚娜大学按照孔子学院总部的要求准备申请材料
	南昌大学向孔子学院总部提出了与乌达亚娜大学一起建立孔子学院的请求
	乌达亚娜大学把申请材料送到孔子学院总部
2019 年 2 月	乌达亚娜大学与孔子学院总部沟通协议详情

续表

时间	已完成项目
2019 年 3 月	南昌大学国际事务部主任、副主任以及旅游学院院长前往孔子学院总部，汇报与乌达亚娜大学共同申办孔子学院的具体情况
2019 年 4 月	乌达亚娜大学与孔子学院总部签署协议，共同建立孔子学院

结　论

综上所述，在乌达亚娜大学建立旅游孔子学院具有重大意义，它将促进落实“一带一路”友好倡议，顺应当前海外汉语学习发展的需要，加强中印尼间的文化交流。同时，旅游孔子学院的设立符合孔子学院总部的要求，即根据不同国情开展特色汉语教学，服务当地，互利共赢。这不仅满足了当地人民学习汉语的广泛需求，还满足了人们汉语交流的需要。旅游孔子学院还计划与中外机构合作，以建立密切的合作关系，形成顺畅的沟通机制。最后，随着巴厘岛新孔子学院的建立，它将与巴厘人民的利益及需求等众多因素密切结合起来，具有重大意义。

历 史 篇

中国与印度尼西亚人文交流70年历史经验

王翕哲　韦　红*

摘　要： 中印尼建交70年来，两国人文交流在曲折中起步，在波澜中提升。如今两国人文交流成果显著，成为推进双边关系的“三驾马车”之一。70年的历史经验证明：两国人文交流与两国政治关系、经济关系相辅相成，相互提升；普通民众参与人文交流至关重要；印尼华人双重身份的清晰界定有助于两国人文交流的推进。

关键词： 印度尼西亚　人文交流　民主化

* 王翕哲，华中师范大学政治与国际关系学院博士研究生，华中师范大学中印尼人文交流研究中心研究员；韦红，华中师范大学政治与国际关系学院教授，博士生导师，华中师范大学中印尼人文交流研究中心主任。

1950年中印尼两国正式建交，至2020年两国双边关系已走过70年的历程。人文交流是中印尼两国双边关系中的重要议题，经历了从无到有、波折、中断、恢复、提升到如今与政治安全、经济贸易同为推进双边关系的“三驾马车”的复杂历程，其中“以官带民”“以民促官”“官民并举”等多路径相互交织。

在中印尼两国建交70周年、万隆会议召开65周年、两国“全面战略伙伴关系”建立7周年之际，本文以中印尼关系史为主轴，以两国建交后苏加诺到佐科七届政府为主要节点，结合重要历史事件，对70年间中印尼两国人文交流的进程、特点、影响因素及重要意义进行分析与总结，以期从人文、民间交往等角度加深对中印尼两国关系中“变”与“不变”的把握和解读，并进一步探析人文交流在两国关系中发挥的作用。

一　议会民主制时期（1950~1958年）

（一）1950年8月15日~1953年7月：建交初期，交流未启

1950年4月13日，印尼与中国正式建交。建交之初，同中国的积极态度相比，印尼对提升两国间关系的态度明显冷淡，仅与中国维持名义上的建交状态。其原因在于：中印尼两国建交之初正值冷战升级之际，西方国家视印尼为东南亚地区的“反共前沿”，它们以印尼国内右翼政党、亲西方内阁为突破口，通过提供援助拉拢印尼当局疏远与中国的关系。再加上中国在朝鲜战争中的节节胜利以及对越南抗法战争的支持也加重了印尼对中国的怀疑和担忧。[①] 在这样的背景下，印尼当局对中国持更为谨慎、质疑甚至提防的态度。另外，从印尼国内政治形势来看，两国的建交并未有效遏止对华敏感和怀疑情绪在印尼国内蔓延，其原因为：其一，中印尼两国的建交为印尼华人与中国政府间关系的提升创造了机遇和条件，但时值印尼华

① 李艳辉：《战后中国与印尼的关系》，《东南亚研究》1991年第4期，第14~15页。

人国籍问题尚未解决之际，印尼当局担心华人与中国政府的亲近以及中国政府及驻印尼使领馆在华人群体中影响力的不断上升会弱化华人群体对“印尼公民”身份的认同。[①] 其二，纳席尔和苏基曼时期，以马斯友美党为首、由伊斯兰右翼势力和极端派势力组成的右翼政党在印尼政府中占据明显优势。印尼当局对外不断提升与西方国家间的关系与合作，重视来自西方国家的援助；对内严格镇压工人运动和印尼共产党。由于意识形态上的明显差异，奉行亲西方、反共政策的印尼当局不可避免地对中国颇为忌惮，并有意拉远距离。

（二）1953年8月~1959年7月：起步之期，成果显著

1. 两国人文交流之起步与初期成果

1953 年 8 月 1 日，民主党人阿里·沙斯特罗阿米佐约（Ali Sastroamidjojo）组阁并出任总理，扭转了印尼此前亲西方、反共、反华的外交方向。从此，中印尼两国关系真正进入了起步期，两国人文交流在起步之初就以高效率推进，文化、艺术、体育等多领域内的交流与合作呈现出“百花齐放”的态势。

在艺术交流方面，由郑振铎任团长的中国文化代表团、以中国杂技团为主的中国北京杂技团分别于 1955 年 6 月、1956 年 8 月访问了印尼，以京剧、歌舞、杂技等艺术形式向印尼民众展示了中国传统文化与艺术。东方歌舞团舞蹈演员张钧曾拜师印尼舞蹈家，学习西爪哇的面具舞、中爪哇的女勇士舞、巴厘舞女舞、蝴蝶舞等多种印尼舞蹈[②]；印尼艺术团、印尼巴厘艺术友好访问团、印尼马鲁古艺术友好访问团分别于 1954 年 8 月、1956 年 9 月、1957 年 9 月访问中国。1957 年，北京舞蹈学院开设了“东方音乐舞蹈班”，开始招收学员学习印尼舞蹈，四名巴厘音乐舞蹈专家来华担任该课程首批教师，并带来了苏加诺总统赠予的 15 件甘美兰乐器。时任印尼驻华大使观看

---

① Rizal Sukma, *Indonesia and China: The Politics of a Troubled Relationship*, London and New York: Routledge, 1999, pp. 24-25.

② 孔远志：《中国印度尼西亚文化交流》，北京大学出版社，1999，第 208~209 页。

了舞蹈班的汇报演出，给予了正面评价。[①] 除舞蹈外，中印尼两国在戏剧、电影方面的交流也开始起步。曹禺的《雷雨》《原野》等作品曾以印尼语在印尼国内上演；1958 年雅加达华人椰城戏剧协会表演了巴金的《家》；纪念关汉卿的活动以及关于关汉卿的主题演讲曾在雅加达举行，《赵盼儿救风尘》曾被印尼著名记者和短篇小说家苏巴基尔改编为同名话剧，以印尼语演出，在印尼国内获得了非常高的评价。[②] 中印尼两国电影工作者曾互访，两国曾在对方国家举办过电影周。《渡江侦察记》《秦香莲》《刘巧儿》等中国电影在雅加达相继上映。雅加达《觉醒周刊》给予了多部中国电影好评，并在印尼民众间大力宣传。1956 年中国中央新闻纪录电影制片厂与印尼电影制片厂合作拍摄了纪录片《苏加诺总统访问中国》，1957 年该片在印尼上映。印尼媒体将该纪录片视为中印尼两国以及两国国民友谊的标志。[③]

在文学交流方面，中印尼两国作家开展互访，两国文学作品也进行了互译，在民众间流传甚广，影响颇深。1956 年印尼作家杜尔访问中国，开启了两国文学界人士互访的大门。自 1953 年起，北京外文出版社陆续将《高玉宝的童年》《少年先锋队的故事》《王贵与李香香》《白毛女》《我是劳动人民的儿子》等中国文学作品译成印尼文。[④] 印尼学者勃勃·富依克、穆赫达·鲁依斯、蒙丁萨里等人合译了《中国小说集》，介绍了鲁迅、沈从文、丁玲、郭沫若等人的 11 篇短篇小说；吴银全、苏高佐合译了鲁迅的小说《阿 Q 正传》。[⑤] 1958 年雅加达《觉醒周刊》上刊载了名为《鲁迅在印尼》的文章，该文介绍了被翻译成印尼文的鲁迅文章，包括《阿 Q 正传》《狂人日记》《故乡》《孔乙己》等，对鲁迅的文章及文章中传达的为国为民、爱国主义、反帝反封建的思想给予了高度肯定，并号召印尼人民进一步学习，

① 魏美玲、刁淋：《“表演”万隆：中国于印度、印度尼西亚和缅甸的舞蹈外交（1953-1963）》，《北京舞蹈学院学报》2019 年第 5 期，第 92~93 页。
② 孔远志：《中国印度尼西亚文化交流》，北京大学出版社，1999，第 219 页。
③ 孔远志：《中国印度尼西亚文化交流》，北京大学出版社，1999，第 221 页。
④ 孔远志：《中国印度尼西亚文化交流》，北京大学出版社，1999，第 90 页。
⑤ 梁敏和、孔远志编著《印度尼西亚文化与社会》，北京大学出版社，2002，第 189 页。

将更多的鲁迅文章翻译成印尼文。[1]

宗教在古代中印尼两国关系的建立和发展中发挥了重要作用，在两国关系日趋紧密之时，宗教交流进一步使两国民众间的感情不断升温。1956 年中国伊斯兰教协会副主席哈吉·达浦生率领中国印度尼西亚友好协会访问团访问印尼。同年，西拉佐丁·阿巴斯率印尼伊斯兰教代表团访问中国，在北京受到了周恩来总理的接见。1957 年印尼前副总统哈达访华期间曾特地访问新疆。[2]

2. 两国人文交流快速发展之原因

第一，从当时国际及地区形势来看，朝鲜战争的停火使印尼等初获独立的中小国家减少了对中国的担忧与怀疑，中国与西方国家间对抗的降温使印尼发展对华关系的空间得以拓宽。阿里内阁和朱安达内阁均奉行独立自主的外交政策，承担着取消《圆桌会议协定》并摆脱其影响、收复西巴布亚、发展国民经济等带有明显争取主权独立、反帝反殖色彩的外交任务，但这与荷兰、美国等西方国家的意图相冲突。与西方国家关系趋向恶化的现实使印尼不得不重新寻求新的伙伴国家，保证他国对本国的援助。

第二，从国内形势看，1955 年万隆会议后，中印尼两国正式签订了《中华人民共和国政府与印度尼西亚政府关于双重国籍问题的条约》，印尼华侨的国籍归属问题在制度上得到了解决，印尼进一步打消了对中国的误解，对华认知迅速转向正面，对两国关系与合作充满期待、颇为依赖，而当时中国也需寻求发展与包括印尼在内的第三世界国家的关系。

因此，当时的地区形势和两国的对外政策转变为两国政府迅速提升双边关系创造了条件，也为拓展两国人文交流创造了良好的政治基础和氛围。

---

① 孔远志：《中国印度尼西亚文化交流》，北京大学出版社，1999，第 91 页。

② 孔远志：《中国印度尼西亚文化交流》，北京大学出版社，1999，第 29 页。

二 苏加诺时期（1959~1967年）

（一）1959~1965年：发展之期，达至顶点

1. 短暂波澜后两国人文交流迅速恢复并提升至顶点

1959~1965 年，中印尼两国政府间关系与人文交流可分为两个阶段。出于发展“原住民”经济、限制华人经济并摆脱其对印尼民族经济控制的目的，苏加诺于 1959 年末颁布了《关于小规模和零售商的法令》（总统第 10 号法令）。此法令一经颁布便呈难以控制之势，从最初的限制、禁止华人经济活动迅速演变为大规模的反华、排华运动。① 在这段时间内，两国关系趋向紧张，人文交流陷入停滞。面对愈演愈烈的形势，中国政府果断采取了一系列措施，通过外交途径与印尼当局进行谈判并及时撤侨。印尼当局也及时纠正了错误的决策。在两国政府的共同努力下，两国破裂的关系在短期内获得修复。自 1961 年起，双方领导人重启互访，多领域的人文交流重新推进，成果颇丰。至 1965 年，中印尼两国关系达至顶点。

1961 年 3 月 28 日至 4 月 2 日，陈毅外长对印尼进行了国事访问，两国政府正式签订了《中国印度尼西亚友好条约》和《中国印度尼西亚文化合作协定》。这两份双边合作协议极具战略意义和现实意义，不仅标志着两国关系在经历短暂的波澜后重回友好，也为新时期两国政府间合作以及民众间交流指明了方向、打下了基础，时至今日仍可在两国多项合作协议和具体合作项目中发现这两份文件的痕迹。《中国印度尼西亚友好条约》包含了维护和发展友好关系、巩固两国间外交和领事关系、发展和加强两国经济和文化联系、就有关共同利益问题交换意见、通过协商和外交途径解决两国间争端等重点内容②，为新时期两国双边关系与合作提供了制度保障。1961 年 6 月

---

① 蔡仁龙：《战后印尼政府对待华侨、华人的经济政策》，《南洋问题研究》1989 年第 1 期，第 13~14 页。

② 《中国印度尼西亚友好条约（1961 年）》，《人民日报》1961 年 6 月 15 日。

13~15日苏加诺总统访华期间，中印尼两国政府互换了《中国印度尼西亚友好条约》的批准书，该条约正式生效。经中印尼两国政府核准，《中国印度尼西亚文化合作协定》于1961年6月14日正式生效。该协定为新时期两国文化合作及国民交往拟定了框架，总体上两国将共同促进教育、科学、文学、艺术、医学卫生、体育、新闻、广播等方面的人士相互访问并促进上述各方面的经验交流，具体表现在互聘两国学者赴对方国家讲学与任教；为留学生提供奖学金及高校入学批准等待遇；促进表演艺术家和艺术团体互访；鼓励体育团体间合作；促进电影、新闻、广播、旅行机构间的合作；促进两国科学、文化等出版物的交换和互译等主要方面。① 《中国印度尼西亚文化合作协定》可被视为当前中印尼两国文化交流与合作总体框架的雏形，在当时两国人文交流中发挥了突出的指导性作用。此后刘少奇主席访问印尼、周恩来总理和陈毅部长赴印尼参加万隆会议召开十周年纪念活动等领导人间的互访使两国人文交流进一步获得了政府的支持和引领。

在艺术、文学方面，1961年3月至1965年4月，由萨空了任团长的中国艺术团、由司马文森任团长的上海杂技团以及中国前线歌舞团陆续赴印尼演出。1961年9月至1965年6月，印度尼西亚艺术团、印度尼西亚人民文协歌舞团、印度尼西亚总统特派文化艺术代表团赴中国访问演出，演出期间印度尼西亚艺术团还曾学习中国舞蹈。② 1965年6月26日，印度尼西亚总统特派文化艺术代表团在首都民族文化宫礼堂举行了演出，除印尼传统舞蹈之外，印尼艺术家们还倾情演唱了《唱支山歌给党听》《我们走在大路上》等革命歌曲，并在演出结尾表演了由《纳沙贡》《社会主义好》《东方红》三首印尼和中国歌曲组成的大合唱，受到了中国民众的热烈欢迎。③ 1962~1965年，中印尼两国电影界人士交流和互访频繁，两国人民得以欣赏到对方国家的优秀电影。1962年2月，中国电影周在万隆举行，上映了《林则徐》《渡江侦察记》等影片。1963年3月，中国电影周在北苏门答腊各城市

① 《中国印度尼西亚文化合作协定（1961年）》，《人民日报》1961年6月16日。
② 孔远志：《中国印度尼西亚文化交流》，北京大学出版社，1999，第208~210页。
③ 《印度尼西亚文艺代表团首次演出 刘主席观看了演出》，《人民日报》1965年6月27日。

举行，上映了《苏加诺总统访问中国》《聂耳》《为了和平》《战上海》等纪录片和影片，受到了印尼民众的热烈欢迎，上映时场场满座。[①] 1965 年 3 月 21 日，中国电影周在雅加达开幕，上映了纪录影片《印度尼西亚第一副总理苏班德里约访问中国》和彩色故事片《天山红花》。苏班德里约寄希望于印尼人民可以从中国影片中深刻理解中国人民是如何进行革命的。[②] 1964 年 8 月，印尼电影工作者代表团和印尼电影代表团访华。同年，印尼电影检查委员会主席访华，出席在中国举办的印尼电影周。[③] 在文学交流方面，1961 年印尼作家代表团来华访问交流，与中国作家协会在北京发表了共同声明，共同表示拥护两国政府签订的文化合作协定。印尼作家代表团成员西托尔·西杜莫朗和鲁基娅分别写了《北京晨光》和《武汉》两首诗歌颂社会主义，赞美中国城市。[④] 印尼学者对翻译中国文学作品保持了浓厚的兴趣，1960~1965 年，陆续有杨沫的《青春之歌》、高缨的《达吉和她的父亲》、《杜甫文选》等作品被苏门答腊土生华人作家陈金、阿密尔·哈姆扎翻译成印尼语。在 1964 年中华人民共和国成立 15 周年之际，雅加达翡翠文化基金会出版了丹宁翻译的《毛泽东诗选》。与此同时，北京外文出版社也持续将中国的文学作品翻译成印尼语，具有代表性的有《毛泽东诗词》和《我是劳动人民的儿子》等。[⑤]

在宗教交流方面，1962 年 12 月，应印尼伊斯兰教士联合会邀请，中国伊斯兰教协会副主任、中国印度尼西亚友好协会副会长马玉槐率中国穆斯林代表团访问印尼，参加伊联第 24 届代表大会。[⑥] 1965 年 3 月 6 日，亚非伊斯兰会议在万隆开幕，包括中国、印度尼西亚在内的 28 个国家伊斯兰代表团参会。中国伊斯兰教协会和印尼共产党主席艾地在给会议的贺电中就“亚非各国穆斯林团结一致对帝国主义和新老殖民主义进行坚决斗争”达成

---

① 《印度尼西亚北苏门答腊举行中国电影周》，《人民日报》1963 年 3 月 21 日。

② 《中国电影周在雅加达隆重开幕》，《人民日报》1965 年 3 月 26 日。

③ 孔远志：《中国印度尼西亚文化交流》，北京大学出版社，1999，第 221 页。

④ 孔远志：《中国印度尼西亚文化交流》，北京大学出版社，1999，第 88 页。

⑤ 孔远志：《中国印度尼西亚文化交流》，北京大学出版社，1999，第 90~91 页。

⑥ 《我穆斯林代表团离京去印度尼西亚》，《人民日报》1962 年 12 月 21 日。

了一致。[①] 出席会议期间，中国代表团团长马玉槐表示支持印尼同马来西亚的斗争和退出联合国的行动，并号召亚非各国穆斯林应在万隆会议的精神下一致为反帝、反殖做出贡献。[②]

在体育方面，中印尼两国在国际性赛事的举办立场方面相互支持，两国领导人和体育界人士在赛事举办期间互访频繁。1962 年在第四届亚运会期间，作为东道主的印尼坚持“一个中国”立场，拒绝台湾体育组织以“中华民国”名义参加赛事，国际奥委会因此不承认第四届亚运会，并无限期禁止印尼参加奥运会。为表抗议，苏加诺总统在当年 9 月倡议举办以新获独立的新兴国家和社会主义国家为主体的“新兴力量运动会”。[③] 1963 年 11 月 10 日，“新兴力量运动会”正式在雅加达开幕，国务院副总理贺龙元帅应苏班德里约外长之邀访问印尼，参加了运动会开闭幕式。此次运动会自 1963 年 11 月 10~22 日共历时 12 天，48 个国家和地区的 2404 名运动员参加了 21 个比赛项目，盛况空前，228 名中国运动员和 192 人的艺术团参加了此次运动会。中国运动员取得了优异成绩，共获 66 枚金牌、56 枚银牌和 46 枚铜牌，在田径、举重、射击等项目上创造了新的世界纪录。[④] 苏德班里约外长表示“新运会”是“人类建立没有帝国主义和殖民主义、没有人剥削人的新世界的斗争工具”，贺龙元帅的访问促进了中印尼两国间的友好关系，对“新运会”的顺利举行给予很大的鼓舞和帮助。[⑤] 此后至 1965 年，两国体育队和代表团持续保持互访和在对方国家进行比赛，受到了两国各界民众的热烈欢迎，两国运动员也在相互交流和比赛中获得了珍贵的友谊。

中印尼两国在医学、医药方面的交流历史悠久，中国和印尼的传统医术相互融合、各取所长，特别是中医受到了印尼人民的认可与称赞。20 世纪

① 《亚非伊斯兰会议在万隆开幕》，《人民日报》1965 年 3 月 7 日。

② 《我代表团长马玉槐在亚非伊斯兰会议上讲话 反帝反殖斗争是亚非穆斯林共同迫切任务 各国代表发言强调要加强团结反帝斗争》，《人民日报》1965 年 3 月 10 日。

③ 刘一斌主编《中国和印度尼西亚的故事》，五洲传播出版社，2016，第 185~186 页。

④ 刘一斌主编《中国和印度尼西亚的故事》，五洲传播出版社，2016，第 190~191 页。

⑤ 《结束对印度尼西亚的友好访问 贺龙副总理离开雅加达 致电苏班德里约向印度尼西亚政府和人民致谢》，《人民日报》1963 年 11 月 24 日。

60年代初，周恩来总理派遣由著名泌尿科专家吴阶平医生、心脏病专家方圻医生分别担任正副组长的九人医疗小组赴印尼为苏加诺总统治疗肾结石，经中西医结合的疗法，苏加诺基本痊愈，中国医疗组受到了印尼各界民众的一致赞扬。此后，1963～1965年中国医疗组又三次赴印尼为苏加诺总统治病。[①] 截至1965年前，中印尼两国医疗界人士多次互访，医学交流成果显著。1963年10月21日，应中华医学会邀请，印尼著名眼科医生施文连博士携夫人及女儿来华，先后在北京、上海、广州等多个城市进行参观访问。[②] 1963年2月14日，中国卫生部副部长崔义田率领包括中西医专家吴阶平、岳美中在内的中国卫生代表团一行七人访问印尼。[③]

苏加诺时期，两国人文交流的目的在于提升两国国民间的相知、相亲、互信，对两国政治安全、经济贸易等方面的合作加以润色，进而巩固和提升双边关系，增强两国在反帝、反殖等方面的战略一致性。此外，在苏加诺看来，两国人文交流可以提升印尼各界民众对中国的正确理解和正面认知，实现稳固其个人政治权力、获取更多国内政治势力支持和增强中印尼的合作、获得更多来自中国的援助的双重目标。

2. 两国人文交流全速提升之原因

第一，从国际环境及两国对外政策来看，在美国等西方国家持续推进新殖民和反共政策、中苏关系破裂的大环境下，提升与新兴国家间的关系对中国具有重要意义。在印尼方面，收复西巴布亚、处理印马争端、争取第三世界国家和社会主义国家的认可和支持构成了印尼当时的主要外交任务。但上述任务目标与西方国家在亚洲地区的利益形成了冲突，印尼与西方关系恶化。而此时，中国明确支持印尼反对马来西亚和西方势力的斗争。中印尼两国对外政策的相似性为两国在推动第三世界国家与资本主义国家的抗争、消

① 刘一斌主编《中国和印度尼西亚的故事》，五洲传播出版社，2016，第82～83页。
② 《印度尼西亚著名眼科医生施文连到京》，《人民日报》1963年10月22日。
③ 《我卫生代表团去印度尼西亚访问》，《人民日报》1963年2月15日。

除美英等国在东南亚地区的影响等方面达成了一致[①]，从而也为提升双边关系创造了条件。

第二，从印尼国内政治形势的角度来看，在阿里内阁奉行对华友好政策的基础上，苏加诺个人权力地位的稳固进一步拉近了中印尼两国政府间、国民间的距离，为两国人文交流注入了新的动力。为从制度上消除议会民主制下政党矛盾、宗教矛盾、地方矛盾、军政矛盾、军队内部矛盾等各方政治力量间斗争对政局的冲击，苏加诺提出了“有领导的民主”改革方案，开启了“有领导的民主”时期。在这一时期，苏加诺集大权于一身。苏加诺在坚持自己所代表的民族主义保持在意识形态核心位置的基础上，以实现共产党和军方间的平衡和彼此牵制来保证其个人处于政治权力的中心。[②] 在苏加诺的保护、扶植下，印尼共产党获得了壮大。20 世纪 60 年代后印尼共与中共两党间的相互支持与帮助推动了两国关系的迅速发展。[③] 由于当时印尼国内对华观点尚不一致，印尼社会中仍潜伏着疑华、防华、反华的情绪，因此苏加诺寄希望于两国国民间交往发挥潜移默化作用，在印尼国内稳固其提升中印尼两国关系等举措的民意基础。在政府的有力支持下，两国的人文交流获得了全面提升。

（二）1965~1967年：双边关系破裂，人文交流中断

1965 年 9 月 30 日，以翁东中校为首的部分亲苏加诺军官以挫败军事政变为由，处决了陆军司令亚尼等六名右翼将领，此即为著名的“九·三〇事件”。以该事件为借口，印尼军方大肆屠杀印尼共产党员，并有意将责任嫁祸给中国，污蔑中国干涉印尼内政，极力煽动国内反华情绪。1965 年 10 月至 1967 年，印尼军人、暴徒多次冲砸我驻印尼使领馆，袭击我外交人员，侮辱我国国旗并对华侨华人进行残酷的迫害。1967 年 10 月 30 日，印尼单

① Rizal Sukma, *Indonesia and China: The Politics of a Troubled Relationship*, London and New York: Routledge, 1999, p. 31.

② 张锡镇：《当代东南亚政治》，广西人民出版社，1995，第 374~378 页。

③ 李艳辉：《战后中国与印尼的关系》，《东南亚研究》1991 年第 4 期，第 18 页。

方面提出同中国断交。中国政府不得不宣布暂时关闭驻印尼所有使领馆，撤回所有人员。两国人文交流完全中断。

三 苏哈托时期（1968~1998年）

（一）1967年10月至1990年8月：从人文交流中断到经贸交流缓慢起步

1968 年 3 月 27 日，苏哈托当选印尼第二任总统，至 1998 年印尼处于“新秩序”时期。从 1967 年 10 月 30 日中印尼两国断交到 1990 年 8 月 8 日两国复交，其间 23 年中，前 10 年两国人文交流完全中断。

20 世纪 70 年代中后期，两国经贸合作与民间交流率先打破双边关系的寒冰。1977 年，时任印尼外长马利克（Adam Malik）在联合国会见黄华外长时表示，在两国正式复交前，印尼愿同中国加强贸易和其他方面的接触。[①] 在恢复直接贸易的过程中，两国民间组织——中国贸促会和印尼工商总会以及以苏坎达尼（Sukamdani Sahid Gitosardjono）为代表的对华友好的印尼企业家发挥了重要作用。印尼工商总会代表团于 1978 年 4 月赴华参加广交会，同中国贸促会就恢复两国直接贸易达成了口头协议[②]，此为两国断交后首个到访中国的印尼民间团体，也即为“新秩序”时期中印尼两国民间交流的开端。1985 年 5~7 月，由印尼工商总会主席苏坎达尼率领的印尼方代表团和中国贸促会主任王耀庭率领的中方代表团分别赴中国和印尼实现了互访。1985 年 7 月 5 日，王耀庭主任和苏坎达尼主席在新加坡签署了《关于两国直接贸易谅解备忘录》，涉及了两国贸易中的银行结汇、船只停靠、双务人员互访等问题。[③]

在复交前，两国人文交流仍受到印尼国内政治因素的影响，推进缓慢，

① 刘一斌主编《中国和印度尼西亚的故事》，五洲传播出版社，2016，第 246 页。

② 刘一斌主编《中国和印度尼西亚的故事》，五洲传播出版社，2016，第 246~247 页。

③ 《中国印尼签署直接贸易谅解备忘录》，《人民日报》1985 年 7 月 6 日。

有限民间贸易往来的恢复反映出印尼既对中国与华人、印尼共产党间关系猜疑和防范，又特别看重中印尼双边贸易中巨大潜力的矛盾态度。

（二）1990年8月至1998年5月：复交助力，人文交流再次推进

1. 复交后两国多领域内人文交流再次推进

两国正式签署复交协议至 1998 年“黑色五月”暴动发生前这段时间，中印尼两国关系总体上发展良好，两国在经贸、人文等领域内的合作推进迅速，成果显著。两国政府签订了包括经济、文化、科技、教育、旅游、体育、卫生等多个领域的合作倡议，为两国人文交流提供了政策层面上的指导和规划。1992 年 2 月 23 日，中国广播电影电视部部长艾知生率领中国广播电影电视部代表团访问印尼，与印尼新闻部部长哈莫哥代表本国政府签署了关于新闻合作的谅解备忘录，在新闻媒介人员和官员的互访、对方国家重大新闻事件报道、新闻媒介培训以及广播、电影、电视领域内的相关交流与合作达成了协议。[①] 1994 年 11 月，江泽民主席访问印尼，与苏哈托总统就国际形势、两国双边关系以及经贸、技术等多领域的合作等方面的看法交换意见，并达成了一致。其间两国政府签订了《关于促进和保护投资协定》和《科学技术合作谅解备忘录》。此后，两国相继签署了体育、卫生、旅游等多个领域的合作协议。在政府的引领下，两国人文交流更趋立体化，多领域内的交流与合作成果显著。1992 年 7 月和 1993 年 8 月，民间团体“印尼—中国经济、社会与文化合作协会”和“中国—印尼经济、社会与文化合作协会”分别在印尼和中国成立，两个协会签署了《关于两个协会合作的谅解备忘录》，确定了合作的方向。“印尼—中国经济、社会与文化合作协会”由苏坎达尼担任，在中国的贸易代表团、经济考察团和艺术团组等团体访问印尼时，该协会负责接待并提供了诸多帮助。[②]

① 《中华人民共和国政府和印度尼西亚共和国政府关于在新闻领域合作的谅解备忘录》，中华人民共和国外交部网站，1992 年 2 月 24 日，https://www.fmprc.gov.cn/web/ziliao_674904/tytj_674911/tyfg_674913/t6125.shtml。

② 刘一斌主编《中国和印度尼西亚的故事》，五洲传播出版社，2016，第 21 页。

在艺术方面，两国恢复外交关系后，艺术团体随即开始了互访与交流。中国武汉杂技团、上海杂技团、山东杂技团、新疆歌舞团、中央歌舞团先后赴印尼演出；印尼彩虹艺术团于1991年10月赴华在北京、杭州和广州等地演出，受到热烈欢迎。[①]“印尼—中国经济、社会与文化合作协会”在1992年成立之初，便接待了中国新疆丝绸之路艺术团、中国残疾人联合会代表团、残疾人艺术团赴印尼演出。[②] 1992年2月，中国画家李树基应苏哈托总统邀请访问印尼；11月，李树基的画展在雅加达开幕，苏哈托总统的夫人为画展剪彩，画展中共展出了李树基的100余幅绘画作品。1993年，应印尼NUS基金会邀请，中国工艺美术学院李燕访问印尼，在印尼期间李燕举行了9次座谈会，基金会出版了《李燕印尼行》画册，画册刊载了李燕的57幅作品。1994年和1996年中国画家王晖多次赴印尼写生并开办画展，其作品受到印尼民众高度评价。在印尼方面，印尼著名画家卡蒂卡（Kartika Affandi Koberl）于1994年底访问中国，在中国进行了两个多月的写生，创作了《天安门》《居庸关》《漓江鱼鹰》等多幅著名绘画作品。[③]

两国复交后，中断20余年的宗教交流也开始恢复，苏哈托总统在1990年访华期间参观了北京东四清真寺，北京市伊斯兰教主任安士伟阿訇热情接待了苏哈托总统。苏哈托希望两国宗教界人士加强交流、互访，以此提升两国间的双边关系和友好合作。此后在1991年9月、1992年10月，印尼伊斯兰教友好代表团和印尼穆斯林学者代表团分别访问了北京、宁夏和新疆等地。1992年10月15日，中国伊斯兰教协会会长沈遐熙与印尼伊斯兰教士理事会（印尼伊斯兰教士联合会）主席谢赫·哈桑·巴斯里签署了两国伊斯兰教组织合作意向纪要，并合作撰写两国穆斯林友好关系史。[④] 在中国方面，1991年10月，中国伊斯兰教代表团访问印尼，受到了苏哈托总统和印尼宗教部部长沙兹里的接待。1993年8月，中国伊斯兰教协会副会长马贤

① 孔远志：《中国印度尼西亚文化交流》，北京大学出版社，1999，第210页。
② 孔远志：《中国印度尼西亚文化交流》，北京大学出版社，1999，第302页。
③ 孔远志：《中国印度尼西亚文化交流》，北京大学出版社，1999，第237~239页。
④ 孔远志：《中国印度尼西亚文化交流》，北京大学出版社，1999，第30~32页。

出席了沙里夫·希达雅多拉多拉伊斯兰教学院举行的郑和国际学术讨论会，并在会上做了报告。此外，马贤副会长还访问了爪哇、苏门答腊等地，并与当地穆斯林进行了交流。①

2. 两国人文交流再次推进的原因

1990~1998年，中印尼两国人文交流再次步入发展时期，这总体上得益于两国正式复交这一政治环境。如果说促使印尼与中国复交的两个重要动力在于提升与中国的非油气贸易以消除油气贸易收入的持续降低给印尼造成的经济困难、“新秩序”政府的更具魄力和自信的外交政策促使印尼在地区和国际事务中扮演更为重要的角色②，那么两国成功复交可归因于苏哈托对外交政策兴趣的提升及其在20世纪80年代中期获取了绝对权力，军方难以在政策制定上对其造成牵制。③ 因此，中印尼两国复交后，为进一步稳固执政基础、压制印尼国内对华的不满情绪，苏哈托大力支持印尼官方与民间同中国加深交往，印尼国内的政治形势与环境为两国人文交流再次进入快速发展的轨道创造了条件。

自1985年直接贸易恢复后，中印尼两国贸易额实现了明显增长，至1990年两国双边贸易增长了344.44%。④ 两国双边贸易规模的扩大不仅增强了印尼各界民众对拓展对华贸易的支持和期待，客观上也增加了印尼民众接触中国的频率，印尼民间开始积聚了进一步接触中国、了解中国的意愿。两国正式复交无异于使印尼民众获得了“批准”，在政府的支持和带动下，两国人文交流的自发性不断增强。

---

① 孔远志：《中国印度尼西亚文化交流》，北京大学出版社，1999，第31~32页。

② Rizal Sukma, *Indonesia and China: The Politics of a Troubled Relationship*, London and New York: Routledge, 1999, pp. 154-155.

③ Rizal Sukma, *Indonesia and China: The Politics of a Troubled Relationship*, London and New York: Routledge, 1999, pp. 185-187.

④ “INDONESIA-CHINA Perdagangan bilateral capai Rp550, 8 triliun”, 24 April 2012, *Bisnis. com*. https://ekonomi.bisnis.com/read/20120424/12/73939/indonesia-china-perdagangan-bilateral-capai-rp550-8-triliun.

四　哈比比、瓦希德、梅加瓦蒂时期（1998~2004年）

（一）步入民主进程，开启教育交流合作

1998 年苏哈托政权垮台，印尼进入民主改革时期。至苏西洛时期前，印尼共经历哈比比（1998~1999 年）、瓦希德（1999~2001 年）、梅加瓦蒂（2001~2004 年）三届政府。在这段时期内印尼领导人及各界民众对华态度和认知一致趋向正面，印尼政府不断推动两国关系发展，逐步取消了苏哈托时期对华人的不公平政策，打破和消除了两国国民间交往的桎梏和障碍，两国人文交流呈现出新面貌。

1999 年 12 月，瓦希德总统访问中国，同江泽民主席就两国双边关系以及各领域内合作等议题进行了会谈，双方一致同意建立和发展长期稳定的睦邻互信全面合作关系。特别是在华人问题上，双方就印尼华人平等的权利和义务以及完全融入印尼社会等问题达成了一致。[①] 12 月 3 日，中印尼两国发表了联合新闻公报，一致同意充分利用现有磋商机制，积极开展文化、教育、旅游、体育等领域内的合作，鼓励两国企业界开展互利合作，定期举行投资促进会。[②] 2000 年 2 月，印尼教育部青年、体育和校外教育司与广东省海外交流协会等单位签署了合作举办华文教师培训班的协议，同年 5 月 12 日，两国教育部签署了关于举办汉语水平考试（HSK）的协议书，印尼成为第 24 个中国在海外设置 HSK 考点的国家。11 月，印尼教育部主办了首次“推广华文教育研讨会”。[③]

2002 年 3 月，印尼第五任总统、苏加诺总统长女梅加瓦蒂率印尼代表

① 《江泽民主席与印尼总统瓦希德会谈 双方一致同意建立和发展长期稳定的睦邻互信全面合作关系》，《人民日报》1999 年 12 月 2 日。

② 《中国和印度尼西亚发表联合新闻公报》，《人民日报》1999 年 12 月 4 日。

③ 刘一斌主编《中国和印度尼西亚的故事》，五洲传播出版社，2016，第 158~159 页。

团访华，与江泽民主席、朱镕基总理等中国国家领导人举行了会谈。双方一致认同应在两国历史关系的基础上推进双边关系和多领域合作，并同意以文化、科技、教育、旅游等领域内的合作为途径提升两国双边关系。会谈后，两国政府签署了包括在广州和上海设立总领事馆的协议、经济技术合作谅解备忘录等5个文件的换文。[①] 此后，两国实现了多个具有“首次”意义的人文交流成果，2003年10月18日，中国高校在印尼举办的首次展览——中国教育博览会在雅加达开幕，共有32所中国大学参会；2004年7月，暨南大学选派了20名研究生和本科生作为首批志愿者赴20所印尼中学教授汉语。[②]

总之，教育交流特别是华文教育合作成为这一时期两国人文交流的亮点。

（二）教育合作交流开启的原因

印尼在进入民主转型后，将外交政策重点由西方调整至亚洲国家，哈比比、瓦希德、梅加瓦蒂三届政府均将提升对华关系作为印尼外交政策的重点方向，两国政府间关系的提升特别是一系列合作协议的签订为两国人文交流创造了条件。印尼国内华人政策的逐步改变助力了两国教育交流的开启与推进。1998年，哈比比在上台初期便颁布总统令，允许国内教授华文，并取消了华人在合法身份、入学等方面的不公平待遇和歧视政策。2000年1月7日，印尼政府发布了2000年第6号总统令，撤销了苏哈托政府时期涉及中国宗教、文化和习俗的1967年第14号总统令，自此华人可以公开庆祝春节。[③] 2月，印尼贸工部出台了第62号决定书，撤销了对华文读物进入印尼的禁令；2002年4月，第19号总统令正式规定春节为印尼国家法定假日。这些政策的出台为印尼民众进一步加强对中华文化的了解和学习创造了良好

① 《江泽民主席与梅加瓦蒂总统会谈就发展中国与印尼双边关系提出四点建议》，《人民日报》2002年3月25日。

② 刘一斌主编《中国和印度尼西亚的故事》，五洲传播出版社，2016，第160页。

③ “Peran Gus Dur di Balik Kemeriahan Imlek ...,” 30 Januari 2017, *KOMPAS. com*, https://nasional. kompas. com/read/2017/01/30/06060031/peran. gus. dur. di. balik. kemeriahan. imlek. ?page=all.

机遇，由此带来了两国教育交流特别是华文教育合作的春天。

客观来说，除了启动华文教育合作外，该时期两国其他领域的人文交流成果并不显著。这是因为哈比比、瓦希德、梅加瓦蒂时期政府更迭频繁，国内经济、政治、社会诸多领域内的问题牵制了政府在对外事务上的精力，对两国人文交流给予的支持和发挥的引领作用有限，两国人文交流缺少系统性和制度性。

五　苏西洛时期（2004~2014年）

（一）人文交流呈多元化、制度化特征

在苏西洛统治时期，中印尼两国缔结了更具战略意义的双边关系协定，多领域内的双边合作得到了进一步的提升。两国国民在教育、文化、宗教、旅游等领域内互访和交流日益丰富、亮点频现。

在语言和文化教学方面：中印尼两国高校在雅加达、泗水、万隆、坤甸、望加锡、玛琅等地合作设立了6所孔子学院；中国陆续有高校增设印尼语专业，并在校内开设了“印尼研究中心”等研究机构，以此为平台推进两国学术界人士的交流和互访；为提高印尼教育机构汉语教学水平，中国政府不断增派汉语教师赴印。2012年4月，中国国家汉办与印尼教育部在雅加达签署了《关于印度尼西亚汉语教师培养合作协议》，确定了2012~2014年两国共同培养100汉语教师的目标。6月20日，印尼首批30名中学专职汉语教师赴华进修。[①] 在此环境中，印尼学生学习汉语的兴趣高涨，2004~2014年，印尼赴华留学生人数从3750名升至13689名，增幅达265%。[②]

① 《印尼欢送首批中学专职汉语教师赴华进修》，中新网，2012年6月21日，http：//www.chinanews.com/hwjy/2012/06-21/3978061.shtml。

② 数据来源：《2004年全国来华留学统计年鉴》，中华人民共和国教育部网站，2005年2月6日，http：//www.moe.gov.cn/srcsite/A20/moe_850/200502/t20050206_77817.html；《2014年全国来华留学生数据统计》，中华人民共和国教育部网站，2015年3月18日，http：//www.moe.gov.cn/jyb_xwfb/gzdt_gzdt/s5987/201503/t20150318_186395.html。

在旅游方面：2013 年 9 月，印尼旅游和创意经济部部长冯慧兰（Mari Elka Pangestu）访华，与时任中国国家旅游局局长邵琪伟进行了会谈。双方一致认同在 2000 年两国签署的旅游合作备忘录的基础上签订新的旅游合作备忘录，并将联合推广、信息共享、两国旅游产业投资作为合作的具体路径。① 习近平主席访问印尼期间，同苏西洛总统签订了两国间新的旅游合作谅解备忘录。在两国政府的合作和支持下，苏西洛时期中印尼旅游合作获得了显著提升。2002 年，中国内地赴印尼游客人数仅为 19840 人次，2004 年这一数据增长至 39936 人次。经两届苏西洛任期，2014 年中国内地赴印尼游客升至 105.27 万人次。②

在宗教交流方面：在两国战略伙伴关系、全面战略伙伴关系的引领下，中印尼宗教交流与合作有了量的增长和质的提升。2010 年 7 月 22 日，中国国家宗教事务局局长王作安率代表团访问印尼，与印尼副总统布迪约诺进行了会谈。双方一致认同两国宗教交流在增进人民传统友谊、丰富并提升两国双边关系与合作中发挥的重要而积极的作用。③ 7 月 23 日，为期 3 天、以“和平、友谊、合作、进步——谱写中国印度尼西亚穆斯林传统友谊新篇章”为主题的“中国·印尼 2010 伊斯兰文化展演”在雅加达开幕，政界、宗教界等 1000 余名中印尼各界人士参会。印尼民众在展演中参观了关于中国穆斯林历史、政治、文化、经济等多方面的艺术、文学作品，并大加赞扬，进一步加深了对中国伊斯兰文化的了解和认同。④ 此次展演在中印尼宗教交流、文化交流历史中具有里程碑式的意义，在以宗教为纽带拉近两国民

---

① “Kerja Sama Pariwisata RI - China Diperbarui, Ini Poin Pentingnya,” 17 September 2013, *Bisnis.com*, https://ekonomi.bisnis.com/read/20130917/12/163506/kerja-sama-pariwisata-ri-china-diperbarui-ini-poin-pentingnya.

② “Wisatawan Mancanegara yang Datang ke Indonesia Menurut Kebangsaan, 2000 - 2017,” Basan Pusat Statistik, 1 November 2018, https://www.bps.go.id/statictable/2014/09/08/1394/wisatawan-mancanegara-yang-datang-ke-indonesia-menurut-kebangsaan-2000-2017.html.

③《印尼副总统会见王作安率领的中国宗教代表团一行》，中华人民共和国中央人民政府网站，2010 年 7 月 23 日，http://www.gov.cn/gzdt/2010-07/23/content_1662493.htm。

④《中国·印尼 2010 伊斯兰文化展演在雅加达隆重开幕》，中华人民共和国中央人民政府网站，2010 年 7 月 24 日，http://www.gov.cn/jrzg/2010-07/24/content_1662891.htm。

众间感情等诸多方面发挥了重要作用，为接下来两国宗教团体和人士间的互访奠定了基础。2012 年 5 月，印尼伊斯兰教法学者委员会主席率领代表团访华，与王作安局长、中国伊斯兰协会会长陈广元分别举行了会谈。其间，印尼伊斯兰教法学者委员会与中国伊协签署了合作谅解备忘录，就清真食品监制和认证、伊斯兰文化活动、学者交流等 6 个领域内的合作达成了一致。①

苏西洛时期两国人文交流较之前具有两个特征：一是两国人文交流并非只是在政治安全、经济贸易等合作中发挥助力作用，而是真正上升到同后两项合作同等重要的位置，并获得了制度保证，在推进两国双边关系中具有同样的战略意义。二是从人文交流的主体来看，此前两国人文交流多由政府牵头，且多服务于政府间的合作，政治性特征明显。但苏西洛时期，两国民间团体与各界人士间的交流、互访与合作更具有自发性，特别是印尼国内对华语、中华文化教育的完全解禁增强了两国学者交流和互访的意愿，创造了更多条件。在此基础上，两国人文交流更具有活力，民众参与度更高，普通民众对两国全面战略伙伴关系有了更为深切的了解和认知，为两国持续推进双边合作、提升双边关系打下了坚实的人文基础。

（二）人文交流全面提升之原因

苏西洛时期，中印尼人文交流全面提升不仅体现在交流成果丰富，呈现出多元化、参与者众的特征，更具意义之处在于两国民众参与交流的自发性和主动性增强，进一步回归了人文交流的本质。这得益于两国间日渐紧密的双边关系以及两国政府对人文交流的重视，一系列双边文件的签订更为两国人文交流提供了制度保障。

2005 年 4 月 25 日，胡锦涛主席与苏西洛总统正式签署了《中国与印尼关于建立战略伙伴关系的联合宣言》，双方一致同意将扩大民间交往、促进

① 《印尼伊斯兰教法学者委员会访问团应邀访华》，中国伊斯兰教协会网站，2012 年 5 月 25 日，http：//m. chinaislam. net. cn/cms/news/xhxw/201208/0S149512012. html。

社会文化合作确定为同加强政治与安全合作、深化经济与发展合作具有同样重要意义的战略伙伴关系的主要内涵，并将教育、艺术、青年团体、民间组织等合作以及相互教学对方语言作为促进社会文化合作的重要方向。①

中国共产党的十八大以来，人文交流被赋予了更高的战略意义和价值，在中国对外合作与交往中发挥着越发重要的作用。2013 年习近平主席提出“一带一路”倡议，民心相通作为“五通”之一，同政策、设施、贸易、资金一道成为推进与各国合作的主要内容。印尼是“一带一路”重要的共建国家，是“21 世纪海上丝绸之路”的首倡之地，因此提升与印尼的人文交流被我党和政府赋予了重要的外交使命，承载着推动我国周边外交、推进与周边国家互利共赢的重要任务。2013 年，两国将双边关系提升至全面战略伙伴关系级别，2013 年 10 月 3 日，两国政府发表了《中印尼全面战略伙伴关系未来规划》，进一步细化了两国人文交流的具体路径，以推动高校和学术机构间的交流与合作、互派留学生、继续开展青年交流项目、加强媒体交流与合作等为方向提升两国人文交流，并设定了未来 5 年每年向对方国家派遣 100 名青年进行访问、在 2015 年推动两国实现 200 人次人员往来、继续办好“中印尼关系研讨会”等交流活动的目标。②

在印尼方面，苏西洛政府致力于稳固并推进民主进程，强化本国在国际事务中的参与、提升印尼的国际形象是其主要的外交政策方向，而促进民众间交流有助于提升各国国民对印尼国情及各项发展的了解，进而可让世界看到一个民主制度更加健全、更乐于承担国际责任的印尼。因此，推进对外人文交流与苏西洛政府的执政愿景和目标相契合。

从两国双边关系与合作来看，苏西洛时期中印尼两国人文交流的稳固与升级与中印尼两国的外交政策愿景、对外合作重点方向相一致，两国“战

---

① 《中国和印尼关于建立战略伙伴关系的联合宣言》，中华人民共和国外交部网站，2005 年 4 月 24 日，https://www.fmprc.gov.cn/web/gjhdq_676201/gj_676203/yz_676205/1206_677244/1207_677256/t193365.shtml。

② 《中印尼全面战略伙伴关系未来规划》（全文），中华人民共和国外交部网站，2013 年 10 月 4 日，https://www.fmprc.gov.cn/web/gjhdq_676201/gj_676203/yz_676205/1206_677244/1207_677256/t1084574.shtml。

略伙伴关系”“全面战略伙伴关系”的相继建立为两国人文交流提供了国家政策层面上的指引，为进一步深化、拓宽人文交流搭建了平台、指明了方向，助力其发展为同政治安全、经济贸易具有同等战略意义的双边合作路径。

六　佐科时期（2014年至今）

（一）人文交流构成“三驾马车”重要一环

佐科总统上任至今，在延续了苏西洛时期对华友好政策的基础上，提升了与中国在多个领域内的双边合作，中印尼两国关系迎来了历史上最好时期，两国人文交流亦随之升级。

2015 年 3 月，两国政府签署了《中国和印尼关于加强两国全面战略伙伴关系的联合声明》，一致认同强化两国青年、文化、教育、旅游、宗教、媒体等领域内的人文交流合作与相关人士、团体互访，并确定了继续每年向对方国家派遣 100 名青年访问交流、两国公民年度旅游往来突破 200 万人次等目标。特别是在教育合作方面，两国政府就孔子学院、国内印尼研究中心、中国政府奖学金等方面的积极意义和发展方向达成了一致。[①] 2018 年，李克强总理访问印尼，两国政府发布了联合声明，签署了一系列合作协议。佐科时期，中印尼两国政府已建立并持续强化双边、地区、国际三大支柱合作，不断夯实两国全面战略伙伴关系。人文交流与政治安全、经济贸易共同构成两国双边关系中的“三驾马车”，在副总理级交流机制的引领下，推进两国双边关系进入机制化、规范化轨道。[②]

2015 年，中印尼副总理级人文交流机制建立，该机制为中国与发展中

① 《中国和印尼关于加强两国全面战略伙伴关系的联合声明》，中国政府网，2015 年 3 月 27 日，http://www.gov.cn/xinwen/2015-03/27/content_2838995.htm。

② 《三大支柱合作夯实中国与印尼全面战略伙伴关系》，中国政府网，2018 年 5 月 10 日，http://www.gov.cn/xinwen/2018-05/10/content_5289704.htm。

国家建立的首个副总理级人文交流机制，共覆盖教育、科技、卫生、文化、旅游、体育、青年、媒体八个领域。[①] 2015~2017 年，两国政府共召开三次人文交流机制会议，明确了该机制的定位、目标、运行机制。在首次会议中，双方签署了教育、科技、文化等七项合作协议，刘延东副总理建议应从战略角度和长远角度夯实民意基础，提出了官民并举、根植民众、面向未来的人文交流发展理念。[②] 在第二、第三次会议中，两国政府不断拓宽合作范围，继续签署了多项合作协议。作为落实两国元首共识的重要举措，中印尼人文交流机制已同政治安全对话、高层经济对话一道成为统筹和推动中印尼关系发展的重要支柱。[③] 佐科时期，中印尼两国官方、民间团体在教育、旅游、文化等多个领域内多次开展了各类型的研讨会、展会、论坛等活动，签署了多项合作协议。

在教育方面，两国高校、学术研究机构加强了对对方国家语言、国情和文化的研究，研究机构的发展越发成熟，在数量和水平上均有显著提升。2016 年 6 月 25 日，由两国八所高校——北京外国语大学、华中师范大学、广东外语外贸大学、河北师范大学、印度尼西亚大学、加扎马达大学、日惹国立大学和北苏门答腊大学组成的“中国—印尼高校智库联盟”成立。该联盟以搭建平台、加强双向人才培养、推动科学研究、加强政策对话为重要职能，发挥高校、研究机构的资源和优势来夯实两国民意基础，推进人文交流。[④] 自 2017 年起，北京外国语大学、华中师范大学两校分别设立了“中印尼人文交流研究中心”。在印尼方面，2018~2019 年，三一一大学孔子学院、乌达亚娜大学旅游孔子学院分别在梭罗和巴东成立，至今印尼国内共有

① 《中国—印尼副总理级人文交流机制第二次会议举行》，中华人民共和国教育部网站，2016 年 7 月 26 日，http：//www.moe.gov.cn/jyb_xwfb/moe_2082/zl_2016n/2016_zl42/201607/t20160726_273012.html。

② 《中印尼副总理级人文交流机制首次会议在雅加达举行》，中国政府网，2015 年 5 月 28 日，http：//www.gov.cn/guowuyuan/2015-05/28/content_2870206.htm。

③ 《中印尼副总理级人文交流机制第三次会议举行》，新华网，2017 年 11 月 29 日，http：//www.xinhuanet.com/politics/2017-11/29/c_1122026064.htm。

④ 《中国-印尼高校智库联盟在北外成立》，中国日报网，2016 年 6 月 27 日，http：//china.chinadaily.com.cn/2016-06/27/content_25872283.htm。

8 所孔子学院。此外，印度尼西亚大学、加扎马达大学、北苏门答腊大学等 10 余所高校陆续开设了中文、中国文学等课程。在两国政府的支持和学术机构、高校之间的共同努力下，由两国高校、研究机构、学者共同参与的人文交流发展论坛、教育论坛、青年论坛等活动在两国多次举行，两国学生加深了对对方国家及两国间关系的了解，获得了进一步交流的机遇。2018 年赴华的印尼留学生总人数为 15050 人，居来华留学生人数的第 7 名。①

在旅游方面，中印尼两国开通了多条直达对方国家旅游城市的航线，如印尼狮航自 2016 年 6 月初开通北苏拉维西首府美娜多（万鸦老）直达上海、广州等八个中国城市的直飞航班，并将逐步将每周直飞航班数由 10 班增至 20 班②；昆明于 2019 年 7 月 3 日开通直达中爪哇地区梭罗、日惹等城市的航班。印尼政府还加大了对中国游客的宣传力度，从提高导游汉语能力、突出热门景点内的中文标识等方面入手为中国游客提供便利。③ 2016 年，印尼旅游部推出 10 个“新巴厘岛”计划，计划将位于雅加达、日惹、北马鲁古等地的包括千岛群岛、多巴湖、科莫多岛等 10 个景点打造为可以同巴厘岛相媲美的印尼旅游名片，并设定了每年吸引 400 万外国游客的目标④，并在北京、福州等多个城市举行了 10 个“新巴厘岛”旅游推介会，加大了宣传力度。在多方努力下，佐科时期中印尼两国旅游合作成果显著，2019 年全年，赴印尼的中国内地游客达 207 万人次，占印尼当年外国游客总人数的 12.86%。⑤ 两国国民通过旅游，提升了对对方国家历史、文化、

---

① 《2018 年来华留学统计》，中华人民共和国教育部网站，2019 年 4 月 12 日，http：//www. moe. gov. cn/jyb_xwfb/gzdt_gzdt/s5987/201904/t20190412_377692. html。

② 《印尼狮航开通至中国 8 个城市直飞航班》，新华网，2016 年 5 月 17 日，http：//www. xinhuanet. com//world/2016-05/17/c_1118883347. htm。

③ 《印尼将多举措吸引更多中国游客》，新华网，2018 年 12 月 13 日，http：//www. xinhuanet. com/2018-12/13/c_1123850177. htm。

④ “Ini Dia 10 Destinasi Wisata yang Disebut Bali Baru,” 27 Februari 2016, *Liputan 6*, https：//www. liputan6. com/lifestyle/read/2445931/ini-dia-10-destinasi-wisata-yang-disebut-bali-baru.

⑤ “Turis Asing di 2019 Capai 16 Juta, Malaysia & China Terbanyak,” 3 Februari 2020, *CNBC Indonesia*, https：//www. cnbcindonesia. com/news/20200203121719-4-134730/turis-asing-di-2019-capai-16-juta-malaysia-china-terbanyak.

风俗、国情等多个方面的了解和认知。

在宗教交流方面，两国宗教团体间的互访和交流频繁，政府与宗教团体间举行了多次活动，就多项重要议题以及合作达成了一致。2016~2017 年，印尼伊斯兰教士联合会主席萨义德（Said Aqil Siradj）两次访问中国。2019 年 2 月 17~24 日，由印尼伊斯兰教法理事会、伊斯兰教士联合会、穆罕默迪亚中央理事会组成的 15 人代表团访问了北京和新疆的和田、喀什等地，其间代表团对中国伊斯兰协会进行了访问。此行印尼伊斯兰代表团对中国政府给予穆斯林群体生存发展的关心、对穆斯林团体开展宗教生活提供的保障等诸多方面有了更为直观的了解和正确的立场，并希望同中国在反对极端主义、恐怖主义等诸多方面加强合作。① 中国驻印尼大使馆、中国商会多次与印尼宗教协会启动了一系列公益项目，向印尼民众提供了多项帮助，获得了印尼各界民众及组织团体的认同和赞扬。

佐科时期中印尼两国人文交流多领域内成果显著，为两国进一步提升双边关系奠定了坚实的民意基础。两国人文交流机制更加健全，覆盖的范围更广，各界群众参与度更高，系统性、长期性、稳定性优势突出。此外，两国人文交流的方向与热点政治议题结合度较高，有力地在两国群众中发挥了释疑、增进互信的作用，直接或间接推动了两国在政治、经济等领域内的合作。在形式上，两国人文交流兼具政治性与社会性特征，较好地实现了“以官代民”“以民促官”“官民并举”三种路径的有效融合和相互支撑。从人文交流本身来看，“副总理级人文交流机制”的建立以及三次机制会议的召开为两国人文交流规划了更为清晰的发展方向，在两国政府和国民的共同努力下，人文交流已同政治安全、经济贸易共为推进两国双边关系、提升双边合作的“三驾马车”，在两国关系中发挥了更为突出的作用。

（二）人文交流升级之动因

佐科时期中印尼人文交流的升级受到了多方因素的推动，两国外交政策

① 《印尼主要伊斯兰组织代表团访问新疆》，中华人民共和国驻印度尼西亚共和国大使馆网站，2019 年 3 月 14 日，http：//id. china-embassy. org/chn/sgsd/t1642647. htm。

与对外合作目标、印尼国内政治形势等各方因素合力推动了人文交流的稳步升级。

巩固人文交流成果、拓宽人文交流领域符合中国和印尼的外交政策以及提升双边合作的目标。《关于加强和改进中外人文交流工作的若干意见》规划了对外人文交流的宗旨和目标，提出了一系列深化人文交流的具体路径，并明确指出人文交流是党和国家对外工作的重要组成部分。[①] 建设人类命运共同体既是指导中国提升国际合作的重要思想，也是中国外交的主要方向。增强文明对话和交流的意义和力度、在相互尊重的基础上取长补短与互相学习对于人类命运共同体的建设具有重要意义。[②] 人文交流具有双向特征，既要在人文领域让外国理解本国，也要让本国理解外国，从而达到文明互鉴[③]，这符合人类命运共同体建设的内涵。因此，推进中外人文交流亦成为中国构建新型国际关系、提升与周边国家双边关系的重要一环。

在印尼方面，拓展经贸与投资合作向来是佐科时期印尼外交的主轴。人文交流可使两国政府、企业以及国民对彼此间的经营理念、消费习惯、发展需求等方面有一个更为清晰、准确的了解，而且人文交流覆盖教育、科技、旅游、体育等多个领域，具有广阔的市场潜力，可在交流中创造新的合作机遇[④]，因此提升对外人文交流可为印尼的对外经贸合作增添新的动力。在2019～2024年施政愿景中，佐科将人力资源发展提升为政府工作的优先项[⑤]，中印尼两国政府也已计划在提升人力资源水平、创造就业机会方面进

---

① 《中共中央办公厅 国务院办公厅印发〈关于加强和改进中外人文交流工作的若干意见〉》，中国政府网，2017 年 12 月 21 日，http://www.gov.cn/xinwen/2017-12/21/content_5249241.htm。

② 《何亚非：人类命运共同体建设是中国外交的方向》，中国新闻网，2019 年 11 月 28 日，http://www.chinanews.com/gn/2019/11-28/9019528.shtml。

③ 俞沂暄：《人文交流与新时代中国对外关系发展——兼与文化外交的比较分析》，《外交评论》2019 年第 5 期，第 40 页。

④ 邢丽菊：《何以人文：中外人文交流的意义》，《世界知识》2017 年第 23 期，第 20 页。

⑤ "Pidato Perdana, Jokowi Kembali Prioritaskan Pembangunan SDM dan Infrastruktur," 10 Oktober 2019, *KOMPAS.com*. https://nasional.kompas.com/read/2019/10/20/16525421/pidato-perdana-jokowi-kembali-prioritaskan-pembangunan-sdm-dan-infrastruktur.

一步加强双边合作。① 两国人文交流的升级可通过相互学习与借鉴先进的知识、技术，培养民众的个人能力，进而可助力印尼提升人力资源水平，进一步发挥印尼的人口红利优势。

从印尼国内政治形势来看，提升中印尼两国人文交流符合佐科政府稳固执政基础、进一步提升中印尼两国合作的愿景。在 2014 年、2019 年两次大选期间以及佐科第一任期内，涉华网络谣言频发，华人问题成为反对党派污蔑、攻击执政联盟的“利器”。特别是在“钟万学事件”后，华人以及中印尼关系一时被推上风口浪尖，广受质疑。究其原因，是部分印尼群众对中国缺少了解、与华人群体间缺少互信与交流，因此对中国、华人存有误解、质疑之心态。随着反对党派借用政治议题就涉华问题向佐科政府发难，印尼民众将上述不信任、不亲和的心态转移到了中印尼关系上，对两国关系的进一步提升特别是具体合作项目的推进施加了一定的障碍。因此以促进相知、增进友谊、建立互信为目标，以形式丰富多样、群众参与程度高为特征的人文交流则成为增强民众对中印尼关系的正确认识进而稳固佐科政府执政基础的一剂良方。2016 年，印尼伊斯兰教士联合会主席萨义德率团访华后表示，“丝绸之路”精神的核心在于文化以及相互理解、相互欣赏、相互尊重的优良历史传统。中国和印尼既有历时数百年的传统友谊，也有文化、价值观上的契合点。因此他所代表的宗教团体愿在倡导温和伊斯兰教、开展伊斯兰教育以及语言、医疗卫生等多方面的人才交流与教育合作中发挥桥梁作用，提升中印尼两国关系。② 萨义德高度认同中印尼合作为印尼人民带来的福祉，他表示印尼伊斯兰教士联合会支持中印尼共建雅万高铁，并鼓励印尼学生到

① “SDM dan Lapangan Kerja Jadi Fokus Kerja Sama RI - China,” 30 Desember 2019, *REPUBLIKA. co. id*, https://republika. co. id/berita/q3appi370/sdm-dan-lapangan-kerja-jadi-fokus-kerja-sama-richina.

② 《伊斯兰教士联合会总主席萨义德：中印尼将开展多元交流》，国务院新闻办公室网站，2016 年 5 月 16 日，http://www. scio. gov. cn/zhzc/2/32764/Document/1477204/1477204. htm。

中企就业。[①] 据此可见，两国人文交流不仅可加深民众间的感情，亦可为两国经贸、文化等多方合作增添动力。从另一角度来讲，佐科时期中印尼人文交流的全面升级同样源于印尼国内政治、经济、社会形势的现实需求。

七 结论

自两国 1950 年建交至今 70 年历程中，中印尼两国人文交流在曲折中起步、在波澜中提升。总体上两国人文交流形式日趋多元、多领域内成果显著，在两国民众发挥了增信释疑的作用，推动了“民心相通”的进程，至今已同政治安全、经济贸易共同构成了推进中印尼双边关系与合作的“三驾马车”。纵观 70 年两国人文交流历程，可归纳出以下之经验教训。

（一）政府间关系是两国人文交流的基础和保障

虽然“以人为本”的核心思想确定了人文交流的主体和主要推动力在于两国国民，但国民间交流与政府间关系有着复杂的联系。纵观中印尼两国 70 年间人文交流历程，人文交流的成效如何始终与两国政府间关系保持较高的关联，印尼国内政治形势在其中发挥了主要影响。在纳席尔、苏基曼、韦洛波内阁时期，印尼政府施行反共、亲美的政策，对中国、中国与印尼华人间的关系持高度警惕与怀疑的态度，因此在建交之初中印尼两国仅保持名义上的外交关系，政府间关系与合作没有实质性推进，人文交流处于停滞状态，无法在两国国民间发挥增进了解、提升友谊的作用；“9·30”事件后，掌握政权的印尼右翼势力掀起了大规模的反华、排华浪潮，两国断交，人文交流不可避免地随之陷入“冰冻期”。与之相反，阿里内阁时期特别是苏加诺“有领导的民主”时期，印尼政府对华政治态度急速好转，两国政府、党际（两国共产党）关系迅速达至顶点，同期人文交流“百花齐放”，两国

① 《印尼最大穆斯林团体支持雅万高铁建设》，国铁集团网站，2017 年 3 月 20 日，http：//wap.china-railway.com.cn/gjhz/sjtldt/201812/t20181217_91192.html。

国民极大地增进了彼此间的了解和感情。由此可见，印尼国内政治形势直接影响中印尼双边关系，亲华或反华势力何者在印尼政府中居主要位置、印尼当局对中国的认知和判定如何是造成两国人文交流裹足不前、断裂或恢复、快速提升的主要因素。

中印尼政府间关系一定程度上也决定了两国人文交流的举措与形式。人文交流的政治性与社会性特征处于“光谱的两个顶端”，在不同的环境与背景中两国人文交流在这两个特征间不断进行着变化和演进，其偏向于哪端反映了人文交流的路径与形式，这取决于人文交流的成熟程度和两国政府间关系及合作的密切程度。在“有领导的民主”时期，两国人文交流带有很强的政治导向特征，对国际及地区形势、印尼国内政治形势等因素较为敏感，受其影响颇深；且尚未达到同两国间政治、经贸合作同样的战略高度，更多时候是发挥配合、辅助的作用。因此在多数情况下，两国人文交流处于“以官带民”的状态，承担着润色两国政府间关系的政治任务。但在苏西洛及佐科时期，在“全面战略伙伴关系”的引领下，中印尼两国双边关系与合作全速提升，特别是在佐科时期两国政府间关系达到了历史最佳时期，两国民众在人文交流中的主动性与自发性不断增强，极大地助力了政府间交往，人文交流的形式逐步从“以官带民”向“官民并举”“以民促官”演进，进一步回归了以人为本的核心，社会性特征明显。

（二）经贸合作与人文交流交织广泛、相互提升

在中印尼两国关系中，经贸合作与人文交流是相互促进、共同提升的。在佐科时期，作为“三驾马车”之一的人文交流一方面提升了两国在教育产业、科技信息等多领域内的合作，使两国的经贸、投资合作具有了更为多元的增长点；另一方面也增强了印尼国民对两国经贸合作的了解和支持，客观上助力了雅万高铁等具有战略意义的合作项目的落实与推进。

另外，中印尼经贸合作对于印尼经济增长的潜力也给两国人文交流注入了动力。在苏哈托时期，印尼政府拓展经济的意愿与恢复、提升两国人文交流之间的关系更为直接、纯粹。20 世纪 70 年代，苏哈托政府认为恢复中印

尼直接贸易对本国经济发展大有助益，这客观上促成了两国贸易协会间的互访和交流，从而开启了另一层面的人文交流，这为两国的复交和1990~1998年各项人文交流合作协议的签订打下了基础。

（三）普通民众参与人文交流至关重要

民众既是人文交流的主要推动力和载体，也是人文交流成果的受众。从社会阶层、财富积累、对知识的掌握程度等方面区分，大体上可将民众划分为精英与普通两个群体。相较于精英阶层，普通民众对政治、国家间贸易等议题涉足较少，而更习惯从日常生活、身边点滴小事去了解两国间关系。由于普通民众在人数上远多于精英群体，而且对他国形象的认知能更少受到政治、经济等因素的影响从而更为稳定，因此两国人文交流在普通民众中所形成的“交流网络”在两国关系上发挥的作用更为重要。

在阿里内阁、朱安达内阁、苏加诺“有领导的民主”时期以及两国复交后这段时间里，两国人文交流经历了开启、提升等过程，虽然交流成果颇丰，但人文交流多由两国政府牵头，且多集中于艺术团体、作家等精英阶层内，普通民众的参与度不高，在一定程度上造成了两国人文交流影响的局限性，这导致一般民众对中国的认知极易受到国内政治形势的影响。如在1965年“九·三〇”事件后，由于印尼政府的反华政策，印尼民众对中国误解至深，前期的人文交流并未能在两国国民间发挥“缓冲器”的作用。若人文交流在精英阶层及普通民众间都有较广泛的普及和渗透，则印尼民众可在很大程度上免疫于反动宣传的蛊惑，民众间的理解、互信可在一定程度上“稀释”印尼政治动荡给两国关系带来的负面影响。

在苏西洛及佐科时期，两国政府将人文交流的范围延伸至了旅游、教育方面，孔子学院建设、教师及留学生互派、旅游合作等逐步被提上了日程，合作成果显著。在越发多元化、系统化的人文交流框架内，除精英阶层继续在文学、艺术、宗教等领域内的交流发挥引领、示范作用外，两国普通民众有更多的机会学习对方国家语言及文化、赴对方国家留学与旅游，在日常的生活中更为便捷地增加了对彼此的了解，增进了友谊。从这一点来看，人文交流与政治安全、经济贸易共同构成推进双边关系的“三驾马车”也得益于普通民众参与度的提高，两国人文交流的基础更扎实，影响范围进一步拓展。

（四）华人因素对于中印尼人文交流机遇与挑战并存

论及中印尼两国政府间、国民间关系时，印尼华人的作用及影响不可忽视。纵观中印尼两国70年的人文交流历程，每到两国人文交流升级或中断的历史节点，华人因素总是在其中或主动、或被动地发挥着重要作用，其作用往往是双向的。在印尼社会中，华人在一定程度上代表了中华文化，在两国人文交流中可发挥“桥梁”的衔接作用。但是华人的“尴尬”身份对两国人文交流又形成了阻碍。“尴尬”体现在华人的“归属”问题上，即法律意义上的“国籍归属”以及印尼主体民族对华人身份的认同。周恩来总理曾指出，华侨的侨居国与中国在意识形态上的不同以及华侨的保守性、排他性、在经济方面的优势地位等特性使中国及华侨受到了质疑[①]，华人在国籍问题上的“模糊身份”会使印尼主体民族对两国人文交流以及华人在其中发挥的作用产生怀疑。如前所述，在纳席尔、苏基曼、韦洛波时期，中印尼两国人文交流的停滞原因之一在于印尼当局对华人身份的质疑。但在阿里内阁时期，中印尼两国政府签署了关于印尼华人国籍归属的条约，消除了印尼国内社会对于华人的“国籍归属”或“忠诚度”的怀疑和顾虑，客观上对于两国人文交流的起步和升级产生了推动作用。但同时也应看到，在“9·30”事件、1967年中印尼断交、1998年“黑色五月”事件中，华人与印尼主体民族在血统、文化间的差异也构成了印尼国内煽动反华情绪的借口。因此，华人在中印尼人文交流中发挥正面影响的不断提升得益于其双重身份即印尼国民和中华文化“传播者”的清晰界定，华人发挥自身优势推进两国文化的融合和相互借鉴，打消印尼主体民族对其“忠诚度”以及推进文化互鉴的目的的不必要怀疑。

---

① 夏莉萍：《周恩来的“单一国籍”思想研究》，《外交评论》2008年第2期，第14页。

在推进中印尼两国人文交流的进程中，华人因素的优势与劣势、机遇与风险并存。在此背景下，华人应进一步发挥衔接中印尼两国文化的作用，放大印尼国民和中华文化传递者双重身份的潜力，并适时在两国商贸合作中扮演更积极的角色，使合作成果更广泛地惠及印尼国民，以推进两国文化的融合以及提升两国国民间的相互接触、了解和认同来为中印尼人文交流增添动力。

印度尼西亚文化政策的演变与中国和印度尼西亚人文交流

张　燕*

摘　要： 多元性是广泛存在于当今世界各国的客观事实，是现代民族国家整合的逻辑起点。印尼和中国都具有文化多元性特性。印尼的文化多元性主要体现为族群间的价值规范、思想观念和行为方式差异，这深刻地影响了现代民族国家整合。在旧秩序和新秩序时期，苏加诺和苏哈托分别采取民族主义和威权同化进行整合。此后，民主改革为多元文化政策的实施和身份政治的复苏开辟了新的空间。印尼政府逐步承认并尊重多元文化，积极探索文化差异与国家统一相适应的治理方式。2017年颁布的《文化发展法》奉行多元文化理念，以“多元一体”为目标，开启了印尼文化建设法制化进程。多元一体格局也是中华民族的基本文化格局，源于传统“和合”理念和“大一统”思想，并生发出“人类命运共同体”的伟大理想。由于中印尼两国具有相似的文化格局和文化政策演变脉络，这一方面有助于双方在人文交流领域找到切实可行的合作重点，另一方面能够帮助印尼等东南亚国家更加深入地领悟人类命运共同体主张，从而在大政方针上更加有效地指导两国人文交流的顺利与深入进行。

关键词： 文化政策　多元性　同化主义　多元文化主义　多元一体

* 张燕，信息工程大学洛阳校区东南亚南亚北非系讲师，文学博士，军事学博士后。

印尼社会由数百族群、语言和习俗组成，多元性是印尼文化的特色。文化多元性与现代民族整合间的动态博弈构成印尼文化政策的永恒主题。从苏加诺旧秩序时代到苏哈托新秩序时代，再到民主改革时代，印尼文化政策基本形成了民族主义整合、威权同化整合和多元文化主义整合的演变脉络，在同化和多元理念中不断推进民族认同，维护国家统一。为切实承认并尊重文化多元性，增强国民认同感，维护国家统一，2017 年 4 月 27 日，印尼政府正式颁布《文化发展法》（UU Pemajuan Kebudayaan）。这是印尼历史上首次以立法形式对多元文化问题做出规定，代表了印尼文化政策的实质性进展。《文化发展法》以《四五年宪法》第 32a 条为基础，即“国家通过保存和发展文化价值来保障人民自由，在世界文明之林发展印度尼西亚民族文化”，强调“地方文化多元性是促进印尼国家文化发展的财富和民族特性”①，支持具有印尼特色的“多元一体”（Bhinneka Tunggal Ika）。《文化发展法》的出台，为印尼实现开国总统苏加诺的国民生活“Trisakti”三大原则，即政治自主、经济自立、文化自觉（berdaulat di bidang politik, berdikari di bidang ekonomi, dan berkepribadian di bidang kebudayaan）迈出了坚实的一步。

中华民族由 56 个民族组成，多元一体格局是中华民族的基本文化格局。中国的多元文化治理具有鲜明的中国特色，属于国家主导和各民族共同参与的治理模式。1982 年宪法序言明确规定“中国各族人民共同创造了光辉灿烂的文化”②，说明多元文化共同塑造了中华民族的共有精神，中华民族的共同身份成为引导多元文化的精神力量。经过多年社会主义建设，“当代中国的多元一体格局不是多元的简单相加，更不是‘多元中的统一’，即不是仅仅在形式上保持了统一，而是形成了内在精神上的‘一体’”。③ 这种多

① Undang-Undang Republik Indonesia Nomor 5 Tahun 2017 Tentang Pemajuan Kebudayaan, 2017.

② 全国人民代表大会常务委员会法制工作委员会编译《中华人民共和国宪法》（汉、英），人民出版社，2004。

③ 常士訚：《共有精神家园建设与多元文化治理——当代中国多元一体格局视阈》，《学术界》2018 年第 8 期。

元一体文化格局有助于巩固中华民族凝聚力，助力中华民族伟大复兴。人类命运共同体理念以多元一体为基础，认为“历史呼唤着人类文明同放异彩，不同文明应该和谐共生，相得益彰，共同为人类发展提供精神力量”[①]，但世界多元文化也具有全人类生存发展的命运统一性，人类应当在承认并尊重多元文化的基础上建立起行为规范和价值准则的某种共识。由此可见，中国多元一体的文化格局及其生发而出的人类命运共同体理念都以立足于“多元”和“一体”之上，以多元基础上的趋同为核心。

由此可见，当代印尼和中国所面临的文化建设挑战具有相似性，在对待民族文化的态度上具有趋同性。在把握多元文化、同化主义与多元文化主义的基础上，深入了解印尼文化政策的演变历程和当代文化政策的基本逻辑，并与中国文化政策和理念相参照，能够有力地促进两国人文交流发展，使双方真正成为同舟共济的好邻居、好朋友、好伙伴。

一　多元文化、民族整合、同化主义与多元文化主义

众所周知，印尼是一个多元文化国家。根据2001年《世界文化多样性宣言》，文化是“某个社会或某个社会群体特有的精神与物质、智力与情感方面的不同特点之综合；除了文学和艺术外，文化还包括生活方式、共处的方式、价值观体系、传统和信仰”。[②] 由此，“多元文化”（plural culture）可被视作人类群体之间价值规范、思想观念乃至行为方式上的差异。[③] 在多元文化社会中，各族群拥有一定的独立性，缺乏统一的价值观，其最终理想是各个族群在保持各自文化身份和认同的同时享有平等和正义。[④] 1995年联合

① 习近平：《论坚持推动构建人类命运共同体》，中央文献出版社，2018，第512页。

② 《世界文化多样性宣言》，2019年2月14日，https://www.un.org/zh/documents/treaty/files/UNESCO-2000.shtml。

③ 韩家炳：《多元文化、文化多元主义、多元文化主义辨析——以美国为例》，《史林》2006年第5期。

④ 王昺主编《文化马赛克：加拿大移民史》，民族出版社，2003，第6~7页。

国“全球文化多样性大会”(Global Cultural Diversity Conference)指出,“多元文化包含各族群平等享有‘文化认同权、社会公平权以及经济效益需求’”。由此可见,“多元文化”不局限于“文化”,而是囊括了给予各族群政治、经济、社会、文化的平等权等多重内涵。① 由于文化与政治发生密切关联,可能成为族群争取权利、获得承认及寻求利益的工具,或者成为排斥其他族群的借口。

哈贝马斯指出,“现代公民具有两重特征,一种是政治上的公民身份,一种是文化上的民族认同”。② 多元文化作为广泛存在于当今世界各国的客观事实,是现代民族国家进行整合的逻辑起点。整合(integration)是“建立民族认同和单一领土单位的过程,这一过程试图把原本分离的文化集团和社会集团彼此结合,形成超越地方的忠诚”③,具有政治和文化双重性。在多元社会中,整合可被视作“国家内部不同族群之间,以及这些群体与国家之间形成一种国族国家的状态和过程”④,即由多元构成一体。由于族群“既有依托群体文化认同而建构民族国家,从而捍卫自身利益的属性,也有同样依托群体文化认同而解构或者挣脱现存民族国家而‘另立门户’的功效”⑤,整合进程的好坏,将极大地影响国家稳定。为此,在多元社会中实现整合,“需要制度化的权威(无论是集中的还是分散的),进行统治的权力资源以及共同体成员间共有的规范”。⑥ 只有这样,族群成员才能产生用于政治动员的、与国家边界一致的民族认同,并承认民族国家是最高政治实体。

---

① 李明欢:《“多元文化”论争世纪回眸》,《社会学研究》2001年第3期。

② 〔德〕尤尔根·哈贝马斯:《包容他者》,曹卫东译,上海人民出版社,2002,第133页。

③ Weiner, Myron, "Political Integration and Political Development," *The Annals of the American Academy of Political and Social Science*, Vol. 358, No. 1, 1965, pp. 52-53.

④ 常士訚:《“两个共同”与当代中国多民族国家政治整合》,《民族研究》2014年第2期。

⑤ 陈丽芬、于春洋:《论民族主义与民族国家建构的内在关联——兼评吉尔·德拉诺瓦在〈民族与民族主义〉中的相关讨论》,《新疆大学学报》(哲学·人文社会科学版)2016年第5期。

⑥ 〔加〕斯蒂文·伯恩斯坦、威廉·科尔曼:《不确定的合法性——全球化时代的政治共同体、权力和权威》,丁开杰等译,社会科学文献出版社,2011,第6页。

对于多元文化进行整合可以采取不同的途径，主要包括“同化主义”（assimilationism）和“多元文化主义”（aulticulturalism）。同化主义是指一个国家或社会中的主体族群强制弱势族群接受其优势文化的理念，在近代民族国家尤为突出。同化主义对外表现为宗主国在殖民地划分文化优劣，不承认平等权益；对内表现为民族国家内的主体族群将自身文化强加给弱势族群。[①] 多元文化主义出现在20世纪60~70年代的美国，反映出美国承认、尊重并接受多元文化的演变。多元文化主义反对“熔炉理论”（Melting Pot）[②] 和同化政策，不仅强调对不同文化的包容和尊重，还要求将族群平等落实到具体的政治经济生活中，积极保护并援助边缘弱势族群（无论种族、性别、地域、年龄等）的语言、习俗和传统，努力消除在政治、经济、社会、文化上具有攻击性的支配和排斥关系，促进更为广泛的民主包容。“多元文化主义与‘身份/认同政治’、‘差异政治’和‘承认政治’等概念紧密相关，这些概念都认为，适当地承认文化多样性是重估受歧视群体的身份、改变导致某些群体边缘化的主流表述和交往方式所必须迈出的一步。”[③] 可见，多元文化主义已经超越了文化的传统范围，发展成为更加广泛和深刻的政治诉求，并在全世界引发了强烈反响和深刻变革。

现代民族国家是当今世界的基本格局，在绝大多数民族国家内具有多族群共存的客观事实。这些族群无论来自本土抑或来自移民，其迥异的语言、习俗、信仰和观念共同创造了所在国丰富的多元文化。所以，旨在让不同族群共同参与国家建设的多元文化主义具有历史进步性。支持者认为，实施多元文化政策的国家允许移民或少数族群自由保持或弘扬自身文化，有利于缓

① 黄现璠等：《试论西方“民族”术语的起源、演变和异同（五）》，《广西社会科学》2008年第5期。

② “熔炉理论”是20世纪40年代美国流行的一种民族同化理论，指美国占支配地位的盎格鲁-撒克逊的主流文化被视为“熔炉”，它最终将把美国的少数民族或移民族群融化在其中。这种理论希望少数民族和移民尽可能迅速彻底地同自己先前的文化告别，融进美国的生活和文化之中，接受美国主流文化的同化。

③〔意〕恩佐·柯伦波：《多元文化主义：西方社会有关多元文化的争论概述》，郭莲译，《国外理论动态》2017年第4期。

和族群矛盾，形成和睦相处、宽容理解的社会文化氛围，并展示出丰富多彩的文化特色。批评者认为，多元文化主义可能导致族群隔阂固定化、合法化，在不同族群之间构筑起不可逾越的鸿沟，不利于民族整合与国家统一。较为主流的观点指出，国家承认并尊重少数族群的文化权力是进步的，但国家“在承认公民社会的多元文化性质的同时，其主要职能依然是维护统一，维护对公民福祉甚至生存都必不可少的最起码的社会和谐”。[①]

由此可见，多元文化主义已经发展成为一套政治理论，通过强调差异的重要性并研究差异产生和再现的过程对“普世主义”和本质主义提出挑战，并为探索一条适应文化差异的新路径做出了积极的努力。由于现代民族国家仍然是当代国际关系的主流，多元文化主义需要服从民族国家大局。在多元文化国家里，不同族群在获得承认和尊重的基础上应相互理解与沟通，通过文化整合建立起凝聚各族群的共同道德标准和共同价值观，维护社会稳定和国家统一。

二　印尼文化政策的演变

现代印尼民族“诞生于荷属东印度殖民地，其产生经历了自发和自觉的演进过程，从以地缘为基础的血缘认同发展到包含政治、经济、文化、情感的复合型认同”。[②] 如果将多元文化与民族整合关联考察，印尼的文化政策以历史发展为背景，以多元文化为对象，以同化和多元为手段，以民族认同整合为目的，经历了复杂的演变历程。这种民族认同属于以印尼民族为载体的文化性认同，是确保国家统一的根本，其建构历程始终贯穿着印尼国家的发展历程。民族认同与多元文化互构，共同形成了苏加诺时期的民族主义整合、苏哈托时期的威权同化整合和民主改革时期的多元文化主义整合。

① 〔美〕菲利克斯·格罗斯：《公民与国家》，王建娥等译，新华出版社，2003，第235页。

② 张燕：《印度尼西亚现代小说中的民族认同建构——以〈错误的教育〉〈扬帆〉〈巴厘舞女〉为例》，《解放军外国语学院学报》2019年第5期。

（一）独立前群岛地区的多元性

在麻喏巴歇时代，群岛地区的主导部落是爪哇族，主导文化是印度文化，以多元性而著称。据史料记载，爪哇岛的中国人、阿拉伯人、波斯人和印度人都能和谐相处，基本没有发生过印度教主体族群向非印度教少数族群施压的情况，体现出麻喏巴歇社会的宽容性。当伊斯兰教进入努山塔拉并成为主导文化后，族群间的彼此联系依然存在。马六甲苏丹国作为群岛地区最重要的伊斯兰中心之一，成为多元社会的象征。被称为“东方通”的葡萄牙旅行者托梅·皮列士（Tomé Pires，1465－1540）在游记《东方志》（Suma Oriental）中记载，在马六甲存在数十种交易语言，语言既是贸易活动的工具，又作为文化特征在多元社会中彰显族群的存在。[①] 在爪哇地区，跨族群互动也随着伊斯兰教的发展而持续进行。各族群基本能够相互适应，和谐共处。

在荷兰殖民时期，和谐的社会多元性遭到破坏。荷兰殖民者采用“以夷制夷”和“分而治之”的殖民统治手段，实施了以社会等级制为特征的种族歧视政策。他们奉行欧洲中心主义观点，声称西方文化比东方文化，特别是原住民文化更高级，因为“东方是非理性的、堕落的、幼稚的、‘不正常的’；而欧洲则是理性的、贞洁的、成熟的、‘正常的’”[②]，于是东方成了非人道、反民主、落后、野蛮的代名词，而白人的职责是使殖民地人民开化。因此，西方文化是当时的主导文化。而社会上存在的各种族群文化被分而治之的殖民政策所区隔，形成互相隔绝的分级式多元社会。正如吉尔兹（Geertz）所说，这种多元社会可被划分为独立子系统，每个子系统都与其原始纽带相联系。这种原始纽带具有先天性，包括对于家庭、亲属、种族、语言、宗教相似性的认知。[③] 他们固守各自的价值体系并时常爆发社会冲

① Wasino, “Indonesia: From Pluralisme to Muticulturalism,” *Paramita*, Vol. 23, No. 2, 2003.

② 〔美〕萨义德：《东方学》，王宇根译，生活·读书·新知三联书店，1999，第 49 页。

③ Geertz, Clifford, *Abangan Santeri dan Priyayi dalam Masyarakat Jawa*, Jakarta: Pustaka Jaya, 1981, pp. 105-107.

突，缺乏整合与依存的动机。

独立运动开始后，受到民族主义激发的“本土知识分子都迫不及待地想躲开可能吞没他们的西方文化”，“决心与他们民族最古老的前殖民地时期的生命重新对接”[①]，并在意识到遭受荷兰殖民的共同命运后希望建立“想象的共同体”，“努力使不同类型的民族主义情感转变成对国家的强烈忠诚”。[②] 1928 年的《青年誓言》不再区分族群背景，而是号召组成同一个印尼国家、形成同一个印尼民族、使用同一种印尼语言，标志着印尼民族的正式觉醒。在印尼社会中长期活跃着族群主义、共产主义、伊斯兰主义等政治文化群体，它们之间的碰撞和竞争不仅反映出这些族群的异质性，也体现出在族群动员的作用下民族意识的逐渐觉醒，并以“异中求同”的精神逐渐达成现代民族共识。

（二）苏加诺时期的民族主义整合

新生的印尼共和国作为荷属东印度殖民地的延续，面临着约 1 亿人口的政治整合任务。这些人口被阶层、宗教、种族、族群等身份所区隔，不均衡地分布在印尼群岛上。苏加诺总统发挥过人的政治天才，提出“潘查希拉”(Pancasila）建国基础，即信仰神道、公正和文明的人道、印尼的统一、协商和代表制指导下的民主以及印尼全体人民的社会公正，旨在融合社会多元性与民族共识，为印尼国家整合提供价值基础。在第一基“信仰神道”中，苏加诺用包容的“神道”观取代了伊斯兰教“安拉”，有意强化了信仰印度教、基督教、佛教等的少数族群的政治地位，肯定多元宗教的合法性，彰显宗教宽容；第二基“公正和文明的人道”意味着无论种族、出身、宗教、性别差异，每个印尼公民都拥有同等的权利和义务，有权在国家中发展多元文化；第三基“印尼的统一”强调国家和民族利益高于个人或团体利益，

① 〔阿〕法侬：《论民族文化》，转引自罗岗等主编《后殖民主义文化理论》，中国社会科学出版社，1999，第 278 页。

② 〔美〕卢西恩·W. 派伊：《东南亚政治制度》，刘笑盈等译，广西人民出版社，1993，第 66 页。

国家统一的基础是多元一体；第四基“协商和代表制指导下的民主”规定了公民的平等参政权，主张协商一致、不强加意志给他人；第五基“印尼全体人民的社会公正”承认个人权利，主张发展社会互助合作（gotong royong）与兄弟情谊（kekeluargaan）。格尔兹指出，“潘查希拉概念是借古典传统的比喻性延伸来构筑新的符号体系，以便用它来赋予新生的共和政体以形式和意义的最突出努力”。[①] 潘查希拉根植于印尼（爪哇）文化传统的“独立的印度尼西亚的哲学基础”[②]，可被视作民族整合的内容和目标，在国家文化建设中占据主导地位。

在第一版《四五年宪法》中也出现了保护文化发展、保障公民文化权力的规定。第28C条第1款规定：每个人都有权通过满足其基本需求发展自我，有权接受教育以及从科学技术、艺术文化中受益，以改善其生活质量和人民福祉。第32条规定：政府应促进印尼民族文化发展。此外，苏加诺将“Bhinneka Tunggal Ika”（多元一体）作为国家格言。“Bhinneka Tunggal Ika”来自14世纪的格卡温作品《输达索玛》（Sutasoma），包含多元一体的思想。在民族独立时期，“Bhinneka Tunggal Ika”被书写为印尼民族的共同历史记忆，并拥有了更为丰富的内涵，即虽然印尼由不同的种族、方言、部落、宗教等群体组成，但所有的差异都指向同一个目标，那就是统一的民族国家。丰富的多元性构成了统一的印尼，统一的印尼保障了丰富的多元性。

潘查希拉、《四五年宪法》和“Bhinneka Tunggal Ika”不仅体现出共和国缔造者反对强制同化、支持多元文化融合的政治洞见，还引导印尼政府采取政治措施，彰显民族共识，巩固国家独立成果。通过公共教育、媒体宣传等精心策划的公共政策，印尼政府较为成功地将独立后的国民革命热情和民族主义情绪转化为对昔日努山塔拉王国辉煌历史共同记忆的自豪感，使几乎所有的族群都参与到建立国家认同的过程中来。“尽管在1950年到1964年间在独立的印尼各地爆发了一波又一波族群叛变的浪潮，‘印度尼西亚’还

① 〔美〕克利福德·格尔兹：《文化的解释》，韩莉译，译林出版社，1999，第18页。

② 〔印尼〕苏加诺：《苏加诺演讲集》，世界知识出版社，1956，第7页。

是存活下来了……到了殖民地时期结束时，几乎所有的语族团体对于一个他们扮演一定角色的群岛上的舞台这样的想法都已习以为常了。因此，1950年到1964年间的叛变中，只有一次具有分离主义的野心；其他所有的反叛都是在一个单一的印尼政治体系内部的竞争行为。”①

（三）苏哈托时期的威权同化整合

苏加诺在1965年“9·30”事件中失去了对于“旧秩序”政权的掌控后，随之而来的是大规模的剿共反华和苏哈托长达32年的威权统治。为巩固政权，苏哈托急于发展经济，并严厉遏制有关种族、宗教、阶级和财富差异的煽动性言论。因此，“新秩序”非常强调在政治上实施威权统治，在文化上实施同化政策。中央政府集中施政，地方政府听从执行。中央政策往往无视地方需求，地方文化被迫符合中央意愿。在“新秩序”政府倒台前夕，还有学者指出“同化主义、多元文化主义和条件性所属主体间的话语竞争在印度尼西亚尚未产生。到目前为止，同化主义话语占据统治。发展多元文化主义的可能性仍然很小”。②

总体而言，“新秩序的文化政策是建立在国家界定的规范性文化主体的基础上的”。③ 苏哈托通过重申潘查希拉意识形态创造一种“新”文化，即“潘查希拉领会和体验指南”（Pedoman Penghayatan dan Pengalaman Pancasila），简称P4。P4条款由1978年第2号人协规定通过，将建国五项基础细化为36点执行方案，用以指导潘查希拉的具体实践。这一意识形态被规定为所有群众组织和社会政治力量的单一基本原则④，渗透到印尼民族和国家生活

---

① ［美］本尼迪克特·安德森：《想象的共同体：民族主义的起源与散布》，吴叡人译，上海人民出版社，2011，第124页。

② Thung, J. L., *Identities in Flux: Young Chinese in Jakarta*, Ph. D. dissertation, La Trobe University, Bundoora, 1998, p. 23.

③ Jones, Tod, *Kebudayaan dan Kekuasaan di Indonesia: Kebijakan Budaya Selama Abad Ke - 20 Hingga Era Reformasi*, Jakarta: Yayasan Pustaka Obor Indonesia, 2015, p. 205.

④ Morfit, M., " Pancasila Orthodoxy," in C. MacAndrews ed., *Central Government and Local Government in Indonesia*, Oxford: Oxford University Press, 1986, p. 42.

的方方面面。新秩序政府强调，潘查希拉能够促进政治稳定和社会安全，确保国家发展。因此，“偏离潘查希拉就是破坏建设的努力、国家的稳定和印尼人民的特性”。[①] 苏加诺时期培育的多元性被“新秩序”政府视作国家发展和安全的威胁，在 20 世纪 70 年代用 SARA 概念进行压制。[②] SARA 是一个缩写词，囊括了涉及 Suku（部落）、Agama（宗教）、Ras（种族）、Antar Golongan（派别）差异的敏感问题。在维护秩序和稳定的旗号下，所有关于 SARA 问题的公开讨论都是禁止的。可以说，在“新秩序”时期，无论其种族、宗教、阶层和性别如何，印尼公民都被想象成拥有同质的、建构的潘查希拉民族身份。通过压制 SARA，在“Tunggal”（一体）的名义下，“Bhinneka”（多元）被牺牲了。印尼民族内部不同的身份往往被这种想象的和建构的国家同质性而覆盖。[③]

实施同化政策较为典型的例子往往发生在外岛地区。在经济利益驱动下，资源勘探和领土扩张成为重大的国家利益。1969 年，在苏哈托政府操纵下，西伊里安实施“民族自决”，正式成为印尼的伊里安查亚省（Irian Jaya）。虽然当地土著人民认为自己在种族和文化上与巴布亚人更加相似，但中央政府引进潘查希拉思想教育和民族历史教育，试图减少差异，实现同化。此外，这里成为印尼实施移民计划的目的地之一。在政府资助下，大量来自人口过剩的爪哇岛、马都拉岛和巴厘岛的贫民迁移到人烟稀少的加里曼丹岛、苏拉威西岛和伊里安岛。众多外来移民往往把土著人民变成自己土地上的少数族群，土著人民面临着既被排挤又遭同化的命运，导致分离主义时有发生。

---

① Morfit, M., “Pancasila Orthodoxy,” in C. MacAndrews ed., *Central Government and Local Government in Indonesia*, Oxford: Oxford University Press, 1986, p. 43.

② Thung, J. L., “Ethnicity and the Civil Rights Movement in Indonesia,” in L. H. Guan ed., *Civil Society in Southeast Asia*, Singapore: ISEAS Publications and Copenhagen: NIAS Press, 2004, p. 219.

③ Rosaldo, R., “The Borders of Belonging: Nation and Citizen in the Hinterlands,” in R. Rosaldo ed., *Cultural Citizenship in Island Southeast Asia: Nation and Belonging in the Hinterlands*, Berkeley: University of California Press, 2003, pp. 1-15.

然而，基于现实国情要求，苏哈托实施的同化政策又呈现出矛盾之处。首先，“新秩序”政府一方面将潘查希拉规定为政治正确，强迫印尼所有政党和宗教组织都承认潘查希拉为其主要哲学基础，公开压制所有种族、宗教、阶级等族群意识；另一方面，“新秩序”政权需要建立在不具有政治威胁性的族群差异上，刻意营造社会和谐气氛，因为“少数族群的文化往往成为主流文化宽容和慷慨的装饰”[①]，以彰显“多元一体”理念的成功。族群差异的某些方面被掩盖起来，而另一些方面则被刻意突出、强调甚至捏造出来，用于服务国家稳定和经济发展的双重事业。这些方面往往是与政治毫无关联、毫无威胁性的地方性文化元素，如传统服饰、歌舞、手工艺品、特色建筑等。除华人群体外，整个群岛的其他少数族群都被卷入了展示地方文化多样性的全国性狂欢，并将其作为印尼多元文化的典型代表呈现给本国国民和外国游客，作为定义族群身份和差异的基本指标。

围绕这种文化的政治性需求，印尼政府热衷于在国内外举办特色文化展示，形成规模巨大的文化旅游产业，并通过这种符合国家政治需求的物质文化展览为部族身份提供意义。在苏哈托与夫人建于20世纪70年代的“美丽的印度尼西亚缩影公园”中，每个省及主要族群被简化为特色建筑与服饰符号，围绕微缩印尼群岛进行展示，不仅表现出印尼文化的丰富和国家的统一，还意味着国家政治中心对于外岛少数族群文化身份的严格控制。此外，印尼公共教育和大众媒体也鼓励对于种族和宗教多元性的宽容。在这些话语中，种族差异主要表现为物质文化特征的集合体，而不是由基因构成的生物特征集合体。[②] 总之，在“新秩序”时期，“其重点不是探索或理解这种差异，而是为了维持秩序稳定和安全”。[③]

---

① Wang, Y., “Settlers and Sojourners: Multicultural Subjectivity of Chinese-Australian Artists,” in I. Ang, S. Chalmers, L. Law and M. Thomas eds., *Alter/Asians: Asian-Australian Identities in Art, Media and Popular Culture*, Sydney: Pluto Press, 2000, p. 122.

② Triyanto, “Indonesian Multiculturalism: Risks and Challenges,” *International Journal of Research in Engineering and Science (IJRES)*, Volume 5, Issue 4, Apr. 2017, pp. 44-49.

③ Parker, L., *From Subjects to Citizens: Balinese Villagers in the Indonesian Nation - State*, Copenhagen: Nordic Institute of Asian Studies Press, 2003, p. 246.

其次，“新秩序”的国家意识形态从未成功地将以华人为代表的少数族群纳入其“想象的共同体”中。正如 Ien Ang 所说：“虽然印尼民族从一开始就被想象成一个多族群实体，但那些被称为‘华人’的人在这种‘多元一体’中的地位始终非常模糊和不确定。”① “新秩序”政府根据种族和本土性将公民身份分为“原住民”（pribumi）和“非原住民”（non-pribumi），两者都是人为建构。在“原住民”群体中包含了印尼几百个不同的族群。他们的“原住民”身份完全来自与华人“非原住民”身份的对照。“华人成为国家定义自身新身份的最重要的‘他者’之一。”② 根据“原住民性”定义印尼人，“没人能够成为（真正的）印尼人，除非首先成为‘原住民’（pribumi）一员”。③ “新秩序”时代严格执行“原住民”和“非原住民”二分政策，目的是将华人的“他者”性不断客观化和本质化，防止他们被完全接纳为“印尼人”。与此同时，“华人问题”（Masalah Cina）又被“新秩序”政府视作一个威胁国家团结的严重问题。鉴于华人在国民经济中占据主导地位，政府试图通过军方支持的“同化计划”（Program Pembauran）将所有有关“华人性”的标识完全瓦解，并敦促华人群体融入官方建构的合法文化中。从这个意义上说，“中国性”则始终面临被抹杀的威胁。这种针对华人的持续性官方歧视既抑制了华人的文化特性，又破坏了“新秩序”政府的同化努力。1998 年 5 月的反华骚乱证明了同化政策的失败，而社会矛盾的激化也导致苏哈托威权统治的垮台。

（四）民主改革时期的多元文化主义整合

世纪之交的印尼共和国在经济状况恶化和长期政治高压的影响下，社会

① Ang, I., "Trapped in Ambivalence: Chinese Indonesians, Victimhood, and the Debris of History," in M. Morris and B. de Bary eds., "*Race*" *Panic and the Memory of Migration*, traces 2, Hong Kong: Hong Kong University Press, 2001, pp. 21-47.

② Lloyd, G. J., "Chinese Indonesians: Unsettled Past, Uncertain Future," in M. R. Godley and G. J. Lloyd eds., *Perspectives on the Chinese Indonesians*, Adelaide: Crawford House, 2001, p. 3.

③ Suparlan, P., "Kesukubangsaan dan Posisi Orang Cina dalam Masyarakat Majemuk Indonesia," *Jurnal Antropologi Indonesia*, XXVII (71), 2003, p. 26.

矛盾与种族隔阂趋于激化，族群冲突、分离主义层出不穷，亚齐、苏拉威西、巴布亚、马鲁古等地区都在利益驱动下出现了脱离多元化印尼社会、区域独立建国的要求。社会各界普遍要求进行政治民主化改革。苏哈托的垮台不仅结束了“新秩序”时期的同化政策，也为印尼多元文化政策的实施和身份政治的复苏开辟了新的空间。总体而言，民主改革时期的历任印尼总统都主张法律面前人人平等，支持多元文化主义，实施“去中心化”改革，反对种族主义和种族歧视，陆续批准人权问题国际公约和消除一切种族歧视的国际公约，废除 P4 单一意识形态，将中央政府的权力下放到地方政府等，切实改善少数种族地位，满足多样性社会的多元化发展需要。就华人群体而言，哈比比政府公开宣布华人与其他种族地位平等，终止使用“原住民”和“非原住民”称谓，允许华人自由结党结社，创办华文报纸。瓦希德废除歧视华人、禁用华语的法律政策，规定春节为华人的法定假日，允许华人使用汉语名，废除中文印刷品禁令。梅加瓦蒂总统宣布春节为印尼法定假日，承认华族是印尼第三大少数种族。苏西洛总统取缔了对中国带有歧视性的称呼“支那”，签发《国籍法》和《反种族歧视法》，使印尼华人的身份和公民权利获得法律保障。

在民主化时期的印尼，社会活动家和学者对多元文化主义的讨论日趋热烈。因为印尼的多元文化理念与族群问题密切相关，主要围绕着文化意义上的少数群体展开，所以这种多元文化主义并不仅仅指出社会具有文化多样性特征这一事实，还表达了人们从政治和文化角度出发，探索适应文化差异的治理方式。在多元文化政策推动下，单一制下的地方自治政策使地方政府可以自行决定行政管理事宜，颁行符合地方文化实际的政策规范，最大限度地照顾当地族群的自身利益；少数族群在遭受强制同化和剥夺身份多年后能够再次自由发声并进行身份重建。华人政党和非政府组织的建立、中华文化、宗教、语言、新闻和媒体的“复兴”反映了华人身份的“觉醒”或“复苏”。[1] 另

① Hoon, C. -Y., “How to be Chinese: Ethnic Chinese Experience A ‘Reawakening’ of Their Chinese Identity,” *Inside Indonesia*, 78 (April-June), 2004, p. 13.

外，多元文化主义也推动了穆斯林群体的崛起。他们在“新秩序”建立之初曾被政府利用，参与实施大规模异见人士清洗。在政权巩固以后，穆斯林及其精英阶层被逐渐边缘化，一直持续到20世纪80年代后期才有所缓解。民主化进程开始后，受到约束的伊斯兰文化价值观开始广为传播，并促进了伊斯兰政治力量的发展。这些变化为营造宽容和谐的印尼社会发挥了重要作用。

然而，对于多元文化主义的批评意见包括：第一，随着区域自治的实施，地区领导人往往依据地方主导族群的价值观制定法规。在很多情况下，有些地方法规涉嫌故意对某些少数族群实施文化暴力。第二，尽管官方层面容忍了不同种族和文化的多样性，但在现实中少数群体仍然不一定能够享有与多数群体同等的权利。多元文化主义不一定会重新分配权力或资源，不一定能够真正为少数族群赋权。这是因为在多元文化主义国家，族群差异按其自身“文化”细分并组成不同的“社群”类别，差异边界和多样性概念仍由特定霸权和统治集团决定。[①] 也就是说，无论印尼多元文化主义或“多元一体”有多么宽容，对于华人等少数族群的接纳程度在很大程度上仍取决于统治集团。第三，当政治与文化可以相互利用来实现目标时，穆斯林族群作为主流文化群体，一方面不断强化自身原始身份认同，另一方面利用族群认同愈加积极主动地参与政治竞争，其目的是将伊斯兰价值观官方化、法制化甚至专治化。对于这种不宽容性，《2015～2019年中期发展计划》指出，不愿在多元化社会共生的态度引发了不宽容的表现，即针对“差异”的仇恨、敌对、歧视和暴力行为。多样性管理的失败与国家资源的分配不公有关，这加剧了社会差距。[②]

① Yuval-Davis, N., "Ethnicity, Ggender Relations and Multiculturalism," in P. Werbner and T. Modood eds., *Debating Ccultural Hybridity: Multicultural Identities and the Politics of Anti-Racism*, London: Zed Books, 1997, p. 199.

② Kementerian Perencanaan Pembangunan Nasional/Badan Perencanaan Pembangunan Nasional, *Rencana Pembangunan Jangka Menengah Nasional 2015-2019: Buku I Agenda Pembangunan Nasional*, Jakarta: Kementerian Perencanaan Pembangunan Nasional/Badan Perencanaan Pembangunan Nasional, 2014, pp. 2-5.

在这种背景下，印尼政府正式颁布《文化发展法》。《文化发展法》以建国五基（Pancasila）、《四五年宪法》、统一的印度尼西亚共和国和“多元一体”（Bhinneka Tunggal Ika）为基础，以宽容性（toleransi）、多样性（keberagaman）、本土化（kelokalan）、跨地区性（lintas wilayah）、参与性（partisipatif）、效用性（manfaat）、可持续性（keberlanjutan）、言论自由性（kebebasan berekspresi）、融合性（keterpaduan）、平等性（kesederajatan）及互助合作（gotong royong）为原则，承认、尊重并保持印尼社会的文化多样性。由此可见，印尼已经大体形成了具有自身特色的多元文化主义，并开启了印尼文化建设法制化进程。

三 《文化发展法》及面临的挑战

为实现开国总统苏加诺的民族理想，即文化自觉、经济自立、政治自主，印尼政府在论证多年后终于正式颁布了 2017 年第 5 号《文化发展法》。《文化发展法》是在教育和文化部领导下，统筹旅游部、提高机构效率和官僚改革部、宗教部、法律和人权部共同起草修订的，其基本宗旨是承认并尊重印尼社会文化多样性，寻找恰当方式实现差异共处，保护并发展统一的民族认同。因此，在国家生活中，采用平等公正的态度衡量每种文化构成，并相应开展保护、管理和促进工作显得尤为重要。这就是为什么《文化发展法》采用最为中性、通俗和开放的概念解释文化，即“一切与公众作品的创作、感受、愿望和成果相关的事物”（segala sesuatu yang berkaitan dengan cipta，rasa，karsa，dan hasil karya masyarakat），民族文化就是“印尼现存并发展的文化间互动的全部过程和结果”（keseluruhan proses dan hasil interaksi antarkebudayaan yang hidup dan berkembang di Indonesia）。这意味着《文化发展法》并不仅仅着眼于文化的具体表现形式，还关注滋养文化产品和实践的社会生活过程，注重文化的演变性。

《文化发展法》认为，文化涵盖了印尼社会生活的方方面面，是国家建设的方向、目标和基础，深刻影响着民族特性、国家抗御力及社会的和谐与繁荣。促进文化发展的努力不能引发对于社会文化多样性的威胁。《文化发展法》指出，文化发展无法脱离社会发展，必须坚持“去中心化”原则，认为社会民众对于文化生态系统的需求和挑战感同身受，是民族文化的拥有者和推动者。因此，《文化发展法》规定，必须依托社会力量制定具体方案，依次在县/市级和省级编写《文化思想基础》（Pokok Pikiran Kebudayaan），汇总各地面临的实际情况和现实问题，并提供相应的解决方案。中央政府采用汇总成果编写《文化战略》（Strategi Kebudayaan）和《文化发展总规划》（Rencana Induk Pemajuan Kebudayaan）。通过这种方式，全社会都成为执行文化政策的主角，与国家一起共同促进民族文化发展。

《文化发展法》规定，文化发展目标包括：发展民族文化价值，丰富文化多样性，增强民族认同感，增进民族团结与统一，教育民族生活，提高民族形象，实现公民社会，改善人民福祉，保护民族文化遗产，影响世界文明发展方向，使文化真正成为国家建设方向。文化发展对象包括：（1）传统口头文学，如板顿诗、民间故事等；（2）文化历史手稿，如经典、史话等；（3）地方习俗，如解决纠纷的方式等；（4）礼仪，如生辰、婚丧等；（5）地方传统知识，如手工艺品、草药、地方饮食等；（6）艺术，如电影、文学、雕塑等；（7）语言，如词汇、语法、方言等；（8）民间游戏，如陀螺、斗皂角子等；（9）传统体育，如印尼武术、跳石等；（10）传统技术，如牛耕田等，涵盖物质文化与非物质文化。文化发展的基础包括：（1）所有文化产品和实践都来自与其他文化的相遇与融合，处于动态变化之中。在全球化时代，文化相遇的便利性使文化不再自我设限。（2）一种文化元素可以包含多种价值或意义。当人类需求发生变化，文化意义随之改变。对于文化发展对象的弹性界定能够帮助政策规定与社会动态保持一致，并促进多部门协同，共同保障文化发展。（3）促进文化发展意味着发展文化生态系统中的每种元素，不仅是文化元素，还包括社会与经济的共同发展。（4）促进文化发展意味着促进文化外其他领域生态系统的发展，采用多重标注（multi-tagging）的方式发掘文化元素的引申含义，并以生态系统为模型，在动态发展中加强部门和领域间的关联性和协同性。（5）文化将随着时代发展而不断发展变化，只采取保护措施远远不够，必须保护、发展、利用和管理四管齐下，做到既尊重旧传统和文化，又对差异和新变化持开放态度。

综上所述，2017 年第 5 号《文化发展法》作为跨部门合作的思想结晶，在充分尊重基本人权的基础上摒弃同化主义和中心主义，奉行多元文化主义，承认并尊重印尼社会文化的多样性，以全社会力量为主要依托，权衡印尼文化生态系统的所有过程和成果，并进行相应的保护、发展、利用和管理，不仅仅关注歌舞服饰等传统物质文化元素，更强调构成民族特性的高贵价值品格，注重实现文化多样性与民族认同感的有机统一。实际上，《文化发展法》已经从单纯的文化问题发展到对于文化差异的接受和在意识形态上对身份/认同的表述，涉及哲学、社会学、人类学、政治学、教育学、文化研究等问题意识，具有相互交织的理论视角。鲍曼（Gerd Baumann）指出，对文化差异进行有效的社会利用需要一种双重能力，即根据不同的情况及个人和集体的目标制造和克服差异的能力。这种双重能力不仅有赖于个体的意愿或情感，还受到权力结构的约束和制约。① 因此，《文化发展法》一方面关注个人权利和文化群体权利，通过对多样性和文化差异的适当承认促进更加广泛的民主包容，另一方面强调共同的文化基础和强烈的民众参与感，增强民众对于民族国家的忠诚度。正如哈贝马斯（Jürgen Habermas）指出，将确保公民享有隐私和个人自主性的平等权利与能够激发他们自主参与公共生活紧密联系在一起，关注如何创造“条件”以建立一个自由的共同讨论平台，使所有公民都能够依据各自的文化视角探讨具有共同约束力的规则。② 由此可见，《文化发展法》认为，印尼多元族群认同与国家认同并不互相冲突，而是相互成就，彼此增强。

当然，多元文化政策也面临着不小的挑战。在印尼国内，多元文化政策

① 〔意〕恩佐·柯伦波：《多元文化主义：西方社会有关多元文化的争论概述》，郭莲译，《国外理论动态》2017 年第 4 期。

② 〔意〕恩佐·柯伦波：《多元文化主义：西方社会有关多元文化的争论概述》，郭莲译，《国外理论动态》2017 年第 4 期。

面临着中央和地方、多数和少数的矛盾。《文化发展法》最大的任务是通过层层汇总县/市和省级《文化思想基础》的方式制定《文化战略》，并最终形成《文化发展总规划》，指导印尼中长期文化发展。在这一过程中，由于社会凝聚力强调道德和社会秩序，有可能把社会融合发展为社会控制，因此，需要既保证中央的公共权力又保证地方自主性，并科学统筹两者关系。另外，在任何社会中都存在一个或多个主导性群体，能够将其文化和经验普及为社会规范。在印尼，一方面，国家和地方主体族群的意愿往往成为文化发展的主流；另一方面，多元文化主义范式面临社会主导性群体的挑战。[①] 主导性宗教或种族集团往往将多元文化视作威胁，因为多元文化会让那些"受困于刻板印象并被无视"的"文化受压迫"群体"发声"。[②] 最后，当前的政治性多元文化主义强调种族和宗教差异，将这些差异描述成一种"自然赐予物"，从而可能忽略造成这种差异的权力和暴力因素[③]，把错综复杂的社会问题简单化约为文化问题。

在国际层面，多元文化主义面临着民族性与族群性、普遍性与特殊性的矛盾。"全球化所要表达的是一种变动的图景，它会不断对民族的边界构成挑战，直至最终将整个民族大厦摧毁。"[④] 在全球化时代，国家整合遭遇了来自超国家与次国家两个层面的挑战，一方面民族文化边界变得模糊，民族身份认同产生危机；另一方面国家内部的族群政治开始兴起，不断侵蚀民族文化共同体的根基。《2015~2019年中期发展计划》指出，信息技术和交通运输的飞速发展催生了一种"无边界状态"，反过来对文化产生冲击，并对印尼年轻一代产生了文化冲击的负面影响。这导致人们寻找原始身份基础，并将其作为区别于他人的象征性表达。印尼正处于两种文化潮流的斗争之中：一方面，印尼人民面临着由市场力量推动的文化潮流，使人产生物化倾

① Muqtafa, M. K., "Paradigma Multikultural," *Harian Sinar Harapan*, 5 February 2004.

② Joppke, C. and Lukes, S., "Introduction: Multicultural Questions," in C. Joppke and S. Lukes eds., *Multicultural Questions*, Oxford: Oxford University Press, 1999, p. 5.

③ 〔意〕恩佐·柯伦波：《多元文化主义：西方社会有关多元文化的争论概述》，郭莲译，《国外理论动态》2017年第4期。

④ 〔德〕尤尔根·哈贝马斯：《后民族结构》，曹卫东译，上海人民出版社，2002，第79页。

向；另一方面，在全球化浪潮中出现了强化原始身份的文化潮流。这两种文化潮流的影响将对国家品格塑造构成威胁。① 多元文化主义主张对多元性宽容，追求对不同文化群体成员的差异化对待，但过分强调文化多元，既可能使社会个体成员淡化自身国民意识，构成对民族精神的侵蚀；又可能使族群团体过于强化原始认同，进而发展成为民粹主义、极端主义甚至恐怖主义。因此，既需要在国内与国际层面尊重多元和差异，更必须强调国家层面的团结和一体。

印尼文化政策的演变与国家整合密切关联，其本质就是采用何种整合方式使国内多元文化族群达成国家认同的共识。在苏加诺和苏哈托统治时期，印尼经历了民族主义整合与威权同化整合。民主化进程开始后，身份政治蓬勃兴起，对国家治理提出新挑战，要求寻找新方法来适应印尼社会的多元性现实。因此，印尼面临的重要问题与其说是如何“克服”和“消除”差异，不如说是如何与差异“共处”。② 因此，需要以法律为基础制定一个取代旧有同化主义范式的多元文化政策，灵活运用差异政治手段，使这个多元化国家更为宽容地接纳文化差异；同时，深入培养文化认同意识，通过书写共同历史记忆等方式和平渐进地把国家内部的不同族群有机融合为统一的国族，增强国家认同感。

四　中印尼文化政策与人文交流

中印尼两国的人文交流不仅具有深厚的历史基础，更由于印尼是我国“21 世纪海上丝绸之路”倡议的关键枢纽而焕发出别样的光彩。近年来，中印尼关系不断发展，成为亚太地区最有活力、最有影响的双边关系之一。

---

① Kementerian Perencanaan Pembangunan Nasional/Badan Perencanaan Pembangunan Nasional, *Rencana Pembangunan Jangka Menengah Nasional 2015－2019：Buku I Agenda Pembangunan Nasional*, Jakarta：Kementerian Perencanaan Pembangunan Nasional/Badan Perencanaan Pembangunan Nasional, 2014, pp. 2-5.

② Ang, I., *On Not Speaking Chinese：Living between Asia and the West*, London and New York：Routledge, 2001, p. 194.

2015年5月27日，刘延东副总理与印尼人力发展与文化统筹部部长共同启动中印尼副总理级人文交流机制，以官方协议的方式开启了两国人文交流的新阶段。人文交流内涵丰富，范围广阔。从普遍意义上看，人文交流与广义文化有关。因此，中印尼两国对于文化的态度和政策会深刻影响国家间的人文交流实践。

中国和印尼都是后发现代多民族国家，具有相似的文化脉络和文化态度。20世纪80年代末期，费孝通先生提出“中华民族多元一体格局”，认为“中华民族作为一个自觉的民族实体，是近百年来中国和西方列强对抗出现的，但作为一个自在的民族实体则是几千年的历史过程所形成的”。[①] 由此可见，作为自觉实体的中华民族与印尼民族一样，都是20世纪初以来伴随民族运动和民族独立形成的概念，具有休戚与共的政治和文化共同体性质；作为自在实体的中华民族与印尼民族相似，一方面强调辉煌历史的共同记忆和同根想象，另一方面强调各族（群）人民交往、交流、交融而组成共同家园的演变历程。

中华多元一体格局的形成与传统“和合”理念和“大一统”思想密切相关。“和”一般指两元及多元间的协调互动过程。“合”指包含“和”的“混一”，而不是“同一”。“和合”可以理解为异质多元交互影响，达成混合的一体。“和”与“合”相当于“一”与“多”，是辩证统一的。在文化政策中，“和合”理念表现为承认并尊重差异，重视不同文化元素的融通，寻求通过协调形成一统。从现代社会多元价值视角看，这些差异包括民族边境问题、古今价值问题、中外思想问题等。“大一统”思想是中华轴心文明的终极理想，构成了期盼一统的普遍心理，并在近代历史中转化为对于国家和秩序的高度认同。“大一统”得以存续的基础是以文化区分和融合的族群，对于建构多元一体的现代民族国家具有重要意义。中华多元一体格局与印尼“Bhinneka Tunggal Ika”（多元一体）理念非常相似。

---

① 翦伯赞：《论中华民族与民族主义——读顾颉刚〈续论中华民族是一个〉以后》，载马戎编《“中华民族是一个”——围绕1939年这一议题的大讨论》，社会科学文献出版社，2016，第139~149页。

在中国，多元格局是多民族共生共存的客观状态，一体格局是中华民族的主流共识，多元一体格局是中华民族的基本文化格局。总体而言，新中国成立初期的文化建设着重于由传统的多元并存转变为一元结构。改革开放后，我国的文化建设逐步从封闭走向开放，从一元文化模式走向多元文化模式。简单说，就是“文化多元，政治一体”，其关键在后者。[①] 党的十八大以来，习近平总书记创造性地提出建设有中国特色的社会主义文化强国，用文化自信表征了中华民族的精神气质，体现了民族团结的显著优势，彰显了中国方案的普遍价值。中国的多元文化治理具有鲜明的中国特色，属于国家主导和各民族共同参与的治理模式。多元文化参与塑造了中华民族的共有精神，中华民族的共同身份成为引导多元文化的精神力量。这一“中华民族共有精神家园”具有互助、团结、合作、共享的特点，以发展和谐的族际关系为重要内容，能够极大地增强中华民族共同体意识和民族凝聚力，成为国家发展的强大动力。中印尼两国的文化政策都经历了从一元到多元的演变历程，都承认人民大众的民族文化主体性，具有“多元一体”的文化建设理想。新中国成立后，社会主义制度消除了不同民族群体根本利益上的矛盾，民族平等、民族团结和民族区域自治为当代中国各民族对国族和祖国形成认同奠定了坚实的基础。“平等团结互助和谐的社会主义民族关系已经确立”[②]，并为巩固中华民族认同提供了强大的精神力量。当然，族群异质性的存在会形成复杂的身份认同和利益诉求，族群群体的身份竞争会对国家凝聚力产生不利影响，甚至导致分裂主义、恐怖主义等极端化行为，这些都将不断挑战国家的治理智慧。在这一点上，中印尼两国可以共同探讨、相互借鉴，并在人文交流中设置介绍、研究和探讨民族政策和文化政策的交流内容。这不仅有助于加深两国相互了解，还能够共同优化治理智慧和管理理念，培育和谐信任的族际关系，避免造成族群隔阂、文化断裂和社会碎片化。

---

① 关凯：《建构中华民族共同体：一种新的文化政治理论》，《中央社会主义学院学报》2017年第5期。

② 《中国共产党中央委员会关于修改宪法部分内容的建议》，新华网，2018年2月25日。

从我国多元一体文化格局生发出的“人类命运共同体”理念支持多元文化主义，认为“历史呼唤着人类文明同放异彩，不同文明应该和谐共生，相得益彰，共同为人类发展提供精神力量”[①]，深刻阐发了中华民族在人类文明上的根本主张。人类命运共同体理念强调各种文明的交流互鉴，认为文明是多样的、平等的、包容的，要尊重世界文明多样性，秉承共商、共建、共享的全球治理观，“以文明交流超越文明隔阂、文明互鉴超越文明冲突、文明共存超越文明优越”。[②] 与此同时，我们认为世界多元文化也具有全人类生存发展的命运统一性，认为人类应当在承认并尊重多元文化的基础上建立起行为规范和价值准则的某种共识。这进一步证明，我国多元一体的文化格局可以从国内领域阐发到国际空间，通过切实可行的中国方案，不仅为国家间平等顺利开展人文交流奠定了坚实的价值基础，还为全人类和谐共生提供了终极意义。中印尼两国具有相似的多元一体文化格局和文化政策演变脉络，这一方面有助于在具体实施中找到切实可行的合作领域和重点，进行更加有效的双向人文交流，另一方面能够帮助印尼等东南亚国家更加深入地领悟中国的人类命运共同体主张，从而在大政方针上更加有效地指导两国人文交流的顺利深入进行。

总之，中印尼人文交流不仅历史悠久，而且影响日益扩大，级别不断提升，这说明人文交流对于推动中印尼关系的良性发展具有特殊意义。研究表明，印尼文化政策奉行“多元一体”价值理念，经历了民族主义整合、威权同化整合和多元文化整合阶段，致力于在承认并尊重文化多元性的基础上，保护并巩固统一的民族认同。中印尼两国对于文化格局的多元一体观点存在相似之处。因此，相似的政策演变背景和文化价值基础不仅有助于印尼人民进一步领悟人类命运共同体的内在精髓，还能够助力两国寻找切实可行的人文交流领域，制定有效且高效的人文交流机制，从而不断推进两国人文交流向纵深发展。

① 习近平：《论坚持推动构建人类命运共同体》，中央文献出版社，2018，第 512 页。

② 《中国共产党第十九次全国代表大会文件汇编》，人民出版社，2017，第 47 页。

印尼华人在印尼民族电影中的作用

〔印尼〕Anton Sutandio；宋凌宇 译 *

摘　要： 本文探讨印尼华人在印尼民族电影史上的作用，这段历史始于印尼成为一个民族国家存在之前。虽然饱受歧视，但印尼华裔在民族电影发展中仍然发挥了重要作用。本文将运用历史方法来阐释这一作用，并采用国家中心方法来探讨印尼华人所经历的歧视。研究表明，尽管历经歧视和困难，印尼华人仍对印尼民族电影的发展产生了突出影响。研究表明，虽然此前在荧屏上几乎看不到华人面孔，但作为印尼多民族面孔的一部分，近年来印尼华人开始以艺术家的身份重新出现在大众视野。

关键词： 印尼华人　民族电影　历史方法　国家中心方法

引　言

据史料记载，中国人最早到达爪哇岛和东印度群岛（印尼独立前殖民者使用的术语）是在13世纪末，元朝军队在此采取了一系列军事行动。一些研究认为，这些早期的航海者（即军队）对爪哇最大的王国——满者伯夷帝国（Majabahit）的诞生发挥了重要作用。元军以爪哇人侮辱元世祖忽

---

* 〔印尼〕Anton Sutandio，印尼万隆玛拉拿达基督教大学（Universitas Kristen Maranatha, Bandung, Indonesia）博士；宋凌宇，华中师范大学政治与国际关系学院硕士研究生，中印尼人文交流研究中心助理。

必烈汗的使者为由，联合拉登·威查雅（Raden Wijaya）攻打格尔达纳卡拉国王（Kertanegara）统治下的新柯沙里国（Singasari Kingdom）。虽然没有确切史料记载到达爪哇岛的士兵数量，但一些史书推断元军有 5000～20000 人，有 1000 余艘舰船。这些士兵大多来自中国的福建（汉族）、江西和湖广地区（回族），“他们于 1292 年 12 月从港口城市泉州出发，1293 年 1 月抵达爪哇”。[①] 此后，他们中有许多人定居在爪哇，并与当地人融合，成为东印度群岛的早期中国移民。15 世纪之后，更多的中国移民跟随着郑和的七次“传奇”之旅，来到东印度群岛。[②]

当荷兰殖民者 16 世纪中叶入侵东印度群岛时，“华人群体已经成为东南亚（包括印尼）政治和经济共同体的一个有机组成部分”。[③] 早期，这些华人移民多是商人，因而被视为荷兰殖民主义进军“印尼本土消费市场”的威胁。[④] 荷兰殖民者的这种偏见成为催生印尼反华情绪的起点。荷兰殖民者也有意将印尼华人置于殖民地权力等级中的较高地位：荷兰人在上层，印尼华人在中层，而本地或土著人在底层。华人在殖民者和当地人之间扮演着中介角色。因此，在经济上，华人比原住民发展得更好，这种状况越来越引起当地人的嫉妒。同时，殖民者通过荷语报纸等媒体定期宣扬反华舆论。在荷兰殖民者的挑拨下，印尼人对中国移民的攻击和暴力事件屡见不鲜。荷兰殖民者这种“分而治之”的政策，成功消解了东印度群岛人民团结起来对抗殖民者的威胁。

20 世纪 50 年代，荷兰殖民者的殖民统治崩溃，印尼的知识分子掌握了政权，中国移民与印尼新兴本土企业之间的竞争受到关注。然而，印尼第一

① Santosa, I., *Tionghoa dalam Sejarah Kemiliteran: Sejak Nusantara sampai Indonesia*, Jakarta: Penerbit Buku Kompas, 2014, p. 4.

② Lan, T. J., "Chinese Indonesians and China-Indonesia Relations: A Juxtaposition of Identity and Politics," *Masyarakat Indonesia*, Vol. 43, No. 2, December 2017, pp. 197-206.

③ Lan, T. J., "Chinese Indonesians and China-Indonesia Relations: A Juxtaposition of Identity and Politics," *Masyarakat Indonesia*, Vol. 43, No. 2, December 2017, p. 200.

④ Walujono, A., "The Discrimination of the Ethnic Chinese in Indonesia and Perceptions of Nationality," 2014, p. 6, http://scholarship.claremont.edu/scripps_theses/508.

任总统、反西方的苏加诺将资本主义视为“西方恶魔”，给独立经商者设置严苛的道德约束。这就使继续以贸易为生的印尼华人被认为是“贪婪的”，从而进一步滋长了印尼的反华情绪。

20 世纪 60 年代末至 90 年代中期，苏哈托时代的印尼经济快速增长，这为擅长商业活动的印尼华人提供了前所未有的机遇，他们借此契机与权贵阶层靠拢，通过寻租等方式涌现出一批华裔商业大亨，“虽然华人只占印尼总人口的 1.2%，但他们主导了经济部门，组成了庞大的经济队伍”。[①] 华人富豪与政府的亲密关系也引发了土著人的强烈不满，最终在 1998 年 5 月演变为一场悲剧，华人及其商业场所成为愤怒暴徒的攻击目标。

尽管没有再出现“黑色五月”那样的极端事件，但印尼“排华”现象依然存在。最典型的例子是，在 2016 年雅加达市长选举期间，作为候选人之一的华人钟万学因在一次竞选演说中不当引用《古兰经》的内容，被指控亵渎神明，最终被判入狱两年，2019 年 1 月才获释。[②] 在 2019 年总统选举期间，印尼也发生了反华事件，现任总统佐科曾被指控有华人血统（事实表明他并非华裔）。这些现象反映出，很多印尼人在涉及华人问题时仍然非常敏感。

印尼华人在印尼民族电影中的作用

华人在文艺领域最早并不是出现在电影中，而是出现在戏剧中，尤其是“真人哇扬皮影戏”（wayang wong/human wayang）中。“哇扬皮影戏”是一种由“操偶师”（dalang/ puppeteer）幕后操控的皮影戏（shadow puppets），

① Walujono, A., “The Discrimination of the Ethnic Chinese in Indonesia and Perceptions of Nationality,” 2014, p. 1, http://scholarship. claremont. edu/scripps_theses/508.

② Jegho, L., “For a Better Jakarta, Governor Ahok Invites Officials to Resign,” *Global Indonesian Voices*, 2016, http://www. globalindonesianvoices. com/25984/for-a-better-jakarta-governor-ahok-invites-officials-to-resign/.

是印尼和其他亚洲国家民间盛行的娱乐活动（见图 1）。①

图 1　哇扬皮影戏表演

而真人哇扬皮影戏在舞台上的表演类似于歌舞剧的表演形式，区别在于演出的内容、表演者的动作和服装均取材于布袋戏（见图 2）。②

据史料记载，19 世纪末，有华人血统的公爵甘锦（Gan Kam）“成功地说服梭罗国王将真人哇扬皮影戏作为商业表演推广到宫外”。在他的推广下，真人哇扬皮影戏深受“斯坦布尔”（Stambul，是早期使用马来语讲述《一千零一夜》故事的喜剧团体）的影响，他们使之成为一种迎合新兴市民社会的表演方式。③ 这些事例表明，早期华人移民曾凭借他们的商业本能，通过为更多民众提供公共娱乐而赚取利润。甘锦就敏锐地抓住了印尼公众对“斯坦布尔”故事的偏好，并将其吸纳到哇扬皮影戏的故事中。虽然“斯坦布尔”喜剧从历史上看起源于马来人，但华人移民也在传播和推广中扮演

① Webadmin, “Berita Nguri - uri Budaya, Pementasan Wayang Kulit Semalam Suntuk Warnai Peresmian Jembatan Desa Tlawong,” 2018, http://www.boyolali.go.id/detail/3483/nguriuri-budaya-pementasan-wayang-kulit.

② “Wayang Wong,” *Seni Budayaku*, 2018, https://www.senibudayaku.com/2018/07/wayang-wong.html.

③ Nugroho, G. & Herlina, S. D., *The Crisis and Paradox of Indonesian Film (1900 - 2012)*, Yogyakarta: Provincial Office for Culture of Yogyakarta Province, 2015, p. 5.

图 2　真人哇扬皮影戏表演

了重要角色。华人叶国安（Yap Goam）还为“斯坦布尔”团体提供经济支持。这些舞台表演使印尼华人群体从“斯坦布尔”喜剧发展到电影和电视领域。[①] 这是华人移民跻身印尼娱乐业，特别是电影业的起点。荷兰殖民者重视开发爪哇岛，并将它作为东印度的殖民中心，因为“爪哇岛拥有发展出口导向型经济的先天条件”[②]，如得天独厚的地理位置和自然资源等。爪哇岛的快速发展催生了巴达维亚（Batavia，今雅加达）、万隆和三宝垄等大城市的出现。随着外国人的到来和城市化水平的提高，这些城市的娱乐业也在不断发展，东印度地区出现了不少娱乐中心。

在爪哇及其城市发展的高峰时期，印尼出现了动画与电影艺术，“电影在 20 世纪初传入印尼。印尼的第一部电影根据巽他的民间故事改编，即在荷属东印度群岛制作的无声电影《黑猴》（Loetoeng Kasaroeng/Enchanted

① Nugroho, G. & Herlina, S. D., *The Crisis and Paradox of Indonesian Film (1900 - 2012)*, Yogyakarta: Provincial Office for Culture of Yogyakarta Province, 2015, p. 6.

② Nugroho, G. & Herlina, S. D., *The Crisis and Paradox of Indonesian Film (1900 - 2012)*, Yogyakarta: Provincial Office for Culture of Yogyakarta Province, 2015, p. 10.

Monkey）”。[1] 电影中的“黑猴”又叫“乌叶猴”（Loetoeng），是一种黑色或黄金色的长尾猴，在东南亚和印度南部大部分地区有发现（见图 3）。[2]

图 3　电影《黑猴》海报

《黑猴》讲述的是，一个叫古鲁·米南（Sanghyang Guruminda）的神化身黑猴来到人间。在人间，他结识了因姐姐的嫉妒而被流放的公主普巴萨里（Purbasari Ayuwangi）。黑猴与公主相爱，他们结婚后，黑猴变成一位英俊的王子，他们也最终成为国王和王后。

在荷兰之后，“少数华人——包括土生华人（peranakan）和新客华人（totok）——尝试拍摄电影，主要内容取材于当地一系列广为流传的故事。在当时，印尼电影市场泾渭分明：上映的大多数电影来自好莱坞，但由于这

① Aartsen, J., "Film World Indonesia: The Rise After the Fall," *Theses*, Universiteit Ultrecht FTV MA, 2011, p. 8.

② Loetoeng Kasaroeng, "Film Cerita Pertama yang Dibuat di Indonesia," *1001 Indonesia*, 2019, https: //1001indonesia. net/loetoeng - kasaroeng - film - cerita - pertama - yang - dibuat - di - indonesia/.

些电影的字幕是荷兰语，所以它们的受众群体基本是荷兰人和受过良好教育的华人。而那些不讲马来语或荷兰语的原住民和华人，更倾向于观看从中国上海进口的电影，因为这些电影的字幕既有马来语又有汉语。这些电影大多是关于中国的神话传说，而印尼当地人早已熟知这些传说，并已经将其翻译为马来语。1923 年，在此基础上，印尼华人建立的中国电影公司旗下成立了电影进口公司（The Kim Ie）”。[①]

在当时，印尼电影市场的最大目标是经济状况稳定的华人中产阶级。一个值得关注的现象是，1923~1932 年，大部分制片人和导演都是华人，其中最著名的是黄氏兄弟（the Wong brothers）、纳尔逊·黄（Nelson Wong）、乔舒亚·黄（Joshua Wong）和奥特尼尔·黄（Othniel Wong）[②]（见图 4），他们大都来自上海，此外，当地制片人郑氏和陈氏也都是电影院老板。[③] 有必要说明的一点是，“土生华人”不仅指在印尼境内或中国境外出生的华人，也指“对当地诸如语言、宗教或民族主义等环境适应程度较高的华人”。[④] 而“新客华人”的定义则取决于他们与母国（中国）的关系，以及他们对母国的文化和政治倾向程度。

虽然华人移民在 20 世纪 30 年代奠定了印尼电影业的基础，华人金融在印尼电影史上发挥了中流砥柱的作用[⑤]，但由于华人不被视为本地人，所以他们对印尼民族电影的贡献没有得到官方的认可。

1928 年，纳尔逊·黄为南海电影公司（South Sea Film Co.）执导了电影《爪哇的莉莉》（Lily van Java），南海电影公司也可能是首家与印尼合作拍摄的中国电影公司。该片由林泉良（Liem Goan Lian）和曾尊良（Tjan

---

① Tjasmadi, H. M. J., *100 Tahun Bioskop di Indonesia (1900-2000)*, Bandung: Megindo Tunggal Sejahtera, 2008.

② “Wong Brothers,” *Wikipedia*, https://en.wikipedia.org/wiki/Wong_brothers.

③ Dunn, C. S. & Barker, T., “Imagining ‘Indonesia’: Ethnic Chinese Film Producers in Pre-Independent Cinema,” *Asian Cinema*, Fall/Winter 2010, pp. 25-47.

④ Ibrahim, I., “Tionghoa Indonesia: Dari Dikotomi ke Mono-Identitas?” *Research Gate*, 2013.

⑤ Sen, K., “Chinese-Indonesians in National Cinema,” *Inter-Asia Cultural Studies*, Vol. 7, No. 1, 2006, pp. 171-184.

图4 纳尔逊·黄、乔舒亚·黄和奥特尼尔·黄（从左至右）

Tjoen Lian）制作（见图5），主要演员都是华人。[①] 故事讲述了一个富裕家庭的女孩莉莉，她的父亲强迫她嫁给她不喜欢的男人，而她早已心有所属。“这部电影最初由美国人伦·罗斯（Len H. Ross）制作，后来由哈利茂电影公司（Halimoen Film）接管了整个制作过程，纳尔逊在他的兄弟乔舒亚和奥特尼尔的帮助下最终完成了摄制”，“他们志在在商业电影制作上取得成功，浪漫主义题材的故事片成为他们作品的首选”。[②]

《爪哇的莉莉》之后，黄氏兄弟又拍摄了如下影片：1929年的《佐那特》（Si Tjonat）是一部面向华人的劫匪题材电影；动作片《勃里昂额尔的抢劫》（Rampok Preanger）改编自一部美国电影；戏剧电影《阿甘茉莉花》（Jasmine of Agam，Melati van Agam）；1930年的《逃往阿拉伯》（Lari ke

① “Lily van Java, actors/actoress: Lie Lian Hoa, Lie Bouw Tan, Kwee Tiang An, and Yah Kwee Pang,” *Film Indonesia*, 2010, http://filmindonesia.or.id/movie/title/lf-l011-28-301201_lily-van-java#.XT02SPIzbIU.

② Darmawan, H., “Indonesian Cinema as Part of the World Cultural Heritage,” Indonesia: National Book Committee, 2019, https://islandsofimagination.id/web/articles/indonesian-cinema-part-world-cultural-heritage.

图 5　电影《爪哇的莉莉》海报

Arab)。1931 年，他们又拍摄了印尼第一部有声电影《印度尼西亚的马拉伊斯》（Indonesia Malaise），电影讲述了一个女人思念被囚禁的情人的故事；《斯皮通》（Si Pitung）改编自巴达维亚当地的劫匪故事，一些华人演员参演了该电影。1945 年，纳尔逊去世后，乔舒亚和奥特尼尔继续制作他们 1936 年拍摄的电影，如新闻纪录片性质的《巴勒》（Pareh /Rice），这部电影讲述的是渔夫和农家女之间的禁忌之爱。但这部电影并不成功，他们几乎因之破产。1937~1938 年，他们拍摄了另一部电影《月圆》（Terang Boelan）并取得成功，这是他们 20 世纪 30 年代末制作的最后一部电影。此后，他们与郑氏电影公司签约。

除黄氏兄弟外，还有陈氏兄弟（陈坤耀/Tan Khoen Yauw 和陈坤显/Tan Khoen Hian）在 1929 年创立的陈氏电影公司。他们的电影面向社会下层和本土少数民族群体，代表作品有他们在 1929 年拍摄的电影《达西玛姨娘》（Njai Dasima）（见图 6）。[①]

《达西玛姨娘》改编自一部小说，对陈氏兄弟来说是一个巨大的成功。

① "Njai Dasima," *Wikipedia*, https://en.wikipedia.org/wiki/File:Njai_Dasima_p103.jpg.

图 6　电影《达西玛姨娘》海报

之后，陈氏与黄氏还共同创作了电影《思龙达》（Si Ronda）和《阿甘茉莉花》等作品。到 20 世纪 40 年代中期，他们共推出 14 部作品。1942 年，日本侵略者占领爪哇后，极力削弱印尼本土电影创作。日本殖民者控制了印尼电影公司，关闭了爪哇电影公司（Java Industrial Film）和陈氏电影公司，另外成立日本电影发行公司（Eiga Haikyusha），垄断电影的发行。[①] 印尼大多数电影院被用来放映宣传片。尽管当地制片人和导演仍然可以放映好莱坞或中国的电影，但电影院被强制放映日本政府的幻灯片和宣传短片。印尼独立后的 1948 年，黄氏与陈氏合作成立新电影公司，从事电影制作至 20 世纪 50 年代初。但在 1948～1949 年，华人拍摄制作的电影仅有 3 部。

从黄氏和陈氏的经历可见，印尼独立前，印尼华人精于在电影制作等可能带来巨大利润的新行业中寻找机会。尽管成本很高，如高昂的制作成本、

① Tjasmadi, H. M. J., *100 Tahun Bioskop di Indonesia (1900–2000)*, Bandung: Megindo Tunggal Sejahtera, 2008.

昂贵的设备以及如果电影不被接受可能带来的经济损失，他们仍热衷于制作电影，给观众提供娱乐，这也为印尼民族电影发展奠定了基础。此外，那一时期制作的大多数电影题材是当地耳熟能详的传说、戏剧表演，或者是根据西方电影改编的新电影，因而增加了观众熟悉电影的机会。电影制作的风格也深受西方传统的影响，尤其是黄氏兄弟的作品，因为他们在来到印尼之前曾在美国定居。

1945 年印尼宣布独立，这激发了印尼的民族主义情绪，影响了印尼电影业的发展，“一代民族主义的本土电影制作人”的出现证明了这一点。[①] 这意味着，一部电影只有由本地人执导和制作，才可被称为国产电影。从以民族为中心的角度来看，这是印尼华人所面临的一大歧视。这也解释了为什么印尼的民族电影日是以 1950 年乌斯玛·伊斯梅尔（Usmar Ismail）制作的《鲜血与祈祷》（Darah dan Doa /Blood and Payer）为标志，而非 20 世纪初就上映的其他电影。原因就在于它是首部由印尼本土导演制作的电影。这场民族主义运动的另一个连锁反应是，民族电影必须带有民族主义精神，而不仅仅是为了营利和娱乐而制作电影，就像华人制作的电影那样。在这一前提之下，华人电影被排除在印尼民族电影之外。然而，这并不意味着华人会从电影制作中消失，相反，他们仍然扮演着重要的角色。正如努格罗霍（Nugroho）和赫利娜（Herlina）所说，这种状况形成了一种“娱乐悖论”。[②] 他们认为，“一方面，华人努力从演员、资本、情节甚至主题等方面创作印尼原创电影作品。这些努力常伴随着对非原创性的质疑，比如华人总是被指责为唯利是图的制片人。另一方面，印尼电影的诞生实际上是一个充满多元文化、包含多重角色的过程。华人电影只是在经济层面发挥了重要作用，因为它总是想象和描绘印尼视觉概念的过程……值得注意的是，当乌斯玛·伊斯梅尔在《鲜血与祈祷》的后期制作方面遇到困难时，是一位中国电影制

① Sen, K., “Chinese-Indonesians in National Cinema”, *Inter-Asia Cultural Studies*, Vol. 7, No. 1, 2006, pp. 171-184.

② Nugroho, G. & Herlina, S. D., *The Crisis and Paradox of Indonesian Film (1900-2012)*, Yogyakarta: Provincial Office for Culture of Yogyakarta Province, 2015, p. 13.

片人给了他支持”。[①]

上述情况表明，华人在印尼电影发展中起着重要作用。虽然他们不再是聚光灯下的焦点，但他们不断为印尼民族电影提供强大的金融和资本支持。印尼华裔电影制作人或导演亦率先为印尼早期电影注入多元文化的元素。应该注意到，印尼华人，如郑丁春（Teng Chun，也叫滕春）是一个富商的儿子，他年轻时对电影制作很感兴趣[②]（见图7），一直从事电影拍摄，虽然大都是低成本的低俗、武术或恐怖题材电影。郑丁春意志坚定，总是能在资源有限的情况下设法完成电影拍摄。1930年，他创立了希诺电影公司（Cino Motion Picture）并执导了6部电影，其中一部是《切肯邦的玫瑰》（Boenga Roos dari Tjikembang /Rose from Tjikembang，1931），这部电影改编自1927年的同名小说，并深受好评。电影讲述了生活在荷属东印度群岛的两代印尼华人的爱情故事。此外，他还导演了一部中国经典爱情片《梁山

图7　郑丁春

① Nugroho, G. & Herlina, S. D., *The Crisis and Paradox of Indonesian Film (1900 - 2012)*, Yogyakarta: Provincial Office for Culture of Yogyakarta Province, 2015, p. 15.

② “The Teng Chun,” *Wikipedia*, https://en.wikipedia.org/wiki/The_Teng_Chun.

伯与祝英台》（Sam Pek Eng Tay）。通过对华人导演和制片人的研究可知，华人导演有很好的商业头脑。他们深知，根据中国经典传说和故事改编的电影更能吸引土著华人和新客华人，因而更有利可图。① 1933~1936年，至少有10部关于中国传说题材的电影被制作出来，其中大部分是由郑丁春导演的。

除了担任导演或制片人，印尼华人杨菲菲（Fifi Young，亦称菲菲·杨、陈金娘）是一位印尼裔中法混血女演员，在当时非常有名。在她34年的演艺生涯中至少出演了86部电影（见图8）。② 此外，还有其他著名的华人演员，如费里·科克（Ferry Kock）和陈清木（Tan Tjeng Bok）在表演领域为印尼电影做出了巨大的贡献。

图8　杨菲菲

然而，印尼独立后从事演艺事业的华人并不多，他们中的大多数人更愿意退居幕后。“1936年，在爪哇和爪哇以外的一些城市，至少有95家华人

---

① Tjasmadi H. M. J., 100 *Tahun Bioskop di Indonesia* (*1900-2000*), Bandung: Megindo Tunggal Sejahtera, 2008.

② Fifi Young, In Wikipedia, https://en.wikipedia.org/wiki/Fifi_Young.

电影院。”[①] 华人也“担负起对印尼文化进行整体诠释之责任”。[②] 这些华人电影第一次“呈现出荷属东印度文化的多样性，他们有自己的品位和故事”。[③] 这凸显了印尼华裔制片人和导演的另一个重要贡献，即总体上形成了早期一部分印尼文化。从1926~1942年拍摄的92部电影来看，其中63部是由华人导演或制作的，这体现了华人在印尼民族电影早期发展中的重要地位。[④]

20世纪50年代，受美苏冷战的影响，印尼经历混乱时期。左派的苏加诺被西方集团视为威胁。中央情报局（CIA）联合一部分印尼高级军官发动了一场军事政变，同时指责并妖魔化印尼共产党为罪魁祸首。结果在1965~1966年，约50万被怀疑为共产主义者的人士被屠杀。这一事件后，苏哈托领导的“新秩序”诞生了。

1965年以后，印尼加入了美国及其盟友的阵营。同时，包括中国在内的苏联（俄罗斯）及其盟友的所有影响力和历史都被抹去……更糟糕的是，苏联和东方势力的所有政治、社会、艺术影响力的历史轨迹也都从历史教科书中被删除，从而推动“新”历史的创造。

苏哈托执政时期，华人的一切文化、政治或教育都被颠覆。国家执行更为激进的歧视性政策，“印尼也禁止销售带有汉语和普通话歌曲的书籍”。[⑤] 此外，华文学校被关闭，公共场合也不得举办中国的庆祝活动或仪式，甚至印尼华人的中国名字也要改为更本土化的印尼名字。“国家中心主义”的解决办法也产生了悖论，即所谓的“华人问题”（即官方歧视）并没有阻止政府与一些华裔大亨保持密切关系。他们保持着互惠互利的双边关系（寻租

① Nugroho, G. & Herlina, S. D., *The Crisis and Paradox of Indonesian Film (1900 - 2012)*, Yogyakarta: Provincial Office for Culture of Yogyakarta Province, 2015, p. 15.

② Heider, K. G., *Indonesian Cinema: National Culture on Screen*, Honolulu: University of Hawaii Press, 1994.

③ Nugroho, G. & Herlina, S. D., *The Crisis and Paradox of Indonesian Film (1900 - 2012)*, Yogyakarta: Provincial Office for Culture of Yogyakarta Province, 2015, p. 15.

④ Tjasmadi, H. M. J., *100 Tahun Bioskop di Indonesia (1900-2000)*, Bandung: Megindo Tunggal Sejahtera, 2008.

⑤ Nugroho, G. & Herlina, S. D., *The Crisis and Paradox of Indonesian Film (1900 - 2012)*, Yogyakarta: Provincial Office for Culture of Yogyakarta Province, 2015, p. 16.

关系——译者注)：掌权者攫取大量的资金，华人大亨们在做生意时获得了通道、保护特权和其他便利。因此，描述当时政权的典型词是“腐败、勾结、裙带关系”。

在电影界，由于政府政策的影响，出现在银幕上的华人并不多。能够出现在银幕上展示印尼多样性的“华人”通常是由一些看起来或者表现得像华人的印尼人扮演的，这些人在银幕上的形象通常是非常刻板的。例如，他们的眼睛总是倾斜的，面色白皙，发不出字母“r”的音。此外，他们通常被描述为商人或拥有良好经济条件的店主，而抹杀了差异化的职业。在某种程度上，这种描述看起来很真实，因为多数印尼华人世世代代是商人。此外，印尼在政治领域对华人设置门槛，进一步强化了华人作为印尼经济龙头的地位。印尼民众甚至普遍认为，“印尼华人只占印尼人口的3.5%，却控制了印尼70%的经济”。[①] 这种说法是有问题的，因为它把所有印尼华人都视为富人，而事实并非如此。

在军方的强力支持下，苏哈托政权对包括电影在内的所有媒体实行了非常严格的审查制度。但有意思的是，虽然政府严格控制，但印尼的电影创作在这个时期达到了顶峰。这一时期著名的华人导演有德古·卡利亚（Teguh Karya，亦名林传福/Lim Tjoan Hok)[②]（见图9)，和维姆·乌姆博（Wim Umboh，亦名林言容/Liem Yan Yung)[③]（见图10)，他们活跃在20世纪70~80年代。

德古·卡利亚（林传福）被誉为印尼电影大师，他是第二代印尼华裔，他的父亲是中国移民。他的作品以写实风格为主，屡获国内外大奖，“他所有的电影都突出了高度艺术化的细节，比如性质、色彩构图、戏剧基调、演员的深刻表演”。[④] 他的代表作之一《风暴过后》（Badai Pasti Berlalu / Storm

① Chua, C., "Chinese Big Business in Indonesia: The State of Capital," *Theses*, National University of Singapore, 2006.

② "Teguh Karya," *Wikipedia*, https://id.wikipedia.org/wiki/Teguh_Karya.

③ "Wim Umboh," *Wikipedia*, https://en.wikipedia.org/wiki/Wim_Umboh.

④ Nugroho, G. & Herlina, S. D., *The Crisis and Paradox of Indonesian Film (1900-2012)*, Yogyakarta: Provincial Office for Culture of Yogyakarta Province, 2015, p. 16.

will Subside，1977）改编自玛格·卓娅（Marga T.）的小说。影片讲述了一个女人努力寻求爱情的真谛。他导演了大约 20 部电影，也参演了其中的部分角色，他的电影大部分集中在身份探索、生活斗争和家庭之类的主题。[①] 这些主题深刻反映了他作为一个非土著人的生活以及他年轻时经历的民族冲突。但印尼政府禁止任何对中国文化的宣传，这使他无法在电影中展现华人元素，“虽然电影中没有刻画华人角色，但德古·卡利亚的电影处理和人物塑造，反映了他作为华人后裔所经历的焦虑和身份探索。这种身份认同的模糊，转化为以疏离和寻找为特征的家庭和心理冲突”。[②]

图 9　德古·卡利亚/林传福

图 10　维姆·乌姆博/林言容

维姆·乌姆博是另一位从底层起家的著名导演。他是一个孤儿，被林姓华人医生收养，取名林言容，他也接受了汉语教育。维姆·乌姆博曾在金箭工作室（Golden Arrow Studio）当过清洁工，他在那里第一次接触到了电影制作。他从电影公司老板卓千贤（Chok Chin Hsien）那里学到了电影制作的知识。通晓汉语的能力给了他一份将中国电影翻译成印尼语的工作。维姆·乌姆博的作品众多，从 20 世纪 50 年代中期到 90 年代早期，他导演了大约

① Kusuma，V.，“Identitas dalam Film－film Teguh Karya，”2009，http：//perfilman. perpusnas. go. id/artikel/detail/143.

② Kusuma，V.，“Identitas dalam Film－film Teguh Karya，”2009，http：//perfilman. perpusnas. go. id/artikel/detail/143.

60部电影。1973年，他的电影《婚姻》（Perkawinan / Marriage）获印尼电影节最佳导演奖。和德古·卡利亚一样，他也在自己的电影《梦中之爱》（Bercinta dalam mipi / Making Love in Dream，1989）中扮演了一个角色。他还是印尼第一位拍摄彩色银幕电影《森美兰》（Sembilan / Nine，1967）的导演，也是第一部70毫米立体声电影《妈妈》（Mama，1972）的导演。[①] 虽然德古·卡利亚和维姆·乌姆博都曾以演员的身份出现在银幕上，但他们在电影中并不扮演华人角色。

20世纪70~90年代，只有少数华人追求演艺事业，如生于1941年的亨基·索莱曼（Henky Solaiman，又名王汉基/Ong Han Kie），至今仍活跃在屏幕上（见图11）。[②] 他虽然是一名制片人和导演，但更多的人只知道他是一名演员。自20世纪70年代初以来，他已经出演了数百部电影。他最初以演员身份参与戏剧创作，其第一个电影角色是在德古·卡利亚的电影《面具人》（Wadjah Seorang Laki-laki / Face of a Man，1971）中。威尔第·索莱曼（Verdi Solaiman）紧随其后，也成为一名演员（见图12）。[③]

图11　亨基·索莱曼

图12　威尔第·索莱曼

① "Wim Umboh," *Biografi in Film Indonesia*, 2010, http://filmindonesia.or.id/movie/name/nmp4b9bad4d0b083_Wim-Umboh#.XULaJRJMSM8.

② "Henky Solaiman," *Book My Show*, 2019, https://id.bookmyshow.com/person/henky-solaiman/1313.

③ Verdi Solaiman, *Biografi in Film Indonesia*, 2010, http://filmindonesia.or.id/movie/name/nmp4b865552f2c28_Verdi-Solaiman#.XULdaRJMSM8.

当时，另一位著名的华人演员是费里·萨利姆（Ferry Salim）[①]（见图 13），他以模特身份出道，现在仍然活跃于大众视野。他参演了至少 34 部电影，并在 2002 年的电影《妓女》（Ca Bau Kan）中担任主角。这是第一部专门刻画独立前印尼华人生活的电影，完成于苏哈托倒台之后的第四年，即 2002 年。

图 13 费里·萨利姆

1998 年是印尼政治转型的高潮，由学生领导的印尼民众厌倦了苏哈托政权，尤其是 1997 年席卷东南亚的经济危机加速了苏哈托政权的垮台。1998 年，排华风波引发印尼惨案。当时的一些不法分子瞄准了华人的房产、商店，甚至虐待华人妇女。这样的悲剧不止发生一次，而是贯穿于印尼历史：每当国家发生政治动乱时，华人往往成为替罪羊。普遍的反华情绪，加上对华人掌控印尼经济的担忧，是这些事件不断发生的重要原因。1998 年后，印尼进入了改革时期，新政府解除了禁止公开展示中国文化和传统的禁令。

人们现在可以通过电影、各种仪式、学校或语言中心更多地了解华人文化和传统。电影《妓女》就是在新政策影响之下的文化产品之一，这部电影改编自雷米·西拉多（Remy Sylado）的小说，讲述了独立前印尼华裔的苦难。1998 年改革之后，印尼电影文化中的种族关系发生了剧烈的重组。印尼华人文化重新出现，并得到政府的正式承认。经历了 32 年的“冬眠”

① Hadiansyah, S., “Ditertawakan Istri, Ferry Salim Cuek,” *Liputan 6*, https://www.liputan6.com/showbiz/read/2851482/ditertawakan-istri-ferry-salim-cuek.

之后，重塑和重现尘封已久的印尼华人“真实”形象的电影纷纷涌现。①

虽然《妓女》对华人的刻画仍然受到传统刻板印象的影响，但电影试图将印尼华人和华人文化带回银幕，这一点值得赞赏。此后，出现了一批不足百人的华人明星。但是，流行歌手、模特、演员、艺术家、小说家有更多的机会展示自己的才华，而不用担心公开的种族歧视。其中一些人甚至走向了国际化，如流行歌手艾格尼丝·莫尼卡（Agnes Monica）②（见图 14）曾与美国音乐界的一些著名人物合作。转型为演员的柔道运动员乔·塔斯林（Joe Taslim）③（见图 15）曾在一些好莱坞电影中出演，如《速度与激情6》。④ 还有一位 18 岁的说唱歌手里奇·布莱恩（Rich Brian）⑤，他的嘻哈歌曲在 2018 年荣登 iTunes 榜首。

图 14　艾格尼丝·莫尼卡

图 15　乔·塔斯林

图 16　里奇·布莱恩

① Sutandio, A., “CA BAU KAN: THE PROBLEMATIC CENTRALIZING OF THE MARGINALIZED,” https://www.academia.edu/16495301/CA_BAU_KAN_THE_PROBLEMATIC_CENTRALIZING_OF_THE_MARGINALIZED.

② Deize, Z., “Agnes Monica,” http://www.fanpop.com/clubs/agnes-monica/images/25893192/title/agnes-monica-photo.

③ Tim Wowkeren, “Joe Mengaku Mendapat Banyak Cibiran Dan Komentar Meremehkan Saat Beritanya Terpilih Di ‘Fast And Furious 6’ Pertama Kali Muncul,” 2013, https://www.wowkeren.com/berita/tampil/00040839.html.

④ Tim Wowkeren, “Joe Mengaku Mendapat Banyak Cibiran Dan Komentar Meremehkan Saat Beritanya Terpilih Di ‘Fast And Furious 6’ Pertama Kali Muncul,” 2013, https://www.wowkeren.com/berita/tampil/00040839.html.

⑤ Mixmag Asia Staff, “Rich Brian Becomes the First Asian Solo Act to Land #1 on iTunes Hip Hop Chart,” 2018, https://mixmag.asia/read/rich-brian-becomes-the-first-asian-solo-act-to-land-1-on-itunes-hip-hop-chart-local/.

“千禧一代”的华人名星以欧内斯特·普拉卡萨（Ernest Prakasa）（见图 17）为代表。[1] 作为单口喜剧演员，他非常清楚自己的华人背景，并且将华人在印尼生活的经历作为自己喜剧创作的素材。他把这些素材融入电影之中，受到公众尤其是“千禧一代”的热烈欢迎。起初，有人担心这样直接探讨敏感的华人歧视的话题可能会给华人带来麻烦，但结果证明，这部电影不仅反响良好，而且在 2015 年跻身印尼票房前 6 名。

图 17　欧内斯特·普拉卡萨

图 18　狄翁·威科

在欧内斯特·普拉卡萨的电影中，他赞美自己的华人身份，同时通过夸大对印尼华人的刻板印象进行自嘲。他更深层的目的是试图让观众习惯和接纳华人的存在，以减少华人和本地人之间的差异。他的喜剧电影代表作还有《笑对生活》（Ngenest，2015）和《照看隔壁店》（Cek Toko Sebelah，2016）。他的后一部影片由其他华人参与演出，如狄翁·威科（Dion Wiyoko）[2]（见图 18）、吉塞拉·阿纳斯塔西娅（Gisella Anastasia）[3]（见图 19）、摩根·奥伊

① Putriyantini，“Makanan Favorit Ernest Prakasa saat Imlek，” 2017，https：//www. gadis. co. id/Seleb/makanan-favorit-ernest-prakasa-saat-imlek.

② Wahyu，A.，“Profil Biodata dan Foto Dion Wiyoko，” 2019，https：//kumpulansharing.blogspot. com/2019/02/profil-biodata-dan-foto-dion-wiyoko. html.

③ Tim Wowkeren，“Tampil Cantik Saat Nonton，Fashion Gisella Anastasia Bikin Salfok，” https：//www. wowkeren. com/berita/tampil/00205781. html.

(Morgan Oey)[①]（见图 20）、费里·萨利姆和奥尔加·莉迪亚（Olga Lydia）（见图 21）。[②] 电影《笑对生活》讲述的是一个华人男孩通过与印尼本地人结婚来反霸凌和反歧视的故事。他希望和没有华人血统的人结婚，这样他的孩子不会有华人特征。这部喜剧的结尾是他生了一个外表看起来更像华人的孩子，但最终他还是接受了自己是华人的事实，因为有些事情是不能改变的。

图 19　吉塞拉·阿纳斯塔西娅

图 20　摩根·奥伊

图 21　奥尔加·莉迪亚

在《照看隔壁店》中，欧内斯特·普拉卡萨饰演的埃尔文（Erwin）是一名年轻有为的华人，有漂亮的华人女友。他的父亲开了一家小商店，后来父亲生病希望埃尔文继承商店。而埃尔文的哥哥也想要继承，但他是一个叛逆的人，且与印尼本地人结婚。所以父亲并不信任他的哥哥。电影中的父亲被塑造成因 1998 年事件而受到精神创伤的人，因此不信任本地人，并对大儿子感到失望。电影对印尼华人家庭和亲情的描绘非常感人，真实反映了许多印尼华人家庭的生活面貌。

现如今，印尼民族电影已走向国际化，与各国的合作日益增多，印尼华人导演和演员正积极投入电影的创作。日益增长的跨国主义逐渐淡化了民族

① Wijaya, G., "Dari Film 'Belok Kanan Barcelona', Morgan Oey Bisa Main Piano," 2018, https://hot.detik.com/movie/d-4211323/dari-film-belok-kanan-barcelona-morgan-oey-bisa-main-piano.

② Ardi, L., "Olga Lydia Ajak untuk Tak Terpancing Hoaks," 2019, https://ivoox.id/olga-lydia-ajak-untuk-tak-terpancing-hoaks/.

电影的概念，这一现象在全球化的时代已屡见不鲜，因为合作是电影制作成功的关键之一。在世界市场开放的状态下，一个国家的电影制作将面临更多的困难和竞争，因此合作才是印尼民族电影的生存之道。合作也能进一步减少歧视，使观众宽容对待差异，并加强电影制作人之间的团结，以制作更高质量、思想更开阔的电影。

结　论

印尼华人在印尼电影世界的旅程并非一帆风顺。作为印尼的少数民族和不受欢迎的民族，他们必须面对诸多挑战和障碍。他们必须比其他任何人都更加努力，才能在所追求的职业生涯中取得成就。从华人导演的第一部电影开始，他们就不得不与荷兰殖民者竞争。在日据时期，他们的工作室被迫关闭，损失惨重。印尼独立后，更多的挑战来自他们的印尼同胞，印尼本地人认为华人是资本主义者，离民族主义很远。因此，华人此前制作的所有电影从未被视为民族电影。冷战爆发后，一切与中国或华人有关的东西都被禁止，这种情况持续了 32 年。1998 年苏哈托政权倒台时，华人又成为政治动乱的受害者，他们的房屋和商店遭到抢劫和焚烧，妇女遭到欺凌。

民主改革时期，华人有了希望。新政府和新政策允许华人公开自由地展现自身特色。从 1999 年开始，华人可以自由地庆祝他们的节庆假日，更公开地表达他们的文化。这一时期，许多华裔名人出现在公众视野。他们不再害怕在公共场合和银幕上展示自己的华人形象。在长达 32 年的“冬眠”之后，《妓女》成为第一部专门讲述华人故事的电影。新一代华人导演、演员、艺术家的出现，使印尼华人文化得以丰富和发展。

然而，这并不意味着歧视完全消失，事实上歧视仍然存在，并不断卷土重来。正如雅加达市前市长钟万学（见图 22）在 2017 年的一次竞选中因为言论而受到诽谤。迫于公众舆论压力，他不得不在狱中度过两年时间。[①] 钟万学在任期间，其廉洁的政府管理使雅加达发展良好，为纪念他拍摄了电影《一个名叫阿学的人》（A Man Called Ahok，2018），由华人演员丹尼尔·曼南塔（Daniel Mananta）（见图 23）饰演钟万学的角色。[②]

图 22 钟万学

图 23 丹尼尔·曼南塔

尽管面临重重障碍和挑战，印尼华人依然坚韧不拔，不屈不挠。生活在 20 世纪 60 年代的印尼华商黄剑鸿（Oey Kim Hong）认为，华人之所以生生不息，是因为信仰“三教”哲学（Sam Kao，道教、佛教、儒学），尤其在文化和贸易方面，华人以孔子的“仁”为哲学信条和生活指南。[③]

当前，随着总统佐科连任，印尼正迈向一个更加美好的未来。印尼与中国的关系也更加紧密，两国政府定期举行会晤。政府正通过教育、跨文化交流和政治互信，逐渐减少歧视，增进包容。对所有印尼华人来说，这是一个巨大的希望，希望有一天他们不会被视为“他者”，而是被视为拥有同样的权利和义务的印尼公民。

---

① Jegho, L., “For a Better Jakarta, Governor Ahok Invites Officials to Resign,” *Global Indonesian Voices*, 2016, http：//www. globalindonesianvoices. com/25984/for-a-better-jakarta-governor-ahok-invites-officials-to-resign/.

② Fadillah, A., “Akhirnya Terkuak, Ini 8 Foto Wajah Istri Daniel Mananta,” *IDN Times*, 2017, https：//www. idntimes. com/hype/entertainment/annisa-fadillah/istri-daniel-mananta-c1c2/full.

③ Tjasmadi, H. M. J., *100 Tahun Bioskop di Indonesia (1900-2000)*, Bandung：Megindo Tunggal Sejahtera, 2008.

附　录

中国与印度尼西亚人文交流大事记（2019年）

童　雁*

1月5日　"2018年印尼华裔青少年南宁冬令营"闭营仪式在广西师范大学举行，为期12天的冬令营活动落下帷幕。

1月9日　泗水国立大学孔子学院组织的为期14天的冬令营活动正式启动，来自孔子学院的17名印尼籍学生参加冬令营活动。

1月10~11日　印尼波索瓦大学校长穆罕默德·萨拉赫·帕鲁率代表团到访安徽大学，双方签署了相关合作协议。

1月13~26日　云南大学学生代表团一行18人赴印度尼西亚艾尔朗加大学参加该校举办的"2019年冬令营"，进行了为期13天的国际交流学习。

1月14日　印尼广肇总会副总主席、印（尼）中文化交流基金会主席胡建章应邀列席第十五届广州市人民代表大会第四次会议，并出席了由广州

* 童雁，华中师范大学政治与国际关系学院硕士研究生，中印尼人文交流研究中心助理。

市荣誉市民、华侨华人代表和港澳广州社团总会负责人参加的座谈会。

西瓜视频推出的微综艺《丹行线》印尼篇发布暨东盟其他国家摄制启动仪式在印尼首都雅加达举行。在《丹行线》印尼篇的节目中，通过主角朱丹与十位普通印度尼西亚女性对谈，以“微纪录片”的方式，展现了印度尼西亚平凡人生活的真实面貌。

1月15日 由15名印尼高校校长组成的教育访问团一行到访位于福建泉州的黎明职业大学，就国际化办学等方面展开深入探讨，并签订了合作框架协议。

印尼培民学校加入由中国华文教育基金会主办、北京四中网校承办、完美（中国）有限公司资助的“华文教师完美远程培训”项目。

1月18日 广东外语外贸大学东方语言文化学院举行“印尼语著作《华人在印尼民族建设中的角色和贡献》中译版第一册发布会”。

1月19日 印尼旅游部携手携程集团在成都举办“印尼奇妙之旅”路演活动，向当地游客推广印尼丰富的旅游资源以及春节出发特惠产品。

1月24~30日 三亚学院印尼研究中心张美云教授、黄守红教授和李基林老师一行赴印尼亚洲国际友好学院、印尼华裔总会、雅加达华文教育协调机构、环创联盟（印尼）以及莱佛士国际学校走访交流，探讨华文教学、学生实习就业、师资培训以及留学生招生的工作。

1月31日 2019年全国新春庆祝大会筹委会主席杨智、副主席黄德新以及傅德应、黄哲圣、陈坤财在金光大厦举行新闻发布会，宣布定于2019年2月7~10日在雅加达国际博览会馆（JKT EXPO Hall）隆重举行春节联欢盛会。

2月10日 印尼卫生部部长特别顾问阿克马尔·塔赫教授一行9人访问北京大学医学部，双方就临床试验现状和面临的挑战展开讨论，并探讨未来印尼的医学院和北京大学医学部合作的可能性。

2月13日 中国驻印尼大使馆文化处参赞周斌及秘书李琛到访雅加达华文教育协调机构。双方就新的一年华文教育工作进行座谈，共同探讨华教发展，助力中印尼文化教育交流与合作。

2月14日 印度尼西亚教育与文化部代表阿古斯·卡里里博士、德威·桑特索博士一行到访江苏建筑职业技术学院，就该校3月即将承办的印尼高校教师海外培训项目（江苏）开展交流研讨。

2月16日 由中国北京市文化和旅游局主办、中国国际航空公司雅加达办事处和印尼阿拉扎大学孔子学院协助承办的“激情冰雪·魅力北京”旅游图片展及北京旅游公众日活动在雅加达举行。

2月17~24日 应中国驻印尼使馆邀请，印尼三大伊斯兰教组织伊斯兰教法学者理事会（伊学会）、伊斯兰教士联合会（伊联）、穆罕默迪亚联合会（穆联）15名领导层成员以及《共和国报》、TVOne电视台、点滴网等媒体记者访问了北京和新疆乌鲁木齐、和田、喀什等地。

2月18~21日 2019年“四海同春”亚洲团在印尼泗水和棉兰举办访问演出，展示了中华民族深厚绚烂的文化生活，加深了印尼民众对中华文化的了解。

2月18~23日 清华大学公共管理学院赴印尼开展全球胜任力实践活动，参访了印尼四海一家公益基金会、印尼万隆理工学院和巴查查兰大学可持续发展研究中心。

2月25日~3月1日 为深化中印尼两国科技园务实合作，印尼研究技术与高教部代理总司长帕道努率团访问中国。

3月6日 印尼苏门答腊理工学院（ITERA）校长艾菲尔·塔米一行到访北京化工大学。双方围绕博士生项目、中国政府奖学金项目、学生互换交流项目、暑期夏令营项目、教师互访交流、科研合作、2+2本科项目等方面的合作计划与模式展开了深入的交流讨论，并达成了一致合作意向。

3月6~7日 海南热带海洋学院副校长杨兹举带队一行6人拜访了印尼万隆旅游学院和印尼玛拉拿塔基督教大学孔子学院。在万隆旅游学院，双方就在万隆共建汉学院具体细节、对方选派学生来琼游学等事项进行了商讨；在玛拉拿塔基督教大学孔子学院，杨兹举一行实地考察了孔子学院的办公室、教室、图书室以及中国文化体验中心。

3月11日 中国西华大学与印度尼西亚三一一大学在印尼梭罗市举行

了孔子学院揭牌仪式。这是中国在印尼的第七所孔子学院。

3月15日 印尼首届旋挖钻机操作手培训班毕业典礼在首都雅加达郊外的一处施工工地举行。中国驻印尼使馆文化参赞周斌、印尼文化与教育部司长萨里亚迪·圭亚特诺出席典礼并为毕业生颁发证书。该培训班由中国浙江岩土公司与印尼DNA培训机构联合创办，专门为印尼本地培养高技能人才。

以“精彩印尼 神奇日惹”为主题的旅游推介会在山西省太原市举行。此前，日惹旅游局已先后赴沈阳、长沙等地举行推介会，均在当地获得热烈反响。

由南京晓庄学院和印尼日惹阿特玛查雅大学共同筹办的“中国角”在阿特玛查雅大学图书馆正式挂牌。

3月18日 印度尼西亚雅加达卡拉旺大学工程学院院长苏塔·瓦迪沙·拉斯塔一行到访上海电力大学。双方就科研合作、合作办学项目、双学位项目、在职教师海外培训、师资提升等多种合作模式达成初步共识，并签署合作意向书。

3月19日 中国福建省晋江市与印尼中爪哇省梭罗市建立友好城市意向书签署仪式在梭罗市政府举行。19~20日，中国福建省泉州市委常委、晋江市委书记刘文儒率晋江市经贸代表团访问印尼，开展为期两天的友城交流、经贸对接活动。

3月21日 由江苏建筑职业技术学院承办的印尼教育文化部优秀教师与校长赴中国研修培训项目结业典礼在该校图书馆报告厅隆重举行。此次印尼优秀教师与校长中国研修培训项目为期三周，共有学员254人，中国矿业大学和江苏师范大学共承担6个项目有142名学员，江苏建筑学院承办校长领导力、纺织服装、动画制作三个项目共112名学员。

3月25日 第三届“中印尼青年交流互访游学活动”在福建厦门正式拉开帷幕。4月6日，在圆满结束中国之行后，两国青年代表走进雅加达，开启他们的“印尼之旅”。

3月27日 印尼数家大学和中国教育部合作，分别在中爪哇省梭罗市和日惹特区开办“中文学习中心”。

4月2日 南宁直飞印度尼西亚美娜多定期国际航线开通。

4月4日 印尼外交部培训中心、东亚司、欧洲司等18位司局级高级外交官到访广东外语外贸大学，探讨加强两国人文经贸交流。

位于印尼首都雅加达的阿拉扎大学孔子学院“中国文化旅游宣传驿站”启用。该宣传驿站由中国孔子学院总部/国家汉办和山东省旅游发展委员会共同发起，旨在推动中国文化旅游国际交流，特别是增进作为孔子故乡的山东文化旅游资源在印尼的宣传与交流。

4月19日 印尼日惹国立大学代表团到访广东外语外贸大学。双方就加强两校学术文化交流与合作等进行探讨。

印度尼西亚艾尔朗加大学经济学院副院长尼斯富尔·莱拉一行到访西安理工大学经济与管理学院。双方就师资交流、学生联合培养、交换生合作、文化交流等项目的合作开展进行了深入的讨论。

4月20日 中国驻印尼大使馆主办、雅加达华文教育协调机构承办的“中国汉语教师志愿者与本土汉语教师经验交流座谈会”在雅加达艾尔罗亚尔酒店召开。

4月21日 为期两天的第十八届“汉语桥”世界大学生中文比赛、第十二届“汉语桥”世界中学生中文比赛印尼赛区决赛在雅加达落下帷幕。

4月22日 印尼日惹大学校长苏迪纳·威巴瓦一行11人到访云南曲靖师范学院，开展合作洽谈及文化交流。

4月25日 中国科技部王志刚部长在京会见来华出席第二届“一带一路”国际合作高峰论坛“创新之路”分论坛的印尼研究技术与高教部部长纳西尔，双方签署了关于共建中印尼高铁技术联合研究中心的谅解备忘录。

福建省副省长郭宁宁率政府代表团访问中爪哇省。郭宁宁一行考察春申集团在三宝垄投资建设的水产加工厂（印尼海洋发展公司），了解企业经营情况。与中爪哇省省长甘加尔共同主持省际交流会，双方同意进一步拓展姐妹省关系，加强两省在友城、经贸、投资、产能、人文、旅游和教育等各领域合作交流。

4月25~30日　印尼科学院秘书长努尔率团访问中国。在北京市，代表团与中科院副院长张亚平举行会谈，陪同参加会谈的还有在京出席“一带一路”国际合作高峰论坛“创新之路”分论坛的印尼研究技术与高教部部长顾问哈瑞、研发总司长迪米亚蒂等。代表团参观了中科院北京国家技术转移中心、理化技术研究所和植物研究所。在云南省，代表团与云南省科技厅副厅长阮朝奇举行会谈，考察拜访了中国-东盟生物产业孵化园、金瑞种业公司、昆明高新区及有关科技企业。

4月28日　印尼华文教育基金会主席、印尼巨港开心学校董事长苏潘迪一行5人到广西桂林电子科技大学北海校区访问交流。双方就印尼华文教育基金会推荐印尼学生到北海校区留学事项进行了深入交流。

4月29日　中国驻泗水总领馆在东爪哇省图书与档案管理局举办第六届“郑和书屋”捐赠活动，向东爪哇省、中爪哇省9所学校和1座图书馆捐赠了图书和书架等学习工具。

5月18~19日　印尼“2019年赴华留学展”分别在位于唐格朗的国际会展中心和雅加达中央公园举行。北京师范大学、华东师范大学、同济大学、暨南大学、北京华文学院及阿里巴巴商学院、留学中国预科教育联盟等15所中国高校和机构参加了展会。

印尼阿迈德达兰大学副校长穆克拉斯博士、国际项目部主任德维·桑托索博士一行4人到江苏扬州科技学院访问交流，就双方深度合作事宜进行洽谈。

6月10日　驻泗水领事李红玉带领印尼东爪哇大学生代表团到广西民族大学访问交流。

6月15~17日　云南省昆明市民族歌舞剧院率团赴印尼巴厘省参加第41届巴厘艺术节。藏族、傣族、佤族、彝族等独具异域风情的中国少数民族特色歌舞隆重亮相，成为本届艺术节一道独特亮丽的风景线。

6月16~19日　常州机电职业技术学院副校长许朝山、国际合作与交流处尚德强一行赴印尼访问交流，推进该校海外师资培训中心建设及与印尼职业学校开展合作的相关事宜。

6月17日 印尼电影《山间生活》在中国首映。该影片入围2019年上海国际电影节亚洲新人奖单元的最佳导演奖和最佳编剧奖。

6月17~18日 “中国民俗文化东盟行”活动在印尼举行。近30名中国民俗文化专家与艺术家带来了插花、香学、茶艺等中国民俗文化表演，得到了东盟各界人士的赞誉。代表团还走进大学校园，与印尼伦敦公共关系学院师生就民俗文化的保护与传承、中国文化对印尼文化的影响等举办主题座谈。

由印尼三马林达理工学院主办、中国-东盟教育培训联盟协办的高等教育、产业、政府伙伴会议暨教育展在三马林达市召开。

6月17~20日 江苏职业建筑学院党委书记孙进教授一行6人对印尼中爪哇省教育机构进行工作访问。17日上午，代表团一行访问印尼中爪哇省教育与文化部，双方就高校交流合作、职业教育培训项目、留学生招生等问题进行了深入洽谈。随后，代表团一行实地走访了当地多所高校，并达成了相关合作意向。

6月19~21日 印尼研究技术和高教部部长特别顾问阿卜杜勒·瓦希德·马可杜卜为团长的印尼大学生访华团一行54人访问河北师范大学。

6月20~23日 应印尼国会邀请，中国全国人大常委会副委员长、中国国际交流协会会长吉炳轩访问印尼，并举行了“丝路一家亲”行动印尼站系列活动启动仪式。“丝路一家亲”行动印尼站系列活动旨在推动中印尼社会组织加强联系合作，为推动两国民间交流搭建新平台、注入新活力。

6月22日 印尼知名侨领、印尼新中三语学校董事长何文金、新中教育总监彭则翔、福清市委统战部张秀霞主任一行参访厦门大学印尼研究中心，并与中心教师展开座谈交流。

6月22~23日 由印尼旅游部与中国在线休闲旅游服务商途牛联合主办的“奇妙印尼”路演在南京和天津两个城市同时举行。路演通过展示印尼特色节目和互动游戏来吸引商场顾客和潜在客户。

6月23~28日 广西师范大学苏桂发副校长率团访问印尼。访问期间，代表团一行参加了印尼玛琅国立大学孔子学院第六届理事会，拜访了印尼玛琅国立大学、玛中大学、穆罕默迪亚大学和乌达亚娜大学，并与上述大学就国际教育合作与交流工作进行了深入交流。

6月24~25日 清华大学东南亚中心主任、继续教育学院院长刘震一行3人出访印尼，推广中心在线教育工作，拜访中国驻印尼大使馆和中石油、华为等中资企业，进一步加强清华大学与印尼社会各界的教育合作，引领中国在线教育走向世界，积极服务海外中资企业，助力国家“一带一路”建设。

6月25日 印尼旅游部在南昌瑞颐大酒店举办2019年“精彩印尼”旅游推介会。此次活动包括媒体见面会、印尼旅游最新动态、文化表演、纪念品交换和抽奖活动等。

6月28日 印尼当地收听率排名第一的新闻广播电台“艾尔辛达电台”在早间黄金时段的“中国视点”栏目中，播出了一档关于中国新疆问题的特别节目。节目邀请在中国攻读博士学位的印尼留学生阿赫亚尔作为嘉宾，连线介绍了新疆问题的由来和中国政府的新疆政策。他呼吁印尼民众不要被西方媒体所干扰，印尼社会应重塑对新疆问题的认知。

6月28日~7月9日 由中共福清市委统战部、福清市归国华侨联合会、福清市海联会主办，印尼福清社团总会、福建师大福清分校承办的2019年第二期“寻源祖地看福清”海外华裔青少年夏令营在福建省福清市开展活动。此次夏令营活动精心安排了丰富多彩的文化课和参访活动，让营员们从多个方面、多个层次，循序渐进地了解福清文化，从而增强印尼华裔青少年对福清的文化认同感和归属感。

7月2日 由12名师生组成的上海师范大学暑期文化交流研修小组，在位于雅加达的印尼国防部语言中心与即将赴华学习的印尼陆海空三军军官进行文化互动交流。

7月9~12日 南京医科大学校党委书记王长青应邀率团前往该校首家海外教学医院所在国——印尼进行交流访问。

7月12~14日 由印尼书艺协会、北京师范大学启功书院联合主办的“丝路翰风——百位中国书法博士作品邀请展”在雅加达“韵”美术馆举办。此次展览共展出包括草书、行书、隶书、楷书等在内的130多幅作品。

7月15日　第五届“郑和论坛”在印尼东爪哇省首府泗水苏南·安佩尔国立伊斯兰大学举行。本届论坛主题为“印尼和中国：分享宗教、文化和社会的价值观”，来自印尼、中国、马来西亚、美国等国的近百位专家学者围绕“中国-印尼的历史与文化联系”“东南亚和印度洋的郑和遗迹”“中国与印尼伊斯兰文化的特点”等议题展开交流。

7月20~30日　由中国国家汉办组织、广西师范大学协同、印尼玛琅国立大学孔子学院志愿者教师带队的“印尼大学生中华文化体验营”分别在桂林和北京开营。来自印尼玛琅国立大学孔子学院下属教学点——穆罕默迪亚大学师生一行41人参加了本次活动。

7月22日　中印尼旅游合作媒体对话会在印尼巴厘岛举行。此次活动由中国公共外交协会、中国驻登巴萨总领事馆及巴厘旅游理事会共同主办。来自中印尼政府、智库、媒体及文化界代表约100人出席活动。与会嘉宾就如何进一步加强两国在旅游业领域的合作进行了深入讨论。

7月22~27日　复旦大学国际关系与公共事务学院副教授陈超群等一行7人赴印尼首都雅加达及第二大城市泗水访问，调研“一带一路”倡议在印尼的进展情况，并访问了部分印尼高校和科研机构。

8月3日　中国残疾人艺术团大型音乐舞蹈演出——《我的梦》在棉兰成功举办。

8月5~10日　受印尼苏迪曼将军大学邀请，暨南大学国际关系学院副院长陈奕平教授、印尼研究中心主任李皖南副教授赴印尼参加国际学术会议，并对印尼进行学术调研。

8月8日　由印尼楠榜省高级检察院检察长、首席检察官萨尔多诺率领的印尼楠榜省检察院代表团一行6人访问广西师范大学。

8月12~21日　2019“中国文化海外行——‘一带一路’经纬印尼营”在巴厘岛文桥三语学校隆重举行。在为期10天的活动中，华侨大学的老师向印尼学生们传授了中国歌舞、打击乐、舞龙、中国画和武术等课程，通过视、听、说、唱、演、做、写、诵等多种教学方式，让印尼学生们体验中国传统文化。

8月15日 印尼气象气候和地球物理局与成都高新减灾研究所在印尼首都雅加达联合举行印尼地震预警系统建设启动仪式。成都高新减灾研究所正式向印尼气象气候和地球物理局（BMKG）移交了地震预警系统设备。

8月24~31日 印尼巴厘省、西努省和东努省记者协会以及巴厘邮报媒体集团共10名资深记者赴北京和江西两地考察交流。访华期间，记者们与中国公共外交协会、环球网和江西电视台等机构座谈交流，对沿途城乡各方面的见闻进行了大量采访报道，并与中方多家媒体达成合作共识。

8月29日 由驻登巴萨总领馆邀约，江西省上饶市人民政府外办支持，巴厘省、西努省和东努省三省记者协会和主流媒体共10名记者到婺源篁岭访问，深入感受"晒秋人家"的生态美景，体验江西乡村旅游魅力。

8月31日 印尼明古鲁省教育厅巡视员尼斯玛一行5人组成的代表团到访兰州理工大学洽谈合作办学及短期培训合作项目。

9月1~8日 厦门大学国际关系学院印尼研究中心施雪琴教授访问印尼并开展课题调研。在印尼期间，施雪琴教授先后访问了位于雅加达的达鲁玛加大学、南洋三语国际学校、中华中学雅加达校友会以及位于中爪哇的普禾格多普华三语基金会与普华三语学校、普禾格多苏蒂曼将军大学等单位，还应邀参加雅加达中华中学建校80周年的庆祝活动。

9月4~8日 2019年印尼国际书展在雅加达会展中心举行。展会上，中国代表团共带来600余种中、英、印尼文版中国出版物精品，包括主题图书、中国文学、人文社科、传统文化和历史、语言教育、少儿读物等，以期更好地帮助印尼等东南亚国家读者了解当代中国。

9月5日 由中国科技资料进出口公司和印尼阿拉扎大学孔子学院共同主办的中印尼文学翻译与出版研讨会在雅加达举行。中印尼两国近150位文学、翻译、出版方面的专家学者和印尼高校师生参加了研讨会。

9月14日 复旦大学国际问题研究院中国与周边国家关系研究中心在上海宝隆宾馆举行"印尼政情圆桌：佐科政府绩效与2019年大选"会议，

来自复旦大学、印尼调查研究所、印尼加查马达大学、中国社会科学院、厦门大学、北京外国语大学、中国国际问题研究院、上海国际问题研究院、暨南大学等高校和研究机构的十余位学者参会。在此次印尼政情圆桌会议期间，中国与周边国家关系研究中心还启动了“复旦印尼倡议”项目，以期推动对印尼内政外交的深入研究，扩大中印尼学术交流平台。

9月16~21日 印尼巴淡市主流媒体《巴淡邮报》《巴淡论坛》《新多日报》主编和知名资深记者组成的媒体团访华。参团人员已陆续在报纸和个人社交媒体上发表了大量见闻和感受，对中国的发展、社会人文等做了较全面报道。

9月17~23日 “2019年中国-东盟电影展映汇”在中国广西南宁民族影城举办。展映活动期间放映了《加利和拉特纳》《爱之屋》《梅的27步》《卡尔蒂尼》《现场追击》共5部近年来出品的优秀印尼影片。此外还特别策划“庆祝新中国成立70周年”单元，展映《决胜时刻》《共同命运》两部展现中华文化精神的影片。

9月18日 浙江岩土基础公司总经理兼公司技术培训学校校长叶带凤与印尼德尔理工大学校长多伽尔博士在雅加达德尔基金会签署合作意向书。根据该意向书，浙江岩土基础公司所办的培训学校将接受德尔理工大学的毕业生，并将他们培养成技术型专业人才。

9月19日 印尼泗水国立大学副校长苏加瓦托一行访问浙江师范大学。双方就在学术科研和人才领域搭建交流平台展开讨论，并签署了合作谅解备忘录。

9月26日 “中国（福建）-印尼伊斯兰文化研讨会”在华侨大学泉州校区陈嘉庚纪念堂成功举行。本次研讨会围绕“‘一带一路’视角下的中印尼人文交流”和“福建与印尼伊斯兰文化的历史渊源”两大主题进行了研讨。

10月12日 “第二届东南亚客属华人与‘一带一路’国际青年学术论坛”在福建省三明学院举行。论坛期间，三明学院与印尼巴厘国立理工大学签订了战略合作协议。

10月15日 印尼西普拉大学董事长丹尼·贝纳杜斯率代表团一行44人到广东岭南职业技术学院参观访问。双方就互派交换生、开拓专升本“3+1”联合培养项目、共建海外合作分校及引入西普拉大学创新创业课程体系等议题进行了深入讨论。

10月17日 印尼苏门答腊理工学院校长奥菲尔·扎努丁·塔明教授、海洋工程系主任亨德拉·阿奇亚尔教授到山东大学海洋研究院参观访问。双方的专家学者围绕海洋学科建设做了深入交流，并就双方在海洋科学、海洋地质、海洋工程等领域展开合作进行了具体探索。双方还就派遣博士生留学、教师互访等事项达成初步合作意向。

10月20~28日 巴厘宗教和谐论坛代表团访问了北京、重庆两地，考察了中国的基础设施和宗教文化场所，深入了解中国的发展经验和宗教政策。11月21日，驻登巴萨总领馆与巴厘宗教和谐论坛代表团举行交流会，代表团成员分享了访华收获体会，并就增进中印尼民心相通、深化交流合作交换意见。

10月21日 2019“丝路花语——海上丝绸之路文化之旅”泗水站推介活动在印尼东爪哇省泗水市拉开帷幕。本次活动由印尼旅游部、印尼中华总商会东爪哇分会以及中国广州市文化广电旅游局共同主办。两座城市围绕“发现、聚焦、传播海丝文化”主题，进行了深度交流与合作，共建海丝沿线文明互鉴之桥。在交流期间，广州市文物博物馆学会会长全洪与印尼旅游部优先旅游目的地推广局特别参谋阿里·苏亨德罗签署了《关于海上丝绸之路文化遗产合作保护和旅游地资源开发共享的合作备忘录》，打造文化交流平台，共同保护海上丝绸之路文化遗产。

10月22日 印尼古纳德尔玛大学校长玛尔吉嫣蒂率团访问福建师范大学。

10月23日 2019中国-印尼技术转移对接会在万丹省唐格朗国际会议中心召开。中国驻印尼使馆科技参赞易凡平、广西科技厅副厅长钱健、印尼研究技术与高教部副司长戴迪、印尼科学院科技应用与创新中心主任颜·瑞安陶等出席会议。来自两国政府、企业、科技园的180名代表围绕农业、林业、自动化设备、生物科技、节能环保等领域技术供需进行对接，并达成多项合作意向。

10 月 24 日 印尼巴厘省友好人士访华团一行十余人到雍和宫参观访问。访华团详细了解了各殿供奉的佛像、雍和宫历史、佛教文化、僧人的学修生活等方面内容，并在法轮殿、万佛阁两处殿堂敬香礼佛。参观结束后，雍和宫管理处主任步应华和庙管会管家马志德与访华团一行就宗教文化、佛教仪轨、文物保护传承等内容进行了深入的交流和探讨。

以印尼三语学校（全国）协会主席、普华三语学校基金会主席陈友明为团长的印尼三语学校（全国）协会代表团一行 8 人访问河北保定学院。双方就毕业生赴印尼三语学校任教、教师互派、学生实习等问题进行了交流，并达成初步合作意向。

10 月 25 日 由宁夏回族自治区文化和旅游厅主办的“美丽中国·神奇宁夏”文化旅游东南亚市场宣传推介系列活动在印尼首都雅加达成功举办。整场推介活动围绕“塞上江南新形象，神奇美丽共发展”主题，特邀请印尼旅游部副司长德万托、中国驻印尼大使馆代表陈敏、印尼旅游协会会长亨尼·斯亚蒂等嘉宾 80 余人出席本次活动。

10 月 26 日 印尼共和国旅游部大中华区国际旅游营销司在广州推广印尼旅游，以实现 2019 年赴印尼国际游客达 2000 万人次，特别是中国赴印尼游客达 280 万人次的目标。

10 月 28 日 印尼巴厘岛艺术家代表团访问江苏扬州，代表团一行与当地书画艺术家聚在一起，挥毫泼墨。

印尼西努省省长祖尔基弗里携马塔兰大学校长胡斯尼、伊斯兰国立大学校长穆塔瓦里等人访问了北京物资学院。双方就学生交换、教师交流、合作科研、合作出版、国际会议等方面的合作进行了会谈交流，探讨了专业领域合作交流的可能性。

10 月 31 日 印尼智库媒体代表团十余人访问华中师范大学，并与华中师范大学中印尼人文交流研究中心师生进行了广泛深入交流。

11 月 1~2 日 印尼泗水大学的创新创业团队到浙江大学心理与行为科

学系进行考察与交流。其间，印尼创新创业团队师生参观和考察了网易公司滨江园区、阿里巴巴滨江园区等中国企业。

11月10~23日 印尼大学15名学生到云南大学参加了为期两周的文化体验项目。

11月11日 中国-印尼科技合作联委会第6次会议在印尼雅加达举行。会上，中方与印尼方分别介绍了联委会第5次会议以来科技合作情况，并就当前合作项目进行了探讨交流，讨论了重点领域的未来合作展望。

11月12日 中国红十字基金会上汽通用五菱博爱基金向印尼捐赠4辆救护车，分别服务于雅加达、芝加朗和日惹三个地区，并为茂物地区捐赠了1辆移动诊疗车。按照计划，陆续将有共计13辆救护车、移动诊所车捐赠给印尼当地使用，覆盖爪哇岛的主要地区、苏门答腊岛主要省份棉兰、北干巴鲁、西加里曼丹岛的坤甸等地区，可为近10万民众提供医疗健康服务。

11月14~16日 应中方邀请，以阿达罗能源公司董事长博伊·托希尔为团长的印尼媒体主编团一行18人访问中国新疆乌鲁木齐。

11月15日 在2019年第十届中国-东盟矿业合作论坛期间举办的“中国—东盟地学合作研讨会和印尼国家矿业专场推介会”上，自然资源部中国地质调查局向印尼相关地质调查机构移交了“低密度地球化学调查合作”成果资料。该成果是中国地质调查局与各国联合实施的、旨在为全球资源环境可持续发展提供解决方案的“化学地球”国际科学合作计划组成部分，涉及印尼苏门答腊岛全岛69种地球化学元素的分布特征与规律。

11月15~17日 在昆明举办的2019年中国国际旅游交易会上，印尼携多个新开发旅游产品亮相，并重点推介多巴湖、婆罗浮屠等5个堪比巴厘岛的旅游胜地。同时，印尼旅游与创意经济部还在本次交易会上荣获最佳组织奖、最佳展位奖和优秀广告奖三个奖项。

11月15~22日 由棉兰市印尼文、中文主流媒体《分析日报》《好报》《正报》《讯报》及当地主流电台、网络媒体主编、资深记者组成的媒体团访华。参团人员在报纸及社交媒体上分享了大量旅行见闻，在当地读者、观众圈中收获积极反响。

11月17日 中印尼青年高端论坛在北京圆满落幕。本次论坛由北京外国语大学主办，来自印尼科学院地区资源研究中心、中国-印尼高校智库联盟、北京大学、清华大学、华中师范大学等20余所智库、高校和科研机构的近百名专家学者、高校教师和学生参加论坛。

11月19日 由印尼驻中国大使馆主办、华裔总会驻中国办事处承办的“首届中国-印尼文化教育与企业发展合作论坛暨华裔总会驻中国办事处启动仪式”在北京召开。论坛以“新时代、新印尼、新机遇”为主题，旨在聚焦企业发展，共话行业机遇，促进文化交流。

11月20日 中国驻登巴萨总领馆与乌达亚娜大学签署了关于成立“中国-东盟跨文化研究院”的合作意向书，并就进一步加强文化与学术交流进行了深入探讨。

11月22~23日 教育部中外人文交流中心主办、华中师范大学与中国-印尼高校智库联盟承办、北京外国语大学协办的“2019中印尼人文交流发展论坛”在武汉成功举办。论坛以“秉持人文交流理念，推进中印尼双边关系可持续发展”为主题，围绕中印尼人文交流进行探讨。

11月27日~12月4日 印尼梅州会馆合唱团与菲乐合唱团远赴广西桂林、湖南新化参加艺术文艺交流演出。

11月28日 巴厘岛旅游局一年一度的中国市场推介会在京举行。此次推介会是巴厘岛旅游局针对中国市场，首次以蜜月婚礼为主题的大型路演。

11月30日 由中国湖南卫视芒果TV和龙韬娱乐联合出品、印尼千帆影视传媒协拍的旅行真人秀《小小的追球》印尼站在印尼苏门答腊丹柏林野生动物保护区杀青。此次活动系印尼千帆传媒公司首次引入中国优秀综艺栏目制作团队到印尼拍摄。

12月1~7日 印尼科学院科技创新政策与管理研究中心主任督迪博士率团访问了中科院科技战略资源研究院、中关村科技园、中国科技发展战略研究院、成都高新区、四川省社会科学院等单位，与中方有关负责人就科技政策、技术转移等合作深入交换意见。

12月2~6日 由印尼高等院校中文系协会和印尼华文教育联合总会联

合主办、慈育大学中文系承办的汉语师资培训班在慈育大学举行。来自暨南大学、印尼大学和彼得拉基督教大学的老师围绕教育心理学、多媒体汉语教学、汉语教育与中国故事、语言研究项目、写作技巧与写作教学方法五大主题，为来自印尼九个省 18 所大学的汉语教师开展为期五天的汉语教学培训。

12 月 3~7 日 福建师范大学王长平校长率团赴印尼高校访问，访问团先后参观访问了阿拉扎大学及孔子学院、阿拉扎第二高中、新雅学院、中国驻印尼大使馆、穆罕默迪亚伊斯兰大学，并与印尼高校进行了充分的交流和深入的探讨，取得了丰硕的成果。

12 月 4 日 印尼东方音乐基金会南音演唱团一行 25 人在同安银安堂南乐研究会永远名誉会长、印尼同安互助基金会总主席、同安区侨联名誉主席魏耀坤的带领下，来到厦门同安文化馆与同安银安堂南乐研究会开展南音艺术文化交流活动。

12 月 7~8 日 印度尼西亚旅游与创意经济部联合北京中能天盛航空服务有限公司走进沈阳，在沈阳 K11 购物中心成功举办了以“精彩印尼”为主题的旅游推介会。

12 月 9 日 三亚市旅游和文化广电体育局联手海南联合航空旅游集团成立的三亚旅游（印尼）推广中心在雅加达市中心门店举行揭牌仪式。

12 月 10 日 国家汉办党委书记、孔子学院总部副总干事、国家汉办副主任马箭飞与印尼乌达亚娜大学校长苏德薇签署了合作设立乌达亚娜大学孔子学院的协议，该孔子学院由南昌大学、南昌师范学院、乌达亚娜大学共建。

12 月 12 日 三亚学院印尼研究中心与印尼亚尔斯大学签署合作协议，并聘请亚尔斯大学校长法斯理教授及其秘书雅迪尔博士为三亚学院荣誉教授。两校将在中文教育、旅游及健康产业等领域开展深度合作。

12 月 12~19 日 闽南师范大学校党委常委、副校长张龙海率教育代表团赴印尼等国访问。在印尼期间，代表团一行参访了印尼汉涵学府等高校，并分别与各个高校就成立闽南师范大学与东盟国家高校教师教育联盟、汉语培训基地建设、学生互换交流、学生实习、印尼师生赴闽南师范大学参加夏冬令营、中英文在线课程共享、合作共建科研平台及学术期刊等项目进行了深入探讨，在深化合作上达成共识。

12月13~14日 中国海南省侨联组织的“亲情中华”文化交流团一行15位抵达苏北棉兰进行访问，并开展中国传统文化、中医治疗和养生文化的交流会。

12月14~19日 中印尼青年领袖丝路文化研习营在陕西工业职业技术学院成功举行。来自印尼职业学校的15名优秀学生与该校国际教育学院8名学生代表围绕丝路文化进行了为期六天的交流活动。本次研习营活动是陕西工业职业技术学院“中印尼职业教育创新人才培养项目”的主要内容之一。该项目通过学生交流、来华留学、师资培训、网络课堂等形式，实现了中印尼两国近100余名师生的双向流动，丰富了职业教育的人文交流，扩大了中国职业教育的国际影响力。

12月15~26日 吉林省海外联谊会、东北师范大学和雅加达华文教育协调机构联合举办“2019中华文化大乐园——印尼雅加达营”。来自印尼25所中小学的100多名学生参加了此次活动。此次活动通过开展书法、国画、扇面画、剪纸、泥塑、国学、传统舞蹈、武术和音乐等课程，寓教于乐，使印尼学生加深了对中华文化的了解。

12月17日 印尼外交部高级外交官培训班代表团一行23人到访广东外语外贸大学。代表团成员分别来自印尼外交部亚太与非洲区域内及区域间合作司、培训部、人力资源局、信息与公共外交总司、美洲事务司、礼宾司等部门。座谈会上，双方代表就中印尼经贸往来，特别是职业技术教育、旅游和基础设施建设等热点话题进行了深入探讨。

印尼安塔拉通讯社相关负责人亨比·普拉朱迪表示，安塔拉通讯社将与新华社开展新闻产品合作，每天至少发布由新华社雅加达分社提供的130条新闻，包括50条文字稿、60张图片及视频、多媒体产品等。内容涉及方方面面，包括国际新闻，尤其是中国新闻。

12月18日 福建省厦门市文化和旅游局主办的“海上花园·诗意厦门——厦门文化旅游推介会”在印尼泗水举行，中国驻泗水总领事顾景奇、厦门市文化旅游局副局长张国良、东爪哇省文化旅游局市场主管苏萨里宁西处长、印尼旅游协会东爪哇分会主席永基·扬温塔科、东爪哇旅游同业联合会会长梁栢侃、泗水市各旅行社及媒体记者共同出席推介会。

印尼瓦希德·哈西姆大学校长玛穆塔儒姆与大学基金会主席努尔等一行11人在印尼东爪哇省驻天津交流中心主任何奋强的陪同下访问天津中医药大学。双方就两校传统医学及药学联合培养项目、教师培训、学生交流、科研合作等领域进行了友好的交流并签署了两校合作谅解备忘录。

12月19日 湖南师范大学与雅加达华文教育协调机构联合举办的首届印尼华文教师对外汉语专业硕士研究生毕业典礼在雅加达假日酒店隆重举行。

12月19~21日 应印尼雅加达山东同乡会邀请，山东华侨历史文化考察团访问印尼，考察华侨历史文化，开展侨情侨史调研，推动合作交往。

12月20日 2019年海外华裔青少年“寻根之旅”广西华侨学校营在南宁开营，来自印尼的约140名海外华裔青少年，开启为期10天的中华文化之旅。

12月21日 中国河北省归国华侨联合会副主席孙晋康率团前往巴厘岛文桥三语学校进行了交流访问。双方就中华文化在印尼传播印尼汉语师资培训、中印尼文化交流等方面交换了意见。

12月23日 由福建省黄仲咸教育基金会、福建省南安第一中学、印尼雅加达南安同乡联谊会协办的“寻根之旅”冬令营——印尼华裔青少年福建南安营在南安一中开营。

12月23~30日 广州航海学院副校长袁炎清率团出访泰国、印尼有关院校。在印尼期间，代表团前往泗水国立大学、泗水理工学院两所高校进行交流。广州航海学院与印尼泗水理工学院就船员培训、港口物流项目合作、师生互访、海洋科学研究、联合举办学术会议等方面达成初步合作意向。

12月28日 印尼狮航集团下属巴迪航空公司开设了从中国深圳至印尼巴淡的航线，希望借此吸引更多的中国游客到印尼旅游，推动印尼旅游事业的发展。巴迪航空公司早先已开通了从巴淡飞至中国桂林、昆明和南宁的航线。

图书在版编目(CIP)数据

中国与印度尼西亚人文交流发展报告. 2020 / 韦红主编. -- 北京 : 社会科学文献出版社, 2020.11
ISBN 978-7-5201-7594-4

Ⅰ. ①中… Ⅱ. ①韦… Ⅲ. ①文化交流-研究报告-中国、印度尼西亚-2020 Ⅳ. ①G125

中国版本图书馆 CIP 数据核字（2020）第 221255 号

中国与印度尼西亚人文交流发展报告（2020）

主　　编 / 韦　红
副 主 编 / 刘明周

出 版 人 / 谢寿光
责任编辑 / 仇　扬

出　　版 / 社会科学文献出版社 · 当代世界出版分社（010）59367004
地址：北京市北三环中路甲 29 号院华龙大厦　邮编：100029
网址：www. ssap. com. cn
发　　行 / 市场营销中心（010）59367081　59367083
印　　装 / 三河市龙林印务有限公司

规　　格 / 开 本：787mm × 1092mm　1/16
印 张：20. 75　字 数：315 千字
版　　次 / 2020 年 11 月第 1 版　2020 年 11 月第 1 次印刷
书　　号 / ISBN 978-7-5201-7594-4
定　　价 / 128. 00 元